# 告别叛逆

冯大荣　著

FAREWELL TO REBELLION

SPM
南方传媒

广东人民出版社

· 广州 ·

**图书在版编目（CIP）数据**

告别叛逆/冯大荣著. —广州：广东人民出版社，2023.8

ISBN 978 - 7 - 218 - 16607 - 0

Ⅰ．①告…　Ⅱ．①冯…　Ⅲ．①青春期—家庭教育　Ⅳ．①G782

中国国家版本馆 CIP 数据核字（2023）第 084565 号

GAOBIE PANNI

告别叛逆

冯大荣　著

出 版 人：肖风华

策划编辑：赵世平
责任编辑：赵瑞艳
责任技编：吴彦斌

出版发行：广东人民出版社
地　　址：广州市越秀区大沙头四马路 10 号（邮政编码：510199）
电　　话：（020）85716809（总编室）
传　　真：（020）83289585
网　　址：http://www.gdpph.com
印　　刷：广东信源文化科技有限公司
开　　本：787mm×1092mm　1/16
印　　张：19　字　　数：220 千
版　　次：2023 年 8 月第 1 版
印　　次：2023 年 8 月第 1 次印刷
定　　价：58.00 元

如发现印装质量问题，影响阅读，请与出版社（020 - 87712513）联系调换。
售书热线：（020）87716172

# 前言

*Perface*

2001 年，我从重庆市人民政府某部门处级岗位辞职，远赴海外留学。当时，机关都炸开了锅，有的人觉得我有胆量、有魄力，也有人觉得我的这个举动有些冒失、激进，毕竟自己当时已经 37 岁了。

我做出这种大胆的举动并不是一时心血来潮，而是内心长期焦虑的结果。

在外人看来我人生一帆风顺。我是改革开放初期的本科生，被当时的人们称为天之骄子，并先后在人民解放军的熔炉里担任过工程师、营教导员等职务，后又在重庆市局机关被提升为处级干部，在那个年代我和爱人先后享受了单位集资建房，拥有 2 套房产，这些外在的条件足以让不少人羡慕，如果内心没有冲突，和很多人一样，我也可以在这个稳定的体制内一路升迁，并顺利地走完人生的旅程。

然而，造化弄人，这么好的条件，我却无法安生。

冲突来自多方面，首先是子女教育。

和天下所有的父母一样，我拥有一个可爱的孩子，我也深爱着他。

从孩子出生的那一刻起，我就对孩子充满了期待，给孩子取名冯帆，意即"风帆"，希望他人生扬帆起航，劈波斩浪，奔向远方。

孩子刚出生的时候，他真是一个好苗子，他天真、聪明，给家庭带来了无尽的欢乐。

刚学习说话的时候，因为还没有掌握语言的规律，他听爸爸妈妈经常说"你们""我们"这些词语，通过自己的总结，他试图形成自己的语言，在1岁多的时候，当他收到外公外婆、舅舅舅妈的压岁钱时，他大声地说："谢谢大家们！"逗得大家捧腹大笑。

一次，孩子从桌子底下钻出来时，一不小心撞到了头，为了避免同样的碰撞，下次出来的时候，他居然闭上眼睛，以为这样就不会被撞了，他的行为给家人真实地演绎了现代版的掩耳盗铃，让我们哭笑不得。

还有一次，我和爱人出去晾衣服，一不小心把孩子一个人反锁在家里了，当时，我们都吓着了，因为孩子还不到两岁。怎么办呢？我和爱人商量了一个办法：让孩子从书房的抽屉里取出钥匙，再让孩子从茶几上取一张报纸，最后，让孩子把钥匙放在报纸上，并把报纸从门和地板的缝隙中推出，从而把钥匙送出来。但一想到孩子还这么小，他到底能不能完成"任务"，我和爱人都为他捏把汗。我和爱人在外面都可以想象孩子一个人在屋内步履蹒跚、踉踉跄跄的样子，然而，孩子没有辜负我们的期望，很快一阵窸窸窣窣的声音响起，就看到报纸从门缝处向外移动，系着红布条的钥匙也被成功地送出。在开门的那一刻，我和爱人欣喜若狂，我们抱着孩子使劲地亲吻，我们觉得自己的孩子是天底下最聪明、最懂事的宝贝。

最让我们满意的还是孩子的学习能力，他学什么会什么，《三字经》可以倒背如流，英语单词很快就能记住，古诗词也能很快印刻在脑海里，4岁就通过了小提琴4级考试……

就是这样一个好苗子，如果方法不正确，折返回来的痛也是父母不能承受之重。

也许是我和爱人对孩子寄予了太大的希望，在辅导孩子时，我总在不断地给孩子学习加码，今天背诵了一首唐诗，明天就加一首，明天记下了，后天就再加一首；今天完成了一首小提琴曲子，明天就再加练一首曲子，明天完成了任务，后天再继续加码……

这样的灌输式方法，导致孩子逐渐就不喜欢学习了，看到这种情形，我就会和他讲人生的道理，讲学习的重要性。

刚开始孩子因为小，慑于父母的威严，虽然他不情愿学习，但是，还是会听我的话。

很多人可能会问，你教育孩子为什么会这么着急呢？

子女的教育不是孤立的，就教育去谈论教育是肤浅的。和绝大多数父母教育孩子存在深层次原因一样，我也没有例外。

子女的教育受制于父母的底层动力，这种动力不是凭空产生的，它大部分来自父母的父母，也就是孩子的祖父母、外祖父母，甚至是来源于更久远的家风，这是一般的父母想不到的。

多年的心理研究之后，特别是心理觉醒之后，影响孩子的脉络就完整清晰地呈现在我的面前。

由于我父母长期不和，他们的吵架总会吸引众多的邻居过来围观，这不免会让我接收到各种复杂的信息，有嘲笑和蔑视，也有同情与关怀。我当时的反应是，我拒绝嘲讽和轻视，我也不要大家的同情，我需要抗争，我要做人上人，我要人们都仰视我。

母亲的病情也给了我很大的困惑，因为母亲患有焦虑症，每当情绪不稳定的时候，就会在家门口骂人，或者独自一人去死去的哥哥坟前哭泣，村里的人都偷偷议论我妈妈是精神病，这让我内心产生极大的自卑感。

妈妈因为心理疾病，她会经常在我面前哭泣，控诉爸爸的不是。逐渐，我开始讨厌父亲，我觉得都是他造成了我们家庭的不幸，认为他鄙俚浅陋、粗俗不堪。在我 13—18 岁时，我表现得特别叛逆，我看他哪儿都不顺眼，经常和他对着干。记得在爸爸临终的日子里，看到爸爸躺在病榻上，我的心情极其复杂，一方面觉得爸爸所剩的时日不多，我应该好好照顾爸爸，好好同他说说心里话；但是，另一方面因为内心里的隔阂没有消除，我仅仅是形式上和爸爸待在一起。

一个人有什么样的心理，外部就会有什么样的表现形态，这就是心理投射原理。

如果一个人排斥自己的过去，以后的人生，他要么就是在别人面前极力地掩盖自己的过去，要么就是竭力地摆脱自己的过去。

从初中开始，我就下决心要早日离开这样的家庭，离开这个让人生厌的地方。

考取了大学后，人虽然成功地离开了家乡，但是，我是逃得了和尚逃不了庙。因为我的长相像父亲，无论我走到哪里，都改变不了我和父亲高度一致的长相，我讨厌他，结果也会让我对自己特别排斥，我甚至感觉到自己的血液里都流淌着低贱和粗俗。

为了摆脱这样的困境，我加倍努力地学习和工作，试图改变自己的人生，极力地向外人证明我不是我爸爸的样子。

于是，我努力地克制自己，几乎不对别人发脾气，也很少和别人争论，期待用温文儒雅的方式赢得人们对我的尊重。

过去形成的心理除了会投射在自己的行为上，也会投射在孩子的教育中，这就是我对孩子的教育如此着急上火的原因。因为我期待孩子和自己一样，日不我与地砥砺前行，不因为落后而被人瞧不起。

在笔者从事心理咨询工作的近二十年里，我发现绝大多数的父母都在下意识传承家族的教育模式，而他们却被蒙在鼓里，很少有人去阻断这种有害的代际传播。

因为我对孩子苛责，孩子开始疏远我，甚至有意识地躲着我，这是我第一次对孩子感到失望，我当时想："我这么爱你，对你这么好，你居然对我一点也不亲，甚至还不愿意理我。"这是我当时对爱的理解。

为了纠正孩子的行为，我开始批评孩子。孩子虽然不敢反抗，但是，他会消极抵抗。

有一次，我旁听了孩子的课外英语课"小星星"，我发现孩子因为知道我在后面观察他，故而表现得吊儿郎当、不认真听课，这让我更加地失望，觉得孩子怎么会这么调皮呢！当时，孩子仅仅6岁。

逐渐，我升级了对孩子的批评，有时候还会对孩子咆哮，结果是孩子的内心和我的距离变得越来越远了。

再后来，孩子变得越来越不听话了，为了制服孩子，我居然迷信"黄荆棍下出孝子"的传统观念，开始体罚孩子。每当体罚孩子后，看到孩子哭泣的样子，我心如刀绞。我多次因为起初忍不住打了孩子，最后抱着孩子伤心地痛哭并向孩子承认错误说："对不起，孩子！爸爸错了，爸爸下次再也不打你了。"

因为孩子的内心已经被我扭曲了，或者说，我的内心本身就是变形的，所以，我的承诺根本没有办法兑现，我一次次地食言，又一次次为自己的行为感到悔恨。

教育孩子这项工作经常把我搞得焦头烂额，让我烦闷不已。有一天，我要求爱人陪我出去走走，一面走我一面唉声叹气地对爱人说："我一次次地失信于孩子，我不是一个好父亲。"爱人看到我很自责，在一旁不停地宽慰我。

那段时间，我经常陷入沉思中，我意识到让孩子先做好一个人是多么的重要，如果他都不能很好地成为一个人，才华就如同墙上的芦苇，"头重脚轻根底浅"，这是我人生当中第一次深刻领会了先成人后成才的重要性。

同时，我下意识知道，如果继续这样下去，孩子就完了，我们家也就完了，我必须要寻找到一个全新的教育理念，我必须要让孩子先成为一个正常的人，此时，孩子接近10岁。

当然，决定出国留学还有工作上的原因。

因为我内心长期处于一种不正常状态，总想得到大家的赞扬，总试图得到领导的夸奖，同时，内心又充满了嫉妒之心，这样的心理让我工作起来倍感疲惫。

一个人能干什么工作，取得什么成绩与心态直接相关。内心有问题的人，如果内心的障碍比较严重，比如接受批评的能力很弱，别人稍微说他一下，他就暴跳如雷，这样的人就只能选择待在家里吃闲饭、啃老；心理问题稍微轻一些的人，比如因为自卑、胆怯，领导批评一下，他需要好几天才能缓过劲来，他就只能干具体的工作，比如守库房、看视频监控；再就是自尊心太强的人，因为得失心太重，这样的人就只能做基层的工作，因为害怕领导批评，所以他战战兢兢、如履薄冰，他人生的天花板比较低，再往上走就走不动了，因为上升通道将要面对更多的矛盾，也需要处理更复杂的问题，他连自己内心的问题都理不清，他怎么可能处理好这些外在的事情呢？

我过去就属于第三种情况，特别在意别人对自己的看法，对领导的批评非常恐惧，所以处处小心翼翼、谨小慎微。一般人对我的印象还挺好，他们都认为我有进取心、有责任感，但是，我自己知道我那是举轻若重，是苦苦支撑，这种坚持是不能持久的，工作中稍微出现一点纰漏，或者稍微受到一点打击，我就会彻底崩溃。

果不其然，因为工作调动，我被分配到另外一个处室，这个处室的领导脾气不好，会经常骂人。平心而论，这位领导对我算是客气的，她骂别人的时候一点都不讲情面，这个我也能看到。但是，一旦她骂我的时候，我就完全接受不了，瞬间就会变得恼羞成怒，就会和她对着干。所以我当时被提升到副处级，也可能是上天的眷顾，也可能是大家常说的祖坟冒青烟了，就我的心理承受能力而言，这个位置实在是令我高处不胜寒。

为了改变我工作的被动局面，当时我也想了很多办法，比如多看书学习，加强意志品质的修养，努力提高自己的忍耐力，但是，效果微乎其微。

我有一个同学，现在是一位将军。有一年国庆节的时候，我们5个同学一起相聚成都，他也来参加了聚会。因为他当时是领导的秘书，只能抽时间来陪大家。看到他起早贪黑，没完没了地工作，我当时内心感慨道："我只要有这位同学三分之一的忍耐力和工作热情，我就能很好地胜任自己的工作。"当时，我还暗下决心说："回去以后要好好向这位同学学习，无论领导怎么批评我，我一定要顶住压力，勤勉工作！"回到工作岗位，刚好领导去北京开会了，我像打了鸡血似的，工作热情高涨，每天早晨第一个来到办公室，积极组织全处的日常工作，带头去义务献血……但好景不长，第3天，领导从北京打来了一个电话，因为一件小事把我批评了一顿，瞬间，我就像一个泄了气的皮球，变得无精打采起来。

奇怪的是，内心没有觉醒的人，或者说内心没有改变的人，因为他看不到自己内心的问题，他总会对外界的环境抱有幻想，比如自己现在单位人际关系不好，他会幻想换一个单位人际关系就变得和谐了；或者他此时得不到重用，他会遐想到另外一个环境就会被委以重任；再或者是自己的婚姻遇到危机，她奇想改嫁后自己的婚姻就立马变得幸福美满……不可否认现实中确实有一些千里马被埋没了，但是，如果一个人本身的格局很小，却期待通过改变环境，来换取幸福人生，这真是痴人说梦。

我过去就是这种痴人，骨子里自卑，觉得自己很差劲，外在表现还很自负，觉得自己应该不止这个成就！我甚至怀疑，是不是我们这个国度的心态过于狭窄了，它容不下像我这样的鸿鹄呢？是不是到了国外，我就变成一个人才了呢？这也是我选择出国留学的一个原因。

到了国外才知道，西方社会根本不是自己想象的那样，有人的地方就有江湖，美国人更注重物质，人情也更加淡薄，当然，矛盾也更多，这就是为什么说去过国外的人更爱国，因为有比较才有鉴别。

在国内大小还是一个"官"，到了国外因为要生存，就要去打工，自己就变成了一个端盘子的，这中间的落差可想而知，再加上和老板发生了几句口角，我彻底崩溃了，在这个时候抑郁症也就找上了我。

抑郁症的痛苦是常人难以想象的，抑郁症发作的时候真的可以要一个人的命，患上抑郁症可以说是我人生的巨大灾难。

人们常说坏事也可以变好事，危中也潜藏着机，对我来说，抑郁症的确如此，抑郁症是推动我人生改变的强大动力。

原本是去读商科，目的就是希望研究生毕业后能好好挣钱，还是以前的模式，希望成功后别人能够仰视我。

最先并没有想过自己去做心理研究，以为找到一些心理咨询师就能解决自己的问题，后来因为遇到过的那些心理咨询师的咨询水平实在有些蹩脚，我才开始研究心理学。

抑郁症的巨大痛苦，迫使我做出彻底的改变，当时我下了巨大的决心，我要彻底改变自己，要消除内心所有的恐惧、焦虑和担心！

当然，除了决心大，正确的理论也很重要。因为心理学有很多分支，在这点上我是幸运的，我是在最困难的时候找到了最适合的改变方法。当然，这个理论也不是什么深不可测的独门绝技，现在世界上大部分国家都在采用这种技术，这是目前被公认最实用、最彻底，也是传播最广的方法，这个方法叫心理觉醒，也有的叫自我成长，也就是中国的古法修心。这类书籍有很多，被翻译到中国的也不少，在西方社会的书店里往往被单独列了一个专柜。

改变起来不是很难，但是，也不是一蹴而就的。当时，我面临的主要困难是因为自己有抑郁症，看书有些吃力，眼睛动不动就模糊，而且病来的时候阅读能力下降。

我当时一边研读心理学理论，一边把这些理论用于指导自己的实践，六个月的心理练习，使我内心的恐惧消失了很多。随着内心探索一步一步地深入，人生逐渐地变得越来越自由，用了一年多的时间，我彻底改变了自己。现在求助者寻求我的帮助，彻底改变一个人也只需要4~5个月的时间。

当自己研究不断深入的时候，我深切地体会到"除了浩瀚的宇宙，世界上最深邃的莫过于人的内心"这句话的正确性。我更加清晰、更加深刻地意识到，人的内心是如此的复杂！潜意识稍纵即逝，识别它需要知识、智慧与耐心，除了需要精通各种心理理论，更离不开在理论指导下的实践！心理咨询哪里是读几本书或者取得一个文凭就可以做的工作呀！面对求助者，一些心理咨询师之所以无计可施，究其原因是他们没有进行有效的探索。

从那一刻开始，我就决定放弃商科转而做心理咨询，我就是这样和心理咨询结缘的。

最初只是想治疗好自己的抑郁症，当自己的人生发生真正的改变之后，忽然有一种"人生从此无藩篱，悠然见南山"的感受，从那以后，我在子女教育和家庭成员关系，以及个人收入、人生的幸福感等方面得到了迅速的提升。

过去很自卑，所以经常会拿一些偶像来效仿，改变以后，再也没有什么崇拜的对象了，所以我经常在我们重塑人生心理咨询中心（本中心成立于2005年，我担任中心负责人）和求助者讨论时说："老师觉得自己和国内外所有的明星、所有的富豪、所有的名流都是一样的，我没有觉得他们有一丝丝的比我高贵。"这是我内心真实的感受，当然，我也没有觉得自己比任何人高贵一点。同那些富商大贾和影视明星相比，如果说我有比他们人生更美好的地方，那就是我比他们大多数人更幸福，因为他们的幸福是建立在外界的，而我的幸福不依附任何外物；同时，通过长期的修心，我告别了所有的算计，我的内心变得更善良、更纯朴。

变化是全面的，过去我在一个副处级岗位上都感到心力交瘁，改变后，不论是做一个上市企业的执行总裁，或者做一个升帐点兵的大将军，再或者像朱熹一样升堂讲学，抑或去影视作品中扮演某个角色我都确信自己能够胜任，这不是狂妄自大，是内心变化后自我能力提高的真实感受。

改变后的人生也变得进退悠然，可伸可缩，虽然自己认为可以做很多事情，但是，自己也可以处低，让我做一辈子的乡野村夫，我也可以自得其乐、无怨无悔。

改变后，对孩子的教育方法也实现了完美蜕变，有一种举重若轻的感觉，虽然我很重视孩子的教育，但是，不担心孩子闹腾了，感觉无论他怎么折腾都逃不出我如来的手掌心，更确切来说，就是对孩子的教育有了明确的方向。

具体我是如何教育孩子，又是怎样给孩子疗伤的呢？

先来看我教育孩子的几个实例。

2004年夏天，孩子放暑假来海外和爸爸妈妈团聚，这是我人生改变后第一次和孩子接触。

有一天，孩子想买一本画册，我看了一眼，大概是关于奥特曼之类的，只有 10 页纸，需要 40 美元，当时美元和人民币的汇价是 1 美元兑换人民币 8.1 元，我觉得有点贵，就没有同意买。

孩子看到我不同意，他就开始哭闹，整个过程持续了有 20 多分钟，我一句责怪的话也没有，更没有去打骂孩子，当然，也不觉得孩子哭泣就很可怜，所以整个过程内心一直很平静。

快到中午了，我把车停在一个麦当劳快餐店，然后，我对孩子说："童童（孩子的小名），下车去吃饭吧！"

听到我的声音，孩子连头都不回一下，面对这种情况，我继续说："童童，无论你怎么做，爸爸都爱你！"听到我的话，孩子感到很错愕。

"你既然爱我，为什么不给我买画册呢？"孩子气愤地说。

"爸爸爱你，并不等于什么都顺从你，这是不同的概念。钱是爸爸的，爸爸是否给你买这本书，取决于爸爸的经济能力，也取决于爸爸对投资这本书的价值判断，如果爸爸觉得这本书没有价值，爸爸有权利拒绝你。如果你觉得有价值，你可以提出你的意见让爸爸参考，一味地哭闹是没有意义的。"我继续对孩子说。

这个例子蕴含了一个重要的教育原理，如果父母拒绝孩子，父母就需要平静而果断地拒绝，平静和果断是缺一不可的，缺乏了平静，就会伤害孩子，缺少了果断，孩子和父母的界限就变得模糊不清了。

还是那个夏天，我和爱人带着孩子去纽约玩，当时，孩子看上了一个书包，就想买回国去在同学面前显摆一下。

我看了一下产地，是中国生产的，如果从这里买回去，就等于从国外背了一个中国货回去。当时，我就和孩子商量，看能不能不买，孩子立刻生气了。我思考了片刻，觉得孩子这么远来，还是给孩子买了算了，当我们同意给孩子买的时候，孩子又开始和我们恹气，生气说不要了。

换作过去，我就会对孩子破口大骂说："你这个怪物！"因为过去我就这么骂过他。

现在我改变了自己，孩子的所作所为已经不能干扰我内心的宁静，我平和地同孩子说："你需要买一样东西，总要给爸爸妈妈思考的余地，爸爸妈妈不是正在同你商量吗？"

等孩子的情绪消化了一会儿，我再和孩子说："你现在做出决定是让爸爸妈妈给你买，还是真的不要了？"

最后，孩子还是决定购买书包。

这个例子也包含了一个教育原理，因为过去的不当教育，孩子才变成现在这个样子，成功的教育，需要完整地接受孩子此刻的样子，而不是求全责备再给孩子内心添加新的扭曲。

2005 年，当我从国外回国的时候，正值孩子青春叛逆期，也可以说是我过去不当教育而自食其果的时候，面对可能发生的剧烈而复杂的局面，我明白一个道理，只要始终如一地坚持修心，更好地完善自己，始终保持内心的定力，不随孩子起舞，坚持用宁静与和谐的方式与孩子沟通，所有的问题都毫无疑问地可以得到有效的化解。

2007 年，孩子进入了初二年级，有一次，我大学同学，也是我人生的挚友来了，在街上我们无意中看到孩子把头发染成了黄色，我的同学都感到有些吃惊，因为他也是看着我孩子长大的，他对我说："从小乖巧的童童怎么变了！"面对这种情况，换作过去，因为自卑，我会觉得孩子给我丢脸了，一定是劈头盖脸地给孩子一顿臭骂。

回家以后，我内心尚有一些情绪，我立刻回到卧室，拿起静坐的垫子，我开始了守静练习。半小时后，内心平静了，下午的事情好像什么也没有发生似的。同时，我明白这样一个道理，孩子现在的表现都是我过去不当教育的后果，我现在所能做的就是不要重蹈覆辙，孩子外在的叛逆都是内心冲突的结果，内心没有变，怎么打骂都没有用，只要坚持用爱对待孩子，孩子变过来是迟早的事情。当下需要做的就是接受他，如果他觉得头发染成黄色好，那就随孩子好了。

2009年，孩子开始读高一了，有一天，孩子提出要转学到国际班，想去国外留学。其实，留学是好事，我和爱人早都把孩子留学的钱准备好了，只要是条件成熟，就可以把孩子送到国外读书。

现在很多家长动不动就把孩子送到国外，这个方法不是解决孩子问题的灵丹妙药，在国内都不能好好上学，在国外怎么可能成绩就突然好起来呢？我接受咨询的一些学生，家长把他们送到国外，花了300万~400万元，连个本科都不能毕业，这是多么糟糕的事情。

当时我发现自己的孩子自律性不够强，担心孩子像很多中国海外留学生一样，早上起床还需要父母打越洋电话，因为有这个担心，我就没有同意。

结果孩子情绪激烈，摔手机、和父母大吵大闹，好像房顶都要被掀翻一样，并要挟我们从此永远不去上学了。面对孩子的威胁，我坚持四条重要的方略。一是爱。爱的内涵就是孩子怎么闹腾，父母不激化矛盾、不火上浇油、不贬低孩子。孩子在家连续躺了三天，在这三天的时间里，我和爱人对孩子一句批评和抱怨的话也没有，同时，让爱人和往常一样给孩子做好吃的。如果做不到爱，我和爱人就一起守静，消除内心的情绪。二是坚定。坚定就是看准的事情要坚持，不能朝令夕改，我们不可能把金钱投入没有把握的教育中去。三是有所作为。有所作为就是积极地给孩子做工作，给孩子讲为什么我们不同意他出国留学。四是做好最坏的打算。所谓最坏的打算，就是拓展内心的空间，从内心接受孩子从此休学、一辈子啃老，因为内心能接受最坏的结果，这个事情处理起来就不容易出错。

因为方法得当，孩子第四天就背着书包回学校了。

当然，我有一个优势就是可以给孩子做心理咨询，2010年孩子开始愿意接受心理咨询，我一点一点地给他内心疗伤，让他宽恕自己的父母，特别是原谅自己的父亲。

通过多回合的"较量"，孩子开始变了，由过去的自卑、内向和反叛，慢慢地变得阳光、开朗和孝顺。

内在的变化也慢慢在外部显现出来，过去那个头发长得像"长毛贼"一样的孩子，自愿剪掉了凌乱的长发，留了一个阳光的小平头，说明孩子选择和过去的叛逆告别，并愿意遵循内心的改变。

除了给孩子爱的教育，同时，也学会对孩子放手。孩子人生的路终究是要靠他自己去走，作为父母的我们应该尽量少管他，他能决定的事情就让他自己去决定。

我和爱人在疫情前每年都会去全国乃至世界各地旅游，旅行前我们都会征求孩子的意见，看他愿不愿意和我们一起去，当孩子不愿意去的时候，我们不会有一丝的勉强，让他完全独立地做出自己的选择，同时，我和爱人就毫无牵挂地去远行了。2012年、2015年、2019年，我和爱人分别在尼泊尔、泰国、柬埔寨过的春节，而孩子选择在国内和同学一起过大年。

很多人会关心结果，你的孩子现在怎么样？

告诉各位读者，我孩子现在挺好的，他大学毕业后，和同学一起合伙开了一家公司，开业半年左右开始盈利，目前公司正常营业。孩子在业余时间也帮着我承接一些心理咨询，帮助那些需要帮助的人。

孩子的未来我不可预知，未来也不一定就是坦途，但是，我准备好了接受自己和孩子的一切，只要内心有爱，我相信再大的危机我们都可以及时地化解。

看到这里，很多父母可能会说：我们孩子的问题和你孩子的问题不一样。是的，每个父母面临的问题各不相同，有些爸爸妈妈希望孩子提高学习成绩，有的父母可能希冀孩子变得阳光自信，有的家长则希望孩子富有想象力和创造力，也有的家长期待孩子成大才堪大用……或许父母还有更多的期待，我真诚地和您说，这些问题都可以得到解决。

如果你是即将成年或者是已经成年的子女，如果你想解决学习生活中的种种矛盾，如果你想拥有一份幸福美满的爱情，如果你想全面地提升自己的能力，如果你想在事业中取得巨大成就，如果你想让自己变得真正的高尚……或许你期待的更多，我真诚地告诉大家，你的这些目标都可以实现。

社会上有很多培养和教育子女的理论，也有很多心灵成长的理论，这些理论要么是就问题去解决问题，要么是根据自己和子女的互动总结出来的，有的甚至是臆想出来的，这些所谓的理论不免挂一漏万。

你将要接触的理论是一个全新的改变自己和教育子女的理念，它是基于事实与规律，它冲破了潜意识的层层迷雾而达到自己真实的状态，是发现了内心的"太阳"，是"明明德"（弘扬光明正大的品德），是人生的颠覆性改变，是实现了人生的最大值。一旦达到这种状态，你所有的问题将不攻自破，你的生命将绽放出夺目的光彩。

看到这些描述，有的读者可能会想这是不是有些夸张。说心里话，这一点也不夸张，我不是学习文学专业的，我在描绘这些改变的美妙之处时总显得有些词穷，同时，我在想这些改变的美好本身可能就是无以言表的。

这本书虽然是以亲子关系主题为切入点，但是这个改变的理念适合所有年龄段的人，书中的方法适合所有想改变自己、追求美好的人。

这本书中的有些观点和我们过去持有的观念存在矛盾，甚至感觉有些不

可思议，但是，这些难以想象的观念说明我们和美好生活存在距离。

　　建议读者在使用本书的过程中先通读一遍，经过一段时间的改变之后再细细品味一番，亦可以读三遍以上。当然最为重要的是，希望读者每天都能拿出一点时间按照书中的要求去做，只要坚持做一段时间，你就会豁然开朗；如果你持续坚持更长的时间，你就会破茧成蝶。终有一天，你会平静地对自己说："在我的世界里，我能做到心想事成！"让我们期待这一天早日到来！让我们一起共同成长吧！

冯大荣

2022 年 6 月

# 目录
Contents

告别叛逆

第一章

孩子教育是家庭的头等大事

# 孩子问题多，父母办法少

作为一个心理工作者，我每天都会收到各种各样的有关孩子的求助。

父母求助最多的是孩子学习总是不上心的问题。父母的担心不是没有道理的，现实就是如此残酷，有的高学历的人，年收入动辄上百万。大部分低学历的人，只能干一份普通的工作养家糊口。如果拿不到一张文凭，有时连就业面试的机会都没有。

有些事情，过了这个村就没了这个店。孩子往往年龄小，他们考虑不到那么远，也不知道这其中的利害关系，等他们长大了，参加工作了，发现没有文化给自己带来不便，他们再想读书的时候，都已经为时已晚了，他们已经错过了最佳的学习年龄，再后悔也来不及了。

作为过来人的父母，当看到孩子一面学习一面吃东西，或者一面看书一面看视频，他们内心怎么会不着急呢？因为父母不想孩子长大后因为曾经的不懂事和浪费宝贵的时间而后悔，也不希望孩子觉得当时父母没有提醒而责怪自己。

与学习相关的另一个问题就是孩子弃学，这也是一些父母头痛的问题。孩子在学校上学，突然有一天就不想上学了，父母是丈二和尚摸不着头脑，看着其他孩子继续在学校读书，或者先后考取了大学，父母心急如焚！毕竟孩子正是学习知识的时候，突然弃学在家什么都不干，白天蒙头大睡，晚上通宵达旦地玩游戏、刷视频，你说这算怎么回事？

再就是孩子拖沓懒散、不讲卫生、不求上进等问题。看到孩子动作慢慢吞吞，没有一点朝气，看到这样的孩子，父母是气不打一处来。有些孩子成年后一个人住，吃的方便面盒子可以堆满大半个房间，用过的餐巾纸就随便扔在地上，父母进他房间连脚都没有地方放，见到这样的情形，父母实在是忍不住不批评孩子；但是批评也不行，孩子根本就不听，总是一副"死猪不怕开水烫"的样子。还有明明住房楼下就是餐馆，只要走几步就到了，孩子就是懒得动，偏要点外卖，你说这让父母如何是好？

孩子逆反问题也是父母难以解决的问题。有些时候，孩子的问题不讲还好一点，一讲反倒变得更加极端了。特别是孩子进入青春期，父母一讲孩子就炸毛。

一位父亲，就是因为吃饭的时候说了一下孩子，孩子当时就把饭碗扣在爸爸的头上，把爸爸的头都打破了。有一个孩子，小时候父母对他很严厉，他内心装满了对父母的怨恨。长大了，孩子经常惩罚父母，动不动就对父母说："你们俩过来，拿个小板凳坐着，看着我打游戏。"父母都被孩子逼着坐在那里战战兢兢地看孩子打游戏。

孩子离家出走也是令父母头疼的问题之一。通常因为一些小的甚至莫名的矛盾，孩子动不动就要离家出走。一旦孩子出走后，父母是如坐针毡，不知道孩子只身一人在外面会干什么，不知道孩子有没有饿着，也不知道孩子会不会出什么事。通常的情况是，父母在家这头急死了，孩子却在外面逍遥自在。父母除了担心孩子的安全问题之外，男孩子的父母通常担心孩子会不会做什么违法的事情，女孩的父母通常担心孩子会不会被别人拐骗。茫茫人海，父母急切地想知道孩子的下落。

还有很多父母担心孩子早恋问题。一些父母担心早恋会影响孩子的学习成绩，另外一些父母，特别是女孩的父母担心自己的孩子受到伤害，担心自己的孩子怀孕。如果一个小女孩突然间怀孕了，首先，对她的身体会造成伤害；其次，在我们这样一个传统的社会，道德和舆论的压力也将是她不能承受之重，除了心理会受到极大的影响外，将来孩子成家、找工作都会受到影响。

小时候，孩子的问题主要与学习有关，长大成人了，问题往往与工作和家庭有关。一些年轻人不能出去工作，天天待在家里啃老，这也愁坏了父母。不能出去工作的也不一定就是低学历，有些是高学历的也天天待在家里，甚至不乏国外留学回国的也是这样。大部分不出去工作的人，并没有因为没有出去工作而过着简朴的生活，他们往往对生活很挑剔，父母给自己买的东西稍有不合心意，他们就闹情绪；父母做饭不好吃，他们动不动就发脾气。面对孩子这种情况，父母心里想："我们还健在，还可以照顾你，等我们不在了，谁又来照顾你呢？"看到孩子这样，有些父母实在放心不下，趁着自己还健在，就开始存钱给孩子买保险，以便自己撒手人寰后，孩子也有一个基本的保障，真是可怜天下父母心！

还有一些年轻人，就是找不到男女朋友，始终不能成家。起初亲戚介绍男女朋友，孩子还愿意去相亲，时间久了没有成功，孩子都泄气了。看着同事的孩子一个一个都先后成家了，很多父母都抱上孙子了，再看着自己的孩子还是孑然一身，父母都为孩子感到孤单。因为很多年轻人找不到男女朋友，于是，催生了很多相亲网站，一些电视节目也加入其中，成功率姑且不做置评，这么多机构涉足婚恋业务，足以说明这里面存在一个很大的群体。

再就是赌博，这也是令父母很头疼的问题。年轻人一旦赌博上瘾，他们往往就会失去理智，甚至孤注一掷，有什么就赌什么，输完了就到处借钱，借不到就透支信用卡和花呗，最后债台高筑。有些孩子赌博输掉的数目对一个家庭来说简直是一个天文数字，靠孩子自己一辈子也还不清，最后这个债务都落到父母的头上。赌博一旦成瘾，还很难戒掉，这次父母帮助还上了，下次孩子还可能再犯，如此恶性循环，最后欠下的赌债成了一个无法填平的无底洞。

不得不说，有些 App 借贷机构真是利欲熏心，动不动就做一些诱人的推销广告，似乎是借钱不用还似的，对此，很多父母是有意见的，因为孩子还不上的钱最终都会落在父母的身上。在这里有必要提醒这些放贷的机构和个人，你们一定要摸着自己的良心，千万不能被利益蒙蔽了双眼，你们也有子女，如果你们因为利益而放纵自己的行为，终究有一天会反噬到你们的家庭。普通百姓攒点钱很不容易，如果就是因为你们的利诱，孩子把家里仅有的家当都输光了，真的会出人命的。

一年轻小伙赌博成瘾，赌资输完了就在外面举债，要么透支信用卡，要么找熟人借，每次都是妈妈给他埋单。后来，小伙子找了女朋友，妈妈想他已经成家了，生了孩子，可能责任心会增强。于是，她给儿子两千多万去办一个厂，生产生态板材，希望他能真正成家立业。过了一段时间，妈妈去看这个厂子进展怎么样了，让母亲意想不到的是，儿子告诉妈妈，这个厂没有了，都被他输掉了。听到这个消息，妈妈瞬间感觉五雷轰顶，一下子瘫坐在椅子上。这个妈妈其实想了很多办法，也找了很多心理咨询师，但是这个小伙子始终戒不掉赌瘾。

当然，让父母担心的问题还有很多，内向胆小、不思进取、酗酒成性、吸毒贩毒……

# 用棍棒、装可怜，不是教育是胡闹

教育大致可分为两个阶段，一是孩子内心空白阶段。所谓的内心空白阶段，主要集中在孩子幼儿时期，因为这个时候孩子的内心受到外界影响小，如同一张白纸。

另外一个是问题阶段。问题阶段的孩子年龄大部分在 13 岁以上，如果从 3 岁开始算起，孩子至少接受了父母 10 年以上的教育。如果已经接受了 7 年以上的教育，孩子还出现这些问题，说明父母在教育上是失败的，父母需要改进教育方法，否则只会在错误的道路上越滑越远。有的父母没有这个意识，自己的孩子都读高中了，接受父母的教育已经超过 15 年了，孩子的问题变得越来越多，情况也变得越来越严重，父母仍然还是老一套，大有"始终坚持老方法，孩子不改终不还"的架势。

经常有家长联系我们中心的老师说："老师，你给我支几招，我该怎么教育好自己的孩子？"听到这些请求，我是哭笑不得，如果教育孩子是这么简单的事，那孩子也不会有这么多的问题了。

"孩子的问题都是你们惯出来的"，在亲戚和朋友的建议下，父母似乎拿到了尚方宝剑，继而自信地认为"如果对孩子严厉些，孩子就会变得听话！"特别是孩子比较小的时候，这种方法比较奏效，这也增加了父母采取这种方法的自信心。采用这种方法的父母，通常他们本身比较强势，或者自己曾经受到父辈的严厉管教，所以他们用这种方法也会得心应手。

现实生活中，支持"黄荆棍下出好人"观念的父母不在少数，看着一些严厉父母教育出来的孩子，他们都很听话，表现得很有礼貌，这让不少父母对这种教育方法很动心。

当孩子迷恋上了游戏，父母通常解决的办法就是收缴手机，或者切断网络信号。孩子不上学，父母就采取批评或者体罚的方式，试图把孩子逼回学校。如果还不能解决问题，索性就把孩子送进一些社会上办的青少年特殊管教学校。有的父母采用极端的方法甚至涉嫌违法也在所不惜。

这种教育方法到底有没有作用？从表面上看是有作用的，孩子玩游戏成瘾，如果父母很严厉，孩子是不敢玩了；面对孩子的逆反，如果父母足够严苛，大部分孩子也就不敢了；孩子赌博，如果父母足够威严，绝大部分孩子也就会收手。

然后呢？后面会是什么结局呢？很多父母很少考虑"然后"，下棋要看后面好几步，如果你只能观一步，十有八九会掉进对方设计的圈套中。教育子女更是如此，孩子是父母"生产"出来的，父母用了什么教育手段，这些手段对这个"产品"会有什么效果，会出现什么副作用，父母应该做到心中有数，因为父母需要保证这个"产品"一辈子的质量，要保证孩子不会变为"次品"，保证孩子不给社会造成负担。

表面现象是很迷惑人的。比如，父母总是认为别人家的孩子很听话、很自觉、很有出息，对自家的孩子总是不满意，以至于"别人家的孩子"都成了优秀孩子的代名词。真实的情况是不是这样呢？当然不是，如果真是如此的话，就不会有那么多"别人家的孩子"，人数众多"别人家的孩子"说明有诸多的父母对自己孩子不满意，"别人家的孩子"是父母不满意自家孩子的托词而已。

同样的道理，很多人总是羡慕别人的家境，总觉得别人家很幸福。有一次，我们在中心组织了一次讨论，参加讨论的是正在中心接受心灵成长的父母，外人看上去觉得每个家庭都很幸福。"你看他们夫妻俩都是教师，孩子又考取了大学，他们家真幸福！""你瞅他们家，妻子是医生、丈夫在邮局工作，他们那才叫过日子呢！""你瞧这一家，丈夫是领导，有职有权，妻子在电视台工作，又有一个成绩优异的孩子，别提这一家的幸福指数有多高了！"真实情况却不是这样，每个家庭都有各自的不同矛盾，正所谓家家都有一本难念的经。

用严苛方法教育孩子会给孩子带来明显的副作用。

有一个小女孩，她有一个很强势的妈妈，这个女孩稍微不听话，妈妈就会给她重重的一记耳光，女孩逐渐对母亲的话言听计从，至此，母亲也心安了。这个女孩长大成人了，从表面看上去，确实听话懂事，但问题也随之而来了，女孩一想到自己将来要离开母亲，和陌生人成家，还要生孩子，她的恐惧也就随之而来，因为她已经习惯于妈妈给自己安排一切。特别是一想到将来妈妈不在人世了，什么都要自己做主，她更是不知所措。

黄荆棍下出好人，这句话无法考证它的出处，但是一定是出在农耕社会。那个时候商业极其匮乏，人们满足于"十亩耕地一头牛，老婆孩子热炕头"，在那个时候，只要孩子听话懂事就可以了。农耕社会的变化很小，几千年人们只是简单地重复着同样的农作和生活，只要孩子不做出什么出格的事，只要有力气会种地，只要传宗接代，这样的孩子就是好孩子。

当今社会则完全不一样，商业极其发达，科技日新月异，一个人除了需要听话懂规矩外，还需要富有朝气，拥有创造力，能运用现代科学技术，具有人际交往的能力，否则他们就可能无法在这个社会立足。所以过去的好孩子和现在的好孩子的标准是不一样的，过去的好孩子现在看来可能就是一个庸人。

从这个角度来看，在黄荆棍下培养出来的人，无论是听话懂事的，还是桀骜不驯的，都称不上是好人，打骂的方法是时候该废止了。

既然严苛的方法教育不出好人，那有没有其他方法呢？

现实生活中不是所有的父母都会采用严厉的方法，有些父母通过严厉的方法，发现这种方法并不能奏效的时候，他们转而会选择其他方法；另外一种情形，父母拗不过孩子，父母也会转而和孩子好好商量；还有一种情形由于父母的性格原因，有些父母本身就是心慈手软的，看到孩子伤心落泪的时候，他们往往就不想为难孩子。

虽然不用严苛的方法，但是问题还要解决，于是，有些父母开始打感情牌。有的父母想，"孩子这么爱父母，如果我们表现得很可怜的样子，因为心疼父母，孩子不就努力去工作和学习了吗？"为了激发孩子的斗志，有的父母干脆当起了"演员"，打起了悲情牌。父母通常一边叹气一边说："爸爸妈妈为了你都累出一身病了，你这点困难都不去克服，怎么对得起父母呢!"看着父母难过和伤心的样子,孩子心如刀绞,于是,他们会鼓起勇气去战胜困难。

也不是所有的父母都适合打悲情牌,它有一个前提条件,孩子必须怜爱父母,如果孩子逆反,想惩罚父母,这个方法也就不灵了。还有,如果一旦孩子发现父母的悲情是装出来的,孩子就会感觉到愤怒,内心的爱瞬间就会转变成恨。

打悲情牌也会影响父母的身心健康。演戏是需要用心的,如果没有投入,孩子就知道父母在"表演";如果用心了,父母就需要长期处于一种压抑的氛围之中。人的情绪是在条件反射中逐渐固定的,某一天,你遇到一件事,只要你表现得不开心,无论你是真的不开心,还是表现得不开心,只要你用心了,你大脑就会记下这件事以及相应的感受,这种模式重复多了,它逐渐就成为一种下意识行为,也就是潜意识行为,形成一种自动的模式。

有一位演员,她为了演好一个抑郁症的角色,因为入戏太深,随后的半年内她推掉了所有的演出,全身心地休息都没有调整过来。

父母入戏太深也就逐渐假戏真做了,父母看到孩子没有完成计划,父母就会卖惨,父母长期处于抑郁的状态,与之相应的身心问题也就产生了。孩子在这个过程中,一方面觉得自己造成了家庭的困境,觉得自己是一个罪人;同时,父母总是不快乐,这种不快乐也会传染给孩子,孩子也就变成一个不快乐的人。

父母发现打悲情牌不行,就想到用物质激励。为了激发孩子的积极性,很多父母会采取物质奖励机制,"如果你参加这次考试,爸妈就给你换一部智能手机","如果你考取了双一流大学,爸爸妈妈就让你学驾驶"。孩子为了得到他们喜爱的东西，他可能会拼尽全力去达到这个目标。但是，这里也有问题，如果孩子明知达不到，他就会彻底放弃。还有，如果真的拼尽全力而没有达到父母的目标，孩子也会很沮丧。

上面的两个方法还有一个副作用，就是父母和孩子独立的边界变得更加模糊了。"爸爸妈妈为了你都累成这个样子了，你还不好好学习!""你好好学习，爸爸妈妈就给你买礼品!"逐渐，孩子独立地处理人生问题的能力就变弱了，他会发现学习不仅是为了自己，学习也是为了爸爸妈妈。刚开始是父母给孩子送礼品，逐渐变成了孩子向父母要礼品，"如果你给我买一辆自行车，我就好好学习"，"如果你让我和同学一起去旅游，我就去参加考试"。现实生活中，很多家长抱怨，孩子好像是为父母学习一样，问题就出在这里。

为了不耽误孩子，一些父母干脆就替孩子代劳。通过父母的代劳，很多的问题被解决了，孩子前行的障碍也就被扫除了。比如，孩子在学校里被别人欺负了，不敢去上学。孩子没有办法解决这个问题，父母就带着孩子去找老师，或者去找对方的父母，让对方给自己的孩子道歉，孩子内心的恐惧消失了，孩子也就愿意去上学了，问题也就解决了。

现实中孩子出现的很多问题，父母都是可以代劳的，因为父母人生经历得多，解决孩子的问题自然得心应手，不至于让小问题发展成为大问题。

父母给孩子代劳，父母和孩子的关系很重要，如果孩子愿意和父母交流，很多事情就好办。当孩子在学习、工作、生活或者爱情上出了问题，父母才有可能给孩子当好参谋。如果孩子不愿意给父母讲，一直把问题捂着，这就很麻烦。

有一个女孩，妈妈很没有耐心，动不动就嫌女儿不懂事，之后，女儿遇到了事情也就不愿意和妈妈讲。有一天，女儿生理期来了，因为妈妈没有给女儿讲过这方面的知识，孩子也没有学习这方面的常识。此时，发现自己裤子全部都被染红了，而且自己坐的凳子上都是经血，孩子慌张得不知所措，羞得无地自容。回到家里，孩子很害怕，父母怎么问她，她就是不说，为了避免家长的追问，孩子干脆就退学打工去了。

在替孩子代劳的同时，一些父母发现，孩子很多的问题与所处的环境有关，如果父母能帮助改变环境，孩子的问题也可以得到很好的解决。

湖北恩施有一位同学，从小学到高中一直成绩优异。读高中二年级的时候，有一天，他突然向父母提出不愿意去上学了，这让父母焦虑万分，不知如何是好。后来父母了解到，孩子不想去学校的原因是，同学们讥笑他是个书呆子，只会呆头呆脑地学习，其他什么都不会。父母得知这个情况以后，一边做孩子的思想工作，让他内心强大，不要太在意同学的说法；一边主动和老师打招呼，希望老师去做其他同学的工作，让其他同学注意表达方式，最后，通过大家的努力，孩子又去学校上学了，避免了孩子因为人际关系障碍而弃学。

江苏南京有一位同学，害怕成绩排名就不敢去学校了。爸爸得知这个情况后，急忙和老师商量，希望老师照顾一下自己的孩子，让孩子只参加学习而不参加考试排名，征得老师的同意后，孩子也愿意去上学了。

通过改变环境改变孩子的办法还有很多。当女儿因为羞见陌生人而不能谈对象的时候，说明女儿不能和某个陌生人单独相处。有的父母主动创造条件，主动把男生邀请到家里来做客，一则父母可以更多地了解男生的品行和才华，同时，女儿和男生在家庭的氛围里也就不再害怕，然后逐渐发展成友谊，再发展成爱情，这样也就为女儿解决了成家的问题。有些年轻人因为内向不能出去工作，家人就和孩子一起做起了小生意，当生意逐渐步上正轨，再把生意交给孩子自己去打理，最后孩子也就自立了。有些孩子在尖子班成绩排名靠后，孩子感觉到沮丧，影响孩子学习的动力，父母就把孩子从尖子班更换到普通班，因为环境的变化，孩子的压力也就消除了，学习兴趣反倒增加了。

父母代劳的方法虽然好，但是这种方法也有明显的缺陷。不是所有的问题都可以通过父母来代劳的，孩子的学习成绩父母就没有办法给孩子代劳；夫妻过日子，矛盾难免，父母很难作为。有些环境也是没有办法改变的。如孩子依恋父母，父母可以尽可能地陪伴孩子，但是父母不可能陪伴孩子一辈子，父母迟早要离开人世。如果一个人因为出身而自卑，父母兄弟姐妹却又是没有办法选择的。而且，一旦对外界环境形成依赖，个人适应能力就会变差。当孩子在高中的时候，因为人际关系不好需要父母去协调；当孩子考上了大学，父母需要再次去大学，主动和室友联络，疏通孩子和其他同学的关系就成为大概率事件；参加工作了，因为孩子处理不好与领导和同事的关系，父母甚至还要去找领导协调，希望领导从中给予适当照顾。所以孩子始终离不开父母这根"拐杖"，孩子也就成了父母一辈子的拖累。

# 父母没了防火墙，等于孩子在放羊

面对一些棘手的问题，父母也没有办法，他们往往选择把问题先放一放，期待用时间赢得空间。

时间到底能不能换来空间？

显然，不是所有的事情都需要立刻去解决的，有些事情是可以缓一缓的。比如小孩子尿床的问题，很多父母不愿意洗床单，小孩子一尿床，他们就给孩子一顿臭骂，把孩子吓得直打哆嗦。其实，父母没有必要这么着急，等孩子5~6岁的时候，自然就不遗尿了。小孩子开口讲话也是一样，有的讲话早，有的讲话晚，这都是正常的现象。

孩子的学习能力也是一样，有些孩子很长一段时间都是"迟钝"的，他们要到初中，有的甚至要到高中才开始醒悟，一旦他们开始发力，追上、甚至超过其他同学都是可期的。

在我五岁的时候，哥哥姐姐就送我上学。上学的第一天，姐姐把我送到学校，反复叮嘱同村一个比我大三岁的同学，让他照顾我，让我和他坐在一起。谁知那个同学被老师安排和其他同学坐在一起了，最后只剩下了一个座位，我不得不和另外一个不熟悉的同学坐在一起。当时可能年龄小的缘故，我一下子就吓得哭起来。我的班主任，也是我的远房堂哥，上来制止我，不准我哭闹。当时，因为不懂事，当着那么多同学的面我一面哭一面骂堂哥，让班主任都下不了台。最后，班主任就和我的哥哥姐姐说：弟弟太小了，等过两年再来上学。后来，我又回家玩了两年。等自己七岁的时候再上学，学习也就一帆风顺了。

有些事情是耽误不得的，如果孩子错过了最佳时机，他可能一辈子都没有办法完成他那个年龄本该做的事。比如休学的问题，如果没有得到及时解决，时间一拖就是几年，等孩子长大了，过了读书的年龄，他可能就不想再上学了。孩子的婚姻也是如此，如果他或者她在青春的美好时光里没有找到合适的伴侣，他或者她就可能要"贬值"，这个现象对女性尤为明显，因为大部分男性追求女性是始于颜值。如果女性过了貌美如花的年龄，很多男性也就因为女性颜值的变化而不愿意去了解对方的品质，于是，再好的品质也就很难为人们所知了，所以儿女的婚姻就不能随便耽搁。

有些事情如果没有被及时制止，可能会造成无法挽回的损失。孩子赌博成瘾的问题就是如此，对待这个问题不能有任何的延误，需要马上制止，如果不能马上制止的话就会出大事，因为赌博可以让一个家庭在短时间内倾家荡产。

到底是缓一缓，还是立刻去解决，确实值得人们去思考。如果我们立刻去实施，但是孩子又不配合该怎么办？如果强行实施，一不小心又出现前面讲的严苛的结局。如果我们一味地等待，就如同农民靠天吃饭一样，把一切都交给了上天，没有上天的施舍，人们就只得坐以待毙，这的确有些被动。如果因为父母的消极等待，错过了最佳时间，让事情朝着与父母期待相反的方向发展，让子女出现无法挽回的损失，父母将来会追悔莫及的。

很多父母因为内心不安，不知道如何取舍，在这个时候，父母就会去求助算命先生，正所谓"心神不定，看相算命"，看面相算八字的实质就是把管理的权利交给外部世界，让算命先生来决定子女的未来。

算命先生还是有一套骗术的，他们通常是借力高手。首先，他们不说是自己的功力，如果说是自己的功力大家不容易相信，他们往往会把控制事物进程归因于外力，这个外力有的被叫作神，有的被叫作鬼，还有的被叫作命、风水等，算命先生让人知晓是这些外力掌控着孩子的成功与失败。然后，算命或者看相的人告诉父母，他们只是中间人，他们的能力在于能够和这些外力对话，知晓人们不知道的秘密，你只要给他们钱财，他们就告诉你人生的最佳方案，什么时候需要缓一缓，什么时候必须立刻实施。还有的算命或者看相的先生更玄乎，声称只要父母给他们更多的钱财，他们就可以让这些外力给孩子施加更多或者更少的影响，目的是让孩子朝着更有利的方向发展。

有一次，有两个外地人要去找重庆的道人算八卦，我刚好那天没事，就顺便一起去看了看，看看道人是怎么算的。其中一个外地人要给他的女儿占卜，他先把孩子的情况介绍了一下，他的女儿成绩一般，不怎么孝顺，动不动就骂妈妈，爸爸对此很担忧。听了孩子父亲的介绍后，这位道士开始装模作样地做一些测算，最后给这位父亲说："孩子很优秀，将来很有出息。"这位道士接着说："钱嘛，市面价是 5 万，你就看着给吧。"

看到这个情况，我提出了异议，孩子这么不孝顺，将来怎么可能很优秀呢？这孩子显然需要去改变她的内心！改变了才能孝顺父母、尊重长辈，才能成绩优异。我接着说："如果你真是修道的，怎么不教孩子好好修心，走正道呢?"也可能是怕我戳穿了他的骗术，那位道士一改之前的斯文，勃然大怒。这其中的原因，大家一目了然。

把子女教育交给这些虚无缥缈的东西肯定会出问题的，无论是祈祷、算命或者看相，都只能是一种心理安慰。

还有一部分家长，在管理孩子的过程中，他们由刚开始的满怀希望，在和孩子的几轮"斗法"之后，开始变得心灰意冷，然后发现孩子根本不是自己想象的那样，家长也就变得万念俱灰了，在这种情况下他们也不得不选择放弃。

放弃对孩子的管理后，一些家长首先放松了对自己的管理。以前还担心自己的行为影响孩子，他们还需要自我约束，放弃教育管理后，家长也就放开了，该打麻将就去打麻将，该喝酒就去喝酒。因为父母对孩子的"防火墙"消失了，孩子也就开始胆大妄为起来，他们该打游戏就打游戏，该去赌博就去赌博。

现在社会上流传了一种理论，认为孩子不需要管理，他们自然就会好起来，这种理论要么是一种谬论，要么就是对一些心理理论的曲解，按照这种所谓的理论走下去，孩子的问题注定是越来越多，也越来越严重的。

# 排除纷扰，父母急需教育良方

子女教育之所以出现上述的种种问题，主要原因还是家庭教育没有得到父母应有的重视，父母对子女教育的投入严重不足，这里所说的投入不仅仅指的是经济投入，更多的是时间和学习的投入。

当孩子呱呱坠地的时候，面对新生命来到这个世界，父母充满了欣喜与期待，但是他们并不知道该如何同这个新生命互动，更不知道哪种方法是好的、是对的，很少有父母学习过如何教育孩子的课程。一些父母在孕期参加过胎教课程，或者孩子出生后让他参加过各种兴趣班，这些都是开发孩子智力的课程，这些课程与孩子心理成长都没有关系。

通常是孩子出生后，就跟着父母生活，如果父母白天上班，孩子就由爷爷奶奶或者外公外婆看着，无论是跟着父母还是跟着爷爷奶奶、外公外婆，大家都没有探索如何教育孩子，都是大人怎么生活，孩子就跟着怎么生活，大人往往认为孩子吃好睡好不生病就可以了。

当孩子开始上学的时候，父母关注的重点就是学习成绩，只要成绩好，一切都万事大吉了。特别是父母参加家长会的时候得到了老师的表扬，父母的虚荣心瞬间"爆棚"，孩子其他问题也就视而不见了。当孩子的成绩不好，孩子其他方面再好也不好，似乎只有成绩好人生才有作为。

孩子如果做了什么不恰当的事情，父母想到的就是简单地制止他的外部行为。如果孩子的某个问题一直没有得到解决，父母可能会想，"孩子出现种种问题，是不是父母对孩子不够关心？""会不会孩子的脾气秉性比较倔？"父母对孩子的教育缺乏定性和定量分析，只是凭主观去臆测，不知道教育孩子该用什么方法，更不知道自己用的方法会对孩子造成什么影响。

做生意需要数据分析，自己提供的商品要分析目标群体，他们的数量有多少，他们的购买力怎么样，人们有没有可替代的商品，或者说，有没有竞争对象，如果这些情况自己都不掌握，生意失败是大概率事件。战场上也一样，不知道敌军的数量，武器装备情况，不知道对方的指挥官是谁，他的脾气秉性是什么样子，这个仗就没法取胜。同样的道理，教育孩子如果做不到心中有数，父母仅仅靠"可能""差不多""大概"的判断来做决定，正所谓"五行不定，输得干净"，父母都不知道教育对象的状态，随意出招，这样的教育注定会出问题的。

这个世界上有两种父母，第一种父母属于无知。他们承认自己不知如何教育孩子，他们一直在寻找合适的教育方法，所以他们会不停地学习，包括学习各种课程，阅读亲子教育书籍，或者向同事和好友取经，今天大家说"放养"好，他就试用"放养"的方法，过了些天，大家都推荐"圈养"，他就会试用"圈养"的方式。这类父母虽然在学习改进，但是，也是在不断地试验，并不知道哪种方法更好。

第二种属于固执。他们明明不知道科学育儿方法，但是他们还很自负，总认为自己是对的。这些父母拒绝去学习，也不喜欢向大家请教，因为有这种态度，自然也就没有改进教育方法的可能，这样的父母也应验了"固执比无知更可怕"的格言。

现在很多人在讨论，是不是需要父母持证才能生儿育女，这里的持证不是指计划生育的证明，而是说父母需要有一定的教育和管理孩子的能力。

猛一听，觉得这个观点有些荒谬，怎么能随便剥夺一个人生育的权利呢？但是静下来细细一想，觉得这个提议是有道理的。

虽然父母有生育孩子的权利，但是孩子不是父母的私有物品，他是社会的人，他有独立的人格。既然孩子和父母是这样一种特殊的关系，

所以社会不能剥夺任何人的生育权利，但是，父母需要承担一定的社会责任，父母有责任把自己的孩子教育好。

与其等到孩子长大了，因为内心痛苦向父母哭泣说："你们那么讨厌我，为什么还要生我！""我达不到你们的要求，你们饶了我吧，就当你们没有生我吧！"还不如在孩子出生前把好父母教育和管理关口，让每个出生的孩子都能在父母正确的抚育下健康地成长。

现代社会，人们参加任何有技术含量的工作都需要通过特定的职业资格考试才能上岗，公务员需要通过公务员录用考试才有资格成为公务员，教师需要通过教师资格考试才能走上教学岗位，医生需要通过医生职业资格考试方可行医，律师需要通过相关的司法考试才可以为他人提供法律服务，财务人员需要通过会计师资格考试才可以担任公司的财务管理人员等。

和孩子的教育相比，上述工作的难度、重要性和技术含量都远在育儿之下。教育人的工作难度最大，"十年树木，百年树人"，要教育好孩子，需要父母付出更多的心血。同时，教育孩子的重要性也是不言而喻的。小到孩子成人成才，中到家庭幸福和睦，大到社会和谐平安，这些都离不开正确的育儿工作。教育孩子的技术含量也不是一般工作可以相比的，它是真正的交叉学科，因为它涉及教育学、心理学、管理学、营养学等。

既然教育子女如此重要，那是不是作为孩子的引路人，父母在上岗之前也必须通过严格的考试才可以呢？现实生活中父母教育孩子存在的问题太多了，而且有些父母都错得有些离谱，很多孩子内心都受到很大的伤害。为了让这些错误不再发生，父母在上岗教育孩子之前的确需要做一些功课。

过去儒家主张"心诚求之，虽不中，不远矣。未有学养子，而后嫁者也。"意思是说，只要父母心诚去做，虽然不一定都做得对，但是差得不会太多。没有先学育儿然后再嫁人的。现在看来，这个观念过时了，育儿不是那么简单的事，虽然有心育好儿，但未必会带来好结果。

在这个世界上，由于人们所处的环境不同，每个人都会为自己做出的选择作辩护。待人接物，有的人选择谦卑，因为他觉得这样会显得有礼貌；有的人认为自己所秉持的高调是最好的，因为他觉得这是活出了自我。到底谁是最好的，他们之间谁也说服不了谁。投资股票，有的会选择业绩优的，觉得这样收入有保证；有的会选择价格低的，觉得这样风险小；有的选择热钱追捧的，觉得可以快进快出，赚快钱。但是股市起起伏伏，无论人们选择什么方法，赚钱的总还是那些少数人，亏本的总体上还是占大多数。

父母选择教育子女的方法也是这样，各种教育理念都听说过，如严格模式、宽松模式、不教而教模式和爱的模式等，但是在选择的时候，人们还是自觉或者不自觉地滑入自己的惯性思维中。如果父母在教育孩子的过程中没有受到足够大的挫折，他们是不会轻易放弃自己所坚持的方法的。

这就像中国革命一样，如果不是在清王朝末期国家面临被分裂甚至濒临亡国灭种的威胁，大家也不会想到寻找中国革命的理论。

即使开始寻找正确的理论，也不是一帆风顺的。刚开始，很多人发现当时日本之所以强大，是因为他们工业发达，于是一些人选择实业救国，他们想只要国家富裕了，有枪有炮了，别人就不敢欺负我们。当甲午战争失败后，中国主权丧失、割地赔款，标志着实业救国梦想的破灭。再联系到历史上的农民起义，每次农民起义，最后的胜利果实都是归于一小撮利益集团所有，过了几百年以后，又被另外一个农民起义所推翻，再重复过去的模式。

人们痛定思痛，知道中国革命需要一种新的理论，只有在新的理论的指导下，全新的制度才有可能确立。大批中国进步知识分子去西方求学，他们找到了马克思列宁主义，并把马克思列宁主义同中国革命的实践相结合，中国的革命才翻开了崭新的一页。

教育也是一样，多年来的习惯让大家都习以为常了，突然让人们去接受一种全新的理论，特别是这个理论和过去的固有思维有冲突的时候，人们往往会经历惶恐、犹豫、思索到缓慢接受的过程。

# 第二章

# 再好的孩子也禁不起折腾

# 爸妈的心头肉都是好苗子

**孩**子出问题了，父母到底该怎么办呢？

在回答这个问题之前，让我们把思绪带回到孩子的童年，来一起认识一下孩子。

当孩子还是孩童的时候，大家在一起玩，很多东西他们都觉得好奇，可以一起跳绳，也可以在河边戏水，或许就是简单地垒石头，或用水搅拌泥土，孩子玩的内容很多，之所以觉得很多事情都好玩，是因为心好玩。也可以说内心很快乐，无论玩什么都觉得很有意思，所以孩子的快乐无处不在。

美国作家马克·吐温就因为生动地描绘孩童的天真无邪而名扬天下，他笔下的那个小男孩，潇洒、有趣，甚至有点异想天开，汤姆·索亚那种无忧无虑和自由自在的生活，勾起人们对童年美好时光的向往。

孩子每天精力充沛，除了生病外，他们几乎每天都是按时起床，有的时候，甚至比父母起得还早，他们一吃完饭后，就急不可耐地找小朋友们一起玩。

孩子不会因为父母没有要求他们做事情，就变得慵懒，这说明孩子内心存在着天生的动力，说明孩子本身是不会怠惰的。

虽然孩子玩游戏很投入，但玩游戏不是"用心"学习，也就是说，掌握这些游戏不是"我一定要学好游戏"，游戏的过程是自然而快乐的过程，因为快乐，所以胜不骄，败不馁是他们游戏过程的真实写照。

孩子不想玩就不玩了，不用担心别人怎么议论，此时他不在意别人的看法。下次想玩了，他就自然加入，别的孩子也不会拒绝，重新加入既符合自己的利益，也符合其他孩子的利益，也就是说，融入和离开都是利益的兼容。孩子加入的多少完全取决于游戏本身的需求，而缺少了人为因素。他们不用穷思竭虑地去思索，一切都是自然的过程。

男孩和女孩一起玩，他们不是所谓的男女朋友，但是却玩耍得很开心。人与人之间的距离恰如其分，或者说，把握彼此之间距离是根据玩的需要，而不是根据世俗的偏见，距离太近会碍手碍脚，不便于开展工作，距离太远彼此之间没有呼应，又觉得不好玩。此时的把握不是我们成人意义上的把握，一切都是在无心的状态下完成的。

穷人小孩同富人孩子一起玩，他们也很开心，富人的孩子没有排斥穷人的孩子，穷人的孩子也没有自卑的心理负担。

孩子依本性而开发的游戏不仅他们自己觉得好玩，就是成人也会觉得有意思。每次心灵成长的培训，课间组织学生玩好玩的游戏，如"莲花绽放几朵开""兔子舞""老鹰捉小鸡""斗鸡"等，玩的过程中吸引了很多成人参加。而且有些游戏，如捉迷藏，国内外都有，游戏规则基本一致，说明人类追求快乐的本性是相通的。

孩子不害怕被别人笑话，当摔疼的时候会哭，哭是一种本能的行为，就像狮子大吼是本能一样。过不了多久，当疼痛消失的时候，他们又会笑，不担心别人议论自己情绪化。此时他们的行为恰恰不是情绪化，哭和笑不是因为情绪而引发的。

孩子会有很多疑惑，"人是从哪里来的?""月亮为什么晚上才出来?""飞机为什么会飞上天?""人为什么要结婚?""为什么会有太阳?""为什么母鸡能孵小鸡而人就不行呢?"……

这些看上去愚笨的问题，恰恰隐含着孩童对科学与真理的浓厚兴趣。孩子的兴趣无处不在，很多科学的发明都来自发明家儿时的灵感。

瓦特在奶奶烧开水时，发现蒸汽推动着水壶盖子啪啪作响，他发现这里存在动力，这就是后来他发明和改进蒸汽机的灵感。

爱迪生小时候，老爱问这问那:"这是为什么呀?""那是为什么呀?"

爱迪生5岁的时候，有一天，他看见家里的母鸡老待在窝里不出来，就"哦嘘哦嘘"地叫着去赶它。可是母鸡歪着脑袋，眨了眨眼睛，一动也不动。

这是怎么回事啊? 爱迪生把母鸡抱起来一看，哟，窝里有10多个蛋。奇怪，母鸡今天下了那么多蛋呀? 他好奇地跑去问妈妈。

"妈妈，妈妈，母鸡今天下了10多个蛋，这是怎么回事啊?"

"母鸡不是在下蛋，是怕蛋受凉。"妈妈把爱迪生搂在怀里说，"妈妈抱着你，你不是暖和多了吗?"

爱迪生更奇怪了，瞪着眼睛问:"妈妈，蛋也跟人一样，会受凉吗?"

妈妈笑起来了，告诉爱迪生，母鸡是在孵蛋呢。母鸡用自己的身子把蛋盖上，蛋就暖和了，蛋里面就会长出小嘴，长出小脚，长出羽毛，变成小鸡，最后，"笃笃笃"啄破了蛋壳，小鸡就从蛋壳里钻出来了。

爱迪生听了妈妈的话，就跑开了。过了一个钟头，又过了一个钟头，妈妈没有看到爱迪生，心里多着急呀! 爸爸心里也很着急，大家东找西找，啊，原来爱迪生跑到邻居家里去了。他用柴草做了一个窝，里面放了许多蛋，学着母鸡的样子，正蹲着孵小鸡呢！

"孩子，快回家去！"

"不，不！妈妈说的，鸡蛋受凉了，就孵不出小鸡来了，我正在孵小鸡呢！"

爸爸看见爱迪生这股傻劲，直觉得好笑，就把爱迪生拉了起来，说："走吧，傻孩子。你是孵不出小鸡来的。"

爱迪生嘟着嘴说："我为什么孵不出来呢？"

历史往往会演绎惊人相似的一幕，在爱迪生坐在鸡蛋上孵小鸡的事情过了80年后，在欧洲的英国，有一个叫珍尼·古道尔的小女孩，也对母鸡孵小鸡充满了兴趣。

当古道尔还是个孩子的时候，她就非常热爱大自然，非常喜欢动物。在她还不会走路时，就天真地爬进腥臭闷热的鸡窝里观察母鸡是如何生蛋的，并很有毅力地独自在鸡窝里待了5个小时。爸爸妈妈并没有干涉女儿的行为，只是知道孩子安全地待在那里就可以了。这种早在童年就埋下的兴趣"种子"无疑为她日后献身黑猩猩的事业奠定了坚实的基础。

爱迪生对发明的兴趣与生俱来，妈妈只是保护了儿子的兴趣，没有因为爱迪生坐在鸡蛋上而训斥孩子蠢蛋；同样的道理，珍尼·古道尔对动物的喜爱也不是源于父母的训练，而是基于珍尼孩童时的情趣。

孩子天真快乐，可以玩得忘了回家，内心宽广无垠，哪里都是自己的家。

孩子做事情的动力仅仅来源于他们对这个未知世界的热爱，因为兴趣让他们前行，自然也就不需要苦苦支撑，更没有放弃之说。

父母每每想到孩子那个时候的场景,都会赞不绝口:"那个时候孩子好乖呀!"

当然,作为孩子他们也有不足,比如知识还不够丰富、体格还不够强壮、待人接物礼节还没有养成等。

总体上说,小孩的心同外界浑然一体、内外兼容。孩子不为心所累,没有任何心理负担。只要父母继续呵护他们,让他们长期保有这样的心态,让他们不断地学习各种科学知识和做人的道理,长大后孩子的人生就会是幸福快乐的,而他们在事业上也会大有作为。

# 别人家孩子也并不完美

让人不解的是,孩子逐渐长大,在父母的教导下不断地学习知识和做人的道理,他们理应更加快乐,更富有创造性,更富有同情心,但很多逐渐成长的孩子却不是这样,他们有的开始变得痛苦,有的变得懒惰,有的变得叛逆。人们不禁要问,一个幸福而充满好奇的孩子,随着年龄的增长渐渐变得痛苦、反叛,背负着巨大的压力,这中间到底发生了什么?

我们来看父母通常是怎样教育子女的。

父母不希望自己的孩子比别人家的孩子落后,当别人家的孩子超过自己的孩子时,父母通常会斥责孩子。

父母通常会对孩子说:"你怎么这么笨,怎么不如他呢?"或者说:

"如果你下次再考不好，爸爸妈妈就不爱你了！"也可能会说："如果你考不好，你怎么有脸去见同学和老师呢！"

当邻居和父母吵架，邻居会说一些难听的话，比如"就凭你们，还想超过我们，也不拿镜子照照，看自己啥样！"受到邻居的刺激后，爸爸妈妈通常会语重心长地对孩子说："孩子，你可要争气呀，千万不要让别人总是瞧不起我们呀！"

这些是最普通的教育方式，而且还算比较温柔的。我们祖祖辈辈都是这么对待孩子的，一般人也没有觉得有什么不妥，而且比这过分的批评多得是。过去很少人研究心理，自己的孩子自己养，自己的孩子自己管，父母觉得对孩子有点打骂都是正常的，谁也不会想到它对心理会有什么影响。

过去我在美国读书的时候，听说邻居看见父母打孩子，那是会报警的，而且父母大概率会坐牢的。我想美国人可能早就意识到父母对孩子教育的影响，所以美国的立法机构才通过这项立法，但这项法律并没有降低美国人患各种心理疾病的比例，这说明如果仅靠立法来保障对孩子的教育是不够的，因为法律仅仅是最后的防线。

中国和西方社会是不一样的，中国人更有人情味。美国的孩子18岁以后，他们就独立了，父母基本上可以不管孩子了，女孩子想嫁给谁就嫁给谁，想单身就单身，父母是不会去干涉的。中国的孩子成人了，父母还是要管，而且父母还要管孙子、孙女，外孙子、外孙女。虽然我们也有未成年人保护立法，但是毕竟是在这样一个人情社会，父母教训一下子女似乎更有理由，因为父母一直是孩子的第一责任人。

就是这样不经意的斥责，会让孩子心理发生怎样的变化呢？

孩子不想父母认为自己笨、不如别人，也不想自己考不好父母就不爱自己，不想自己考不好就无颜见同学和老师，当然也不希望邻居对自家的羞辱成为现实。因为不想，所以内心就会排斥，排斥在内心就会引发情绪，排斥在身体的表现就是紧张。

除了排斥会造成人的情绪，压制、占有和阻滞某个思想或者心理都会造成情绪，要消除内心的情绪，必须要消除内心的各种阻滞，让内心恢复到平静状态。

从这里我们可以看出，改变自己千万不能理解为物理意义上改变思想的轨迹，如果一个人刻意去改变思想的轨迹，那就会干扰内在的思想，会产生更多的情绪，所以真正的成功改变是让思想自由地流动，让压制的能量释放并自由地流淌。

除了排斥自己，也会排斥别人。如果某个人比自己强，就会生嫉妒之心，嫉妒既是排斥自己，也是排斥别人。

此时，孩子内心多出了一些东西，多出来的东西就是情绪和躯体的紧张，情绪和紧张不是天生的，是后天不当教育的结果。

很多人认为情绪和紧张是天生的，是不可改变的，这显然是错误的。造成这种局面的原因，一是我们周围的人大部分都是情绪化的，人们都会有不同程度的紧张，于是，我们误认为情绪和紧张是伴随人类的必然物。还有一个原因就是下意识的使然。

证明情绪和紧张是后天造成的方法很简单，如果某一个事件，所有的人都有情绪和紧张，而且情绪和紧张的剧烈程度是一样的，说明情绪和紧张是天生的。如果这个事件在发生过程中，只要有人没有情绪或者不紧张，或者说人们的情绪和紧张的剧烈程度不同，就说明情绪和紧张是天生的结论不成立。

心理学是一门科学，为什么说心理学是一门科学？因为它遵循了科学的原理，所谓科学的原理，就是在条件相同的情况下，所有的实验结果都应该是一样的，只要有一个人得出不同的结论，就说明这不是科学，或者说这个科学是有漏洞的，需要额外的定律去补充这个漏洞。所以对同一物体，英国科学家牛顿算出的地球引力和中国科学家计算出的地球引力是一样的；同样的道理，如果某一个人通过科学的心理方法能消除内心的情绪，那么世界上所有的人用同一方法都可以去除内心的情绪。

孩子坦然面对，考试就是一件很简单的事情，因为他的内心很平静，考试对于他来说就跟平时的练习没什么两样。如果情绪紧张，在考试前几天，会因为焦虑而失眠；在进入考场前，会因为紧张而出现尿频；在正式考试的时候，因为压力而出现短暂失忆，平常背得滚瓜烂熟的知识在考场上也就被忘到九霄云外去了。如果你们的孩子考试紧张，过去的不当教育难辞其咎。

接受了不当教育，当孩子比别人落后，心理就产生焦虑；超越别人，内心就兴奋。为了消除焦虑，他最优先的选择方向就是去超越别人。

主动实现超越。努力拼搏，战胜他人。一旦自己超过他人，内心就会出现短暂的自豪感，焦虑就得到暂时的释放。通过超越别人让孩子明白这样一个道理，只要超越他人，自己就能让焦虑得到平复，自己就能感受到短暂的幸福，于是，他就会不断地强化超越别人的方式，这种小孩就是大部分父母眼中的"好孩子"。

用这种方法造就了很多的"好孩子"，他们聪明、孝顺、听话、懂事和勤奋，很多孩子一路顺风顺水，从小学到高中成绩一直名列前茅，然后考取了全国顶尖的学府，再从学士一直读到博士，毕业后受雇于实力雄厚的企业，再结婚生子，让父母感到无比的光荣。

很多父母想，如果我的孩子能像这样就好了。这样的孩子当然是不错的，因为他们有很高的智商，高智商让他们一路顺利。这样的孩子在科学的领域做什么都没有问题，所有的问题他们都能领悟，特别是做学习型的跟跑者。

为什么说是学习型的跟跑者呢？前面讲了，孩童本身存在一种动力，这种动力是人生的原动力。显然，上面这种不当教育而培育的成功是在额外动力、焦虑推动下完成的，这样的教育模式会出现什么问题呢？

没有接受不当教育的人，或者说，原动力驱动的人更有创造性。这是因为他人生束缚小，所以他敢于想象，什么都可以想，什么都可以讨论，什么都可以去尝试，大脑风暴就是为这样的人准备的；同时，原动力驱动的人善于开拓，特别是原创性的开拓，敢于走前人没有走过的路，因为他不惧怕失败，在他们看来失败只是排除了一种不可能。

恐惧动力驱动的人，虽然他很聪慧，但是因为要当别人心目中的"好孩子"，他不能出现什么离经叛道的想法，他也不能出现什么闪失，更不能出现失败，否则他就是一个"笨蛋"，所以在一些开拓性的领域，他总是稳字当头，尽量回避一些所谓的风险，总是跟着大方向走，做一个跟跑者。于是，人生就显得有些平庸。

大家知道相对论是爱因斯坦提出来的，如果没有相对论，人类就不能有效利用核能，也就没有我们现在的北斗导航。但是，如果有人说，首先提出相对论的并不是爱因斯坦，你会相信吗？

提出相对论的动力来自牛顿的经典力学，但发现相对论的阻力却来自牛顿的威望。因为牛顿是一位顶级的物理学家和数学家，被誉为"物理学之父"。他在 1687 年发表的著作《自然哲学的数学原理》里，对万有引力和三大运动定律进行了描述，这些描述奠定了此后三个世纪里物理世界的科学基础，并成了现代工程学的基础。在力学上，牛顿阐明了动量和角动量守恒的原理，提出牛顿运动定律。在光学上，他发明了反射望远镜，并基于对三棱镜将白光发散成可见光谱的观察，发展出了颜色理论。他还系统地表述了冷却定律，并研究了音速。在数学上，牛顿与其他数学家分享了发展出微积分学的荣誉。这样一位牛人，一般人是没有勇气去挑战他的权威的。

但是，牛顿的经典力学确实存在问题，有一些现象用牛顿定律无法解释，特别是大速度运动的物体，比如分子、原子的运动，牛顿定律就无法解释。于是，一些科学家就开始研究这些现象背后的原因，其中有一名物理学家叫玻尔，在研究中他首先推演出相对论的公式，根据他推演的相对论的结论，物体的质量随着速度变化而发生变化，这和牛顿的经典定律发生矛盾，他自己都不敢相信，于是，他就放弃了自己得出的结论。最后，反倒是敢于挑战权威的爱因斯坦成为相对论的发现者。

在写作这本书稿的时候，我刚好给某大学一位研究空气动力学的博士做心理咨询。

我问他说："想不想做出一个重大的发现而成为著名的科学家？"

他回答说："想呀！"

我接着问他做出这种发明的可能性有多大，他陷入了犹豫和徘徊，显然，他怀疑了自己的能力，觉得这是一件很困难的事。因为我给他做过几次咨询，知道他很在意导师和同事的看法。

我对他说："要做出一个重大的发现，首先要学会做人。如果你很在意导师和同事的看法，你害怕成为学术界大家议论的焦点，害怕成为学术上的离经叛道者，重大的科学发现一定不属于你，因为你做人都是失败的，你怎么可能成才呢！"

我希望这位博士以及内心成长起来的众多好学生，能摒弃内心的各种杂念，冲破各种世俗的束缚，最终成为尊重科学、尊重规律，又尊重导师和同行人格的科学泰斗。

内心在恐惧的推动下，一个人如果有很高的智商，他在这个社会上立足是没有问题的，这样的人特别适合做一个导师的助理，或者一个研究团队的研究员，因为他拥有极高的才智，所以他能很快理解导师的意图并出色地完成工作，而且收入也一定不菲。但是，要让他做一个研究负责人，独立地选择研究方向，敢于去面对学术权威，他还是有欠缺的。而一个由原动力驱动的人，因为他不惧怕自己成为大家眼中的笨蛋，也不担心成为别人心目中的异类，在科学的道路上，他就会披荆斩棘勇往直前。

大家看到"好孩子"很阳光，其实这是外表，他们内心也是存在压力的，只是这种压力是潜在的。这就如同拦河坝一样，敦实的拦河坝虽然不会溃堤，但是坝体始终有来自水的压力，这就是水的势能造成的。一旦压力足够大，坝体就会被移动，水的势能就转换成动能了。

这些优秀的孩子，一旦有人超过他们，他们内心的势能也会转化为动能，也就是把压力变成了糟糕的情绪。外国人经常说："I am moved."字面意思是"我被移动了"，翻译成"我感动了"，说明他心动了。现在一般人认为心动了就是感动，其实，心情低落、激动、后悔和愤怒等情绪都是因为心动造成的，只是心动的方向不同，有的向上，有的向下，有的向前，有的向后罢了。

# 激将法反而拖了孩子后腿

人的优秀是相对的，没有人是绝对的优秀，也没有人是绝对的平庸。无论一个孩子有多么优秀，他独领风骚的时间只是相对的，被超越则是绝对的。

一旦他被超越，"你怎么这么笨，怎么不如他呢?""如果你考不好，爸爸妈妈就不爱你了!""如果你考不好，你怎么有脸去见同学和老师呢!"父母的话再次在耳边响起，此时，他内心充满了焦虑、郁闷和沮丧，因为自己是笨蛋了，爸爸妈妈不爱自己了，再加上没有脸面去见同学和老师，这实在是令人难以接受。

人们说情绪是魔鬼，这种说法有一定的道理。看到自己被别人超越了，想到爸爸妈妈说的话，孩子内心的负面情绪油然而生，明明知道要好好学习才能超越别人，可在负面情绪的作用下，他做不到，他最有可能回家大哭一场，或者躺在床上闷闷不乐连饭都吃不下去。

过了几天，等负面情绪退却之后，他觉得需要好好学习了，才开始再次走进课堂。这次他可能会调整学习的策略，要么改进学习方法，要么花更多的时间和精力去学习，目的只有一个，试图再次夺回优秀这个宝座，如果他再次有幸超越别人，他内心的焦虑会再次得到释放，因为自己终于不是笨蛋了，内心的兴奋也就随之而来。

父母看到这种情形之后，内心窃喜，因为孩子和同学之间形成了你追我赶的态势，心里在想，"这下好了，孩子内心就如同时钟上了发条一样，自动就会和别人比拼，这可对孩子学习成绩提高大有裨益呀！"

家长这下可是看走了眼，学习本身竞争激烈，如果孩子因为被别人超越而闷闷不乐或者躺在床上几顿不吃饭，这浪费的时间可不是一点半点的。当孩子超越了其他同学，他又兴奋不已，好半天又看不进书，此时，大把的时间又被兴奋的心情占据了，三天打鱼，两天晒网，这注定是搞不好学习的。

有一位同学，在我们中心分享了她过去的经历。

有一年，这位同学在期中考试中，成绩排名上升幅度比较大，由原来在班上排名 20 名跃升到第 5 名。宣布成绩排名后，老师接着开始上课了，同学们都在聚精会神地听老师讲课。听到自己成绩排名上升幅度这么大，这位同学的内心瞬间升起一股按捺不住的兴奋，她变得自作多情，开始自编自导自演起情景剧来了。她在想："此时，同学正对自己投来羡慕的眼光，她喜欢的白马王子一直在含情脉脉地注视着她，她甚至感觉有些不好意思并羞涩地低下了头……"她的情景剧在持续演绎着，根本忘了老师还在讲课，直到中午放学的铃声响起，她才意识到自己上课已经走神很久了。

所以做学问一定要内心宁静快乐，如果你的内心不平静，怎么能做好学问呢？

对那些在学习上不具有绝对优势的人而言，原动力的优势显得更加突出。在原动力的驱动下，在班上评比第一名，他的内心没有一点激动，因为他不是为了消除情绪而学习，他就少了释放情绪的过程。在班上评比名落孙山，他也不会感到沮丧，因为他是来学习的，不是为了证明什么，成绩靠后只能说明自己的知识点掌握还不够，他需要在这方面多下一些功夫。原动力是爱，学习和生活都是为了爱，也可以理解为兴趣，也可以说是自然的状态，因为少了情绪，自然也就不会"一日暴之，十日寒之。"时间一长，成绩好就是自然的事情。

很多中学生因为想提高学习成绩来寻求帮助，通过一段时间的成长，他们的成绩都得到大幅提高。很多人都想知道这其中的秘诀，在此，我真诚地和父母讲，能够帮助孩子提高学习成绩的最大秘诀就是让孩子摆脱过去不当教育的影响，不再专注于和别人比较，不计较一时成绩的得失，让他真正做到"胜不骄，败不馁"，每天专心地、快快乐乐地学习，成绩突飞猛进也就成了自然而然的事。

有一位同学，刚上高中的时候成绩不错。后来因为经常和别人比较，心理逐渐失衡，成绩开始下滑，最后因为不能接受成绩退步而不得不休学。后来，妈妈把孩子带到重庆，做了 3 个月的心理成长，孩子回到学校，第一次参加考试，物理只考了 47 分，如果是过去的话，他会痛不欲生，这次他还专门给我们打电话，说自己虽然考了这么低，但是内心一点也不着急，因为自己有 3 个月没有上课。听到这位同学反映他内心的状况，我当时很放心，果不出所料，1 年后，他以优异成绩考取了北京理工大学，毕业后收入年薪百万。

还有一位同学，因为高考成绩不理想，最后不得已随便填报了一所大学。去了这所大学后，自己内心很不愉快，没有办法继续学习下去，最后决定退学。办理退学手续的时候，爸爸很是担心，担忧孩子下次高考会比这次的结果更不如人意。最后，爸爸把孩子带过来，做了几个月的心灵成长，孩子再次回到中学，老师都说她如同变了一个人似的，为什么呢？因为她变得活泼、开朗了，几乎不在意成绩排名，甚至还有点小调皮，一年后的高考，她的高考成绩居然比上次高考高了50多分，顺利地被一所双一流大学录取。

与原动力优势相比，恐惧动力的方向会形成摇摆，因为恐惧动力是一把双刃剑，既可以让你前进，也可以让你后退。当害怕自己不如别人的时候，它形成动力推动人前行，当自己比别人落后很多的时候，它会让人内心失望和沮丧，它又变成了人生的阻力。

做学问和事业往往需要原动力，需要耐得住寂寞，有的时候真的需要十年磨一剑的工夫，在自己铸造利剑的10年里，其他人可能先成功了，因为自己做事的目的不是同别人比较，自己的心才会如如不动，志向才不会被动摇。

达·芬奇就是一位依靠原动力驱动的著名人物，他是文艺复兴时期意大利著名的画家、科学家与发明家，《最后的晚餐》是他的杰出作品之一。

达·芬奇在创作《最后的晚餐》这幅作品时，修道院的人觉得达·芬奇很奇怪。有时他画个不停，有时连续几天甚至几周连画笔都没有动一下。有时，他刚走上绘画用的脚手架就匆匆下来了；有时，他整天就静静地跷着二郎腿躺在脚手架上。更多的时候，人们看到他都是两手交叉在胸前若有所思地在修道院踱步。为此，一位西方作者用了"idle"一词来形容达·芬奇的状态，"idle"翻译成中文就是懒散的、无所事事的，是思想处于一种似想非想的游离状态。

看到达·芬奇如此懒惰，修道院的僧侣多次控诉他，达·芬奇始终不为多动，坚持自己的创作思路。最后，达·芬奇终于完成了这幅杰出作品，据说他用了整整 10 年，有些书籍上介绍，如果包含前期创作的时间，达·芬奇用了 14 年才完成这幅画作。

试想，这样的名作难道是焦虑或者恐惧作为动力能够完成的吗？

# 智商高低，因教不因命

父母的不当教育也影响孩子的智力。

首先表现为情绪对智力的影响，一个人内心有情绪，他都懒得动，什么都不想干，自然智力就变得低下。

当父母对孩子说："你怎么这么笨，怎么不如别人！"父母说这句话的时候，本意是希望自己的孩子发奋图强，能够超过别人家的孩子。当孩子真的不如别人的时候，他变得情绪低落，孩子觉得自己无论如何都是笨的，继续努力学习还有什么用呢？所以孩子就会选择放弃。这种教育的结果，在心理学上被称为习得性无助。

美国心理学家塞利，在 1967 年研究动物时发现，把狗关在笼子里，只要蜂音器一响，就给狗施加难以忍受的电击。狗关在笼子里逃避不了电击，于是在笼子里狂奔，惊恐哀叫。多次实验后，蜂音器一响，狗就趴在地上，惊恐哀叫，也不再奔跑了。后来这位心理学家在实验前，干脆把笼门打开，此时狗不但不逃，而是不等电击出现，就倒地呻吟和颤抖。它本来可以主动逃避，却绝望地等待痛苦的来临，这就是习得性无助。

为什么狗不会再逃跑了呢？因为它已经知道，那些是无用的。

后来把改进性的实验用在人身上时，也产生了同样的效果。实验是在大学生身上进行的，他们把学生分为三组：让第一组学生听一种噪声，这组学生无论如何也不能使噪声停止。第二组学生也听这种噪声，不过他们通过努力可以使噪声停止。第三组是对照组，不给受试者听噪声。

当受试者在各自的条件下进行一段实验之后，即令受试者进行另外一种实验：实验装置是一个"手指穿梭箱"，当受试者把手指放在穿梭箱的一侧时，就会听到一种强烈的噪声，放在另一侧时，就听不到这种噪声。实验结果表明，在原来的实验中，能通过努力使噪声停止的受试者，以及未听噪声的对照组受试者，他们在"穿梭箱"的实验中，学会了把手指移到箱子的另一边，使噪声停止，而第一组受试者，也就是说在原来的实验中无论怎样努力，都不能使噪声停止的受试者，他们的手指仍然会停留在原处，听任刺耳的噪声响下去，却不会把手指移到箱子的另一边。

这个实验给我们一个警示，如果不当教育让孩子产生了习得性无助，孩子就会放弃努力，因为他认为所有的努力都是无用的，长此以往，孩子的智力就会不断降低。

在一个寒冷的早晨，在上学的路上，一位美国少年突然从校车上摇摇晃晃地走下来，倒在了公路边上，他瘦削塌陷的脸即使在白雪的映照下也显得那么苍白。一位叫简·E. 迈泽的老师走上前去，摸了摸孩子的脉搏，发现他居然没有了生命体征。

随后在校长的安排下，简·E. 迈泽负责对孩子家庭进行家访，她发现这个孩子母亲再嫁，与继父一起生活，孩子一直受到继父的打压，他没有感受到一点家庭的温暖，所以在学校里成绩不好，沉默寡言，默默无闻，极少参加学校的活动。

当简·E. 迈泽阅读了他的全部档案之后，她有一个惊人的发现，孩子的智商分数在三年级的时候一直是 106 分，在七年级之前他的智商分数没有低于 100 分，九年级的智商分数变成了 83 分。

智商本应该随着教育的继续而得到提高，但是这个孩子的智商却变得越来越低，这说明是整个教育系统扼杀了这个孩子。

这位老师心里极其沉重，她说："我可以想象有多少次这个孩子一个人在那里玩游戏，有多少次同学中的对话都把他排斥在外，我似乎真的能听见和看见有多少次同学们的声音和脸色在一次一次地说，你这个笨蛋，你什么也不是。"

逐渐地，不当的教育让这个孩子变得什么也不是了，他已经是"零"了。

后来，这位老师发誓要改变教育的方式，至少要改变自己所教这门课的教育方法。

每年的秋天，她都要来回一排一排地查看那一个个新面孔，看看是否有呆滞的目光，是否有人在陌生的环境里缩进自己的座位。然后，她会语重心长地给孩子们讲："孩子们，接下来的这一年，我可能也做不出什么杰出的事情，但是，我会战斗到底，我会和学校董事会抗争，我会和社会的不良传统斗争，我决不会让你们其中的任何一个人从这里走出去变得什么也不是。"

令这位老师欣慰的是，虽不是所有的时候，但是，大部分时间，她成功了！

所以，要提高孩子的智力，就需要很好地呵护孩子的内心，让他始终保持积极和乐观，如果父母真能这样，资质平庸的人也能变天才。

1932年在爱尔兰首府都柏林，一个普通家庭的第六个孩子诞生了。在孩子4个月左右的时候，妈妈发现孩子有些异常。6个月的时候，如果没有一堆枕头把孩子围起来，孩子还是无法坐立；12个月的时候，他依然如此。

在孩子1岁多一点的时候，几乎所有的医生都告诉这位妈妈，这是一个很奇怪但又没有希望的病例。很多医生遗憾地对这位妈妈说："孩子的心理存在缺陷，一辈子都会是这样。"医生们除了告诉这位妈妈他们无计可施之外，还对这位妈妈说："忘了他是一个人吧，只需喂养、擦洗，然后让他一天天长大就行了。"

一般的妈妈可能就此作罢，因为有医疗技术的诊断，而且几乎所有的人都觉得没有希望。

"这是我的孩子，无论他长大后多么愚笨，多么无能，我都要和对待其他健康孩子一样，无差别地对待这个脑残儿。"这位妈妈暗暗地对自己说。

对这位妈妈来说真的不容易，因为亲戚朋友都同这位妈妈讲："可以对他好一点，也可以很同情他，但是不要太认真，因为这是白费功夫。"

但是，这位妈妈始终坚持自己的意见不退缩，相信爱可以创造奇迹。

转眼 4 年过去了，孩子还如同一个新生儿一样，仍然是那样的无助。

有一天，这位妈妈和往常一样，充满期待地用自己的脸庞轻贴孩子的脸。突然，孩子那只古怪的手猛地向上伸去，扯下了妈妈的一缕黑发。

这位妈妈伤心地哭了，也许亲戚说的是对的，孩子就是一个痴呆，无可救药，连妈妈的爱他都不懂。

此时，即使有毅力的妈妈也可能选择放弃，因为自己已经尽力了，但是，所有的努力看来都是白费。

但是，这位妈妈并没有选择放弃，当自己平静下来后，她选择继续用爱陪伴孩子。

也许前面所有的付出都是积累，当爱的力量积累到一定程度，奇迹就会发生。

那是在一个寒冷冬天的下午，孩子 5 岁，所有的家庭成员都围坐在火炉旁。在房屋的一角，哥哥姐姐用粉笔在一块石板上写一些算术题。

突然，孩子不顾一切地想做姐姐正在做的事情，完全没有思考，也不知道他正在做什么，他伸出左脚并用脚趾从姐姐手中夺下粉笔。

下一秒，孩子停了下来，开始有些茫然，也有点吃惊，看着自己脚趾间的黄色粉笔，他不知道该写些什么。

妈妈看到了这一幕，走过去，在孩子的身边蹲下。"我来教你怎么做，孩子。"妈妈的语气有些缓慢，也有些怪异，同时，也带着一丝哽咽。

她从哥哥那里拿了另外一支粉笔，她犹豫了一会儿，然后，很用心地在孩子面前的地板上写下了一个简单的字母——A。

"照着写，孩子。"妈妈对孩子说，"照着写"，妈妈用坚毅的神情看着孩子说。

孩子再次尝试，妈妈用力地帮孩子扶着石板，孩子用脚趾间的粉笔用力在石板上戳，并"戳"出了一根歪歪扭扭的线。

"再试一次，孩子。"妈妈悄悄地在孩子耳边说，"再来。"

孩子挺直了身体，伸出了自己的左脚，开始第三次尝试。他写下了字母"A"的左边和右边的一半的时候，粉笔断了，留在孩子脚下的只是粉笔的残余，孩子想把它扔掉并放弃。此时，妈妈的手放在孩子的肩上，鼓励孩子继续写。孩子再次伸出了他的左脚，他的身体在颤抖，汗都出来了，他使出了浑身的力气。孩子的手紧紧地攥在一起，他的指甲都嵌入肉里了，孩子咬紧着牙关，差点咬破了自己的下嘴唇。

最终，孩子写下了字母"A"。看到这一幕，妈妈的脸颊上流下了幸福的泪水，5年的坚守，妈妈的付出终于有了回报，孩子的内心终于从荒蛮到达文明的起点。

后来，在母亲精心的照料和悉心培养下，这个在所有医生和亲戚眼中的低智商儿童，智力竟然奇迹般地增长，并学会了用左脚书写。他的自传《我的左脚》记述了他与残疾做斗争的经历，并于1954年出版，根据此书拍摄的同名电影曾获得1989年奥斯卡金像奖。1970年，他的另一部小说《一路走来》也受到广泛好评。这个曾经的低智商儿童就是克里斯蒂·布朗。

除了情绪，影响孩子智力和能力的还有教育内容。因为孩子人生本是一张白纸，父母说什么，孩子往往就接受什么，父母说孩子能干，孩子就会变得有才干。

我的个人能力很大程度上源于我的妈妈，这可能与我是家里最小的孩子有关，因为妈妈很喜欢我，总是说我聪明。

记得有一次，公社书记来征求群众的意见，看谁适合当村主任，当书记来到我们家的时候，我正在房间做作业，妈妈牵着我的手来到书记面前，我丈二和尚摸不着头脑，妈妈却严肃认真地对书记说："书记，我给你推荐一个人，我小儿子适合当村主任。"那个时候，我才刚刚12岁。从妈妈一脸严肃认真的神情，我就看得出妈妈是当真的，我也坚信自己是有能力的。

要提醒父母的是，如果你们想要你的孩子聪明能干，一定是真心喜欢孩子，真诚地表达他们就是聪明能干。

同样的道理，如果父母说孩子笨拙，说多了孩子就会变得愚笨。当父母的文化水平比较高，看到孩子在学业上的表现和自己小时候相差太多的时候，父母可能会说："你是不是有问题，这个都不会！"当看到孩子某个怪异的行为动作时，父母口无遮拦地说："你这个样子好憨呀！"父母说多了，孩子也就真的变得愚笨了。

因为父母否定多了，孩子就会怀疑自己的能力。长期被否定的孩子，一般还会表现为目光呆滞、行动迟缓、思维迟钝。

如果父母过去长期否定孩子，突然，父母改口说孩子很聪明和能干，期待用这种方式来纠偏，这种作用是很有限的，因为孩子的内心已经被过去的教育内容所占据了，新的思想就很难进入了。

对孩子智力影响最大的还是父母不经意间说出的"真心话"。当父母在一起聊天，其中的一方说："我们的孩子真的有些不开窍，将来怎么办呀！"如果孩子无意听到了这样的谈话，孩子就会觉得自己真的很笨。有些家长"真诚"地对孩子说："孩子，你好好学习就行，我们家压根就不

是做生意的料！"父母这么说的时候，基本上就断送了孩子一辈子的生意缘分，孩子在生意上的智力就会受限。

有的父母对孩子总是不放心，任何事情都是自己亲力亲为，给孩子传递的信息是，"你不行的，你是做不好的！"时间长了，孩子也就认为自己没有能力做好这件事，孩子在这方面的智力和能力就会下降。

第三章

## 孩子是怎样一步步被毁掉的

# 从敏锐到麻木，只需父母一句话

孩子在受到不当教育之前，始终有一颗好奇心，他们对昼夜交替、四季轮转，飞鸟走兽、奇花异草都充满了兴趣，在孩子的眼中，自然界仿佛就是一个鬼斧神工变幻莫测的博物馆，在这个神奇的博物馆里，孩子在观察、探寻并和自然的大家庭成员互动。

很多人长大了，却失去了原有的观察力。

一名学生进入了路易斯·阿加西教授的实验室，告诉教授他已经在科学学院注册了自然历史的学籍。路易斯·阿加西是哈佛大学教授、著名生化学家，他首先提出了冰川学说。

"你想什么时候开始？"教授问他。

"现在就开始。"他迫不及待地说。

"那太好了！"听到学生的回答，教授很高兴。随后，教授拿出一个黄色酒精浸泡的标本缸，"把这个鱼的标本拿过去，一点点的观察，我随后会问你，看你发现了什么。"说完，教授就离开了，留下他一个人在实验室观察。

他觉得自己是一位优秀学生，突然让他一个人坐下来静静地观察鱼的标本，这个工作似乎不够有挑战，而且酒精的味道有些难闻，这让他感到有些失望。不过他什么也没有说，还是立刻开始了观察。

10分钟内，他已经观察了所有在鱼身上能看到的，然后，他开始寻找教授，却发现教授不在，半个小时过去了，一个小时过去了，又一个小时过去了，此时，这条鱼的标本看上去都有些恶心。他把这条鱼翻来覆去地看，从脸部看，从下面看，从侧面看，似乎就这么回事，没有什么新鲜的发现。他不能用放大镜，也不能用任何其他的仪器，只能用他的双手，两只眼睛，这个研究他感觉太过于狭窄了。看到这个标本，他感到有些无聊，把手伸进鱼的喉咙，感受鱼的牙齿有多锋利，然后，他又去数了数每行鱼鳞有多少片，最后，感觉实在没有意思，他干脆就停了下来。因为太无聊，他干脆拿起笔，开始画这条鱼，他开始发现这个生物的一些新特点。刚好这个时候，教授回来了。

"对的，铅笔是最好的眼睛之一。"教授对他说。

"观察得怎么样？"教授开始问他。

教授很认真地听他的描述，当他汇报完了的时候，教授还在期盼着他的更多发现，当发现学生已经讲完了的时候，室内出现了一股凝重的气氛。

"你做得不仔细！"教授一脸严肃地说。

"你甚至连这个动物最明显的特性都没有发现"，教授对他说，"接着观察，接着观察。"

这个并不复杂的观察，这位哈佛大学的学生都做不好，这说明了什么呢？

我们再来回顾一下孩子的教育。

孩子接受不当教育前，每个孩子都很聪明，每个孩子都会对自然界感兴趣，每个孩子都有观察自然的能力。

当接受了"你怎么这么笨！怎么不如别人呢！"这样的质疑，为了做父母眼中的好孩子，孩子只做父母认为是正确的事情，他们觉得只要能超过别人，只要能成为父母眼中的好孩子，他们就觉得很光荣，其他的事情，诸如自己亲自去孵化小鸡，研究月亮为什么晚上才出来，都是被人笑话的蠢事，只有傻孩子才会去干。于是，孩子的兴趣也就被迫转移了。人的关注力在哪里，哪里就得到滋养。当孩子的兴趣都集中在和别人比拼上，对自然界的观察力自然也就逐渐降低了。

除了兴趣的转移之外，父母对孩子兴趣的打压也难辞其咎。

孩子在成长过程中会有各种各样的疑问，"为什么母鸡才能孵小鸡？""为什么飞机能飞上天？""为什么月亮晚上才出来？"很多父母不知道这些问题背后的科学原理，母鸡孵小鸡涉及孵化的温度控制理论，飞机能飞上天涉及空气动力学的原理，月亮晚上才出来涉及天体运行的原理，这都是大科学的疑问。

有的父母把这些问题视为愚蠢的问题，父母通常会极不耐烦地回答孩子说："没有这么多为什么，它们就是这样的！"或者训斥孩子说："就你的问题多，你烦不烦！"

经过父母的训斥后，一个充满生机与奇幻的自然界就变得一成不变、了无生气了。经过这种教育之后，孩子虽然还有一双明亮的眼睛，但孩子的好奇心被压制了，他们的智慧之门已经很大程度上被关闭了，他们对这个世界开始变得麻木不仁了。

盲人作家海伦·凯勒对这种现象感到很震惊。

有一次，她一个很好的朋友从森林中漫步回来，她问朋友看到了什么，朋友的回答出乎她的意料。"没有，没有什么特别的。"朋友回答说。

这让她觉得不可思议，在林中漫步了一个多小时，怎么可能什么都没有看到呢！她暗暗地和自己说："我一个盲人，通过触觉都可以发现成百上千让我感兴趣的事情，我可以感受到精细的对称树叶，我可以触摸出桦树光滑的树皮，我可以感知松树粗糙的纹路。在春天，我可以轻轻地抚摸树枝，期待着发现芽孢，它在长长的冬眠之后，预示着自然界的苏醒。我能察觉到令人愉快的鲜花，我能感知嫩肤般的花瓣……怎么能够看到光明的人却什么也看不见呢？"海伦·凯勒不知道一些父母无意间把孩子智慧之窗关闭了，让他们在美好的大自然面前"失明"了。

现在人们对科学家的认识有些误解，似乎只有研究原子、粒子，或者把卫星送上天的才是科学家，这些是科学家不假，但各行各业都可以出科学家，让农作物高产的是科学家，让家禽多产的是科学家，研究植物根系防止水土流失的也是科学家。很多人觉得做一个科学家是一个遥不可及的目标，这是错误的，每个孩子都可以成为科学家。

在我们的身边到处充满了科学的原理，同时，也隐藏着巨大的商机，或者说，几乎每一个科学的原理背后都潜藏着商机。

就以母鸡孵化小鸡为例，很多小孩对这一现象感到好奇。有了好奇，孩子才可能开始质疑，"是不是真的只有母鸡才能孵小鸡呢？""是不是人也可以，只是大家没有这么做呢？"他可能自己开始试验看人能不能孵化。

一般的父母可能会认为这个孩子好傻，从科学的角度来讲，这个孩子恰恰是一位聪明的孩子，因为他遵循了科学的方法，先有质疑，然后再自己亲自去试验。所以从众未必就是好的、对的，大家认定的傻也未必是真的傻。

这里给父母一个重要的启示，要真正孵化出一位出色的孩子，父母仅仅有广博的知识还不够，还需要有承受各种攻击和诋毁的能力，需要有独立的见解。因为孩子的成长，需要父母为他遮风挡雨，特别是当孩子做出了有悖于常理的事情的时候，或者他表现得与众不同的时候，需要父母为他抵御各种嘲讽和挖苦。如果你的孩子看上去比较愚笨，没有其他孩子反应敏捷，只要他思维逻辑没有问题，父母就没有必要担心，父母需要做的就是好好爱护孩子的好奇心，保护孩子的科学探索精神，如果父母果真能做到这样，这个孩子将来就是大智若愚。

当孩子发现自己孵化不出小鸡的时候，他会继续质疑，继续质疑的过程就是寻找真相的过程，也是去伪存真的过程。"是不是自己姿势不对呢？"面对这个问题，他可能会及时调整孵化的姿势。如果还孵化不出来，他可能会联想到性别，他会找一个异性的小孩来帮助他试验。如果还不行，他会继续探索。

"为什么母鸡能行而人却不行呢？""这里面的秘密到底是什么呢？"接着孩子可以用排除法。看看母鸡是不是有鸡毛、鸡粪等物质才孵化出小鸡的，孩子可能先把鸡圈打扫得干干净净，如果母鸡还能孵出小鸡，就说明孵化的过程与粪便无关；如果把鸡毛都拔干净了，母鸡还能孵化出小鸡，说明孵化的过程与鸡毛也没有关系。

为了找到母鸡孵化小鸡的秘密，可能接下来的几个月，甚至几年时间里，孩子都会使用各种排除法，但是始终没有得出科学的结论。

但是，"为什么母鸡才能孵化小鸡？"这个问题却一直萦绕在他的内心，因为他渴望找到这个问题的答案。

有一天，他生病了，躺在病床上，看见医生拿了一只温度计来给他测量体温，突然，他拔腿就跑，他的行为把医生吓了一跳。原来医生手中的温度计给了他灵感，他急不可耐地离开医院，急切地回到家中。

"我怎么就没有想到母鸡和人体温度的差别呢？"孩子跑回家后，从家里取出温度计，开始测量母鸡的体温，发现母鸡的体温在 $40.5 \sim 42℃$，再测量自己和玩伴的体温，发现大部分同伴的体温都在 $36 \sim 37℃$ 之间，那是不是温度决定了孵化的结果呢？这是不是就是孵化的真相呢？

接着，孩子把室内温度控制在 $40℃$ 左右，把受精的鸡蛋放入房间内，过了一些天后，奇迹终于出现了，小鸡破壳而出。孩子喜出望外，"成功了！成功了！我终于发现了母鸡孵化小鸡的科学原理！"孩子自豪地说。这个发现隐藏着大量的商机，它为养鸡场大规模孵化小鸡提供了条件，因为温度是比较容易控制的。

这就是科学发现，它难吗？有些难，它的难点在于，它不是一蹴而就的，很多时候甚至不知道研究的方向，需要不断地排除，需要慢慢地寻找灵感，几乎所有的重大发现都经历过这个过程。一旦找准了方向，发现也就易如反掌。这样的发现，每个孩子都可以做到。只要孩子有一颗好奇心，每个孩子都可以成为发明家和科学家，这是毋庸置疑的。

父母不能让孩子什么都听自己的，因为大部分父母并不是真正意义上的教育家，即使父母是科学家和成功的教育家，父母的兴趣也不能替代孩子的兴趣。

一旦失去了观察力，要找回这个能力，就不是一件容易的事。

那个哈佛大学生当天下午一直在观察，当他开始了一个又一个发现时，他认识到教授的批评是多么的正确呀！那天下午，他感觉到时间过得飞快。

快要结束的时候，教授问他有什么进展，他回答说没有，但是他意识到自己以前观察得很少。

"那也不错!"教授说。"今天我就不听你汇报了,你先把鱼标本放回去,然后回家,可能明天你将会有更好的答案,在你再次观察标本之前,我来考考你。"教授吩咐道。

这让他有些紧张,他不仅要整夜思考和研究不在他面前的那条鱼,到底还有什么不为他所知又有着明显特点的地方,而且他还不能复习已经发现的内容,却要在第二天早上准确地描述鱼的那些特征。

第二天,在简单地问候之后,教授似乎和他一样着急,想知道学生到底有没有发现他已经发现的。

"你的意思是不是在那条鱼对称的两边有着成对的器官?"他怯怯地问道。

"当然是呀!"教授变得开心起来。

趁着教授高兴的时候,他问教授:"接下来干什么?"

"继续观察呀!"教授确信地说。

就是这一条鱼,教授让他观察了整整三天。

这位学生后来成了著名的昆虫学家,他回忆说:"这个课程是我曾经上的最好的课程,没有之一。"这位昆虫学家的故事说明了观察能力对科学研究的重要性。

好在这个学生还能遇到像路易斯·阿加西教授这样的好老师,让他找回了对世界的鉴赏力,然而大多数的人可能就没有那么幸运。

# 批评越多孩子越懒散

前面讲过，孩子天天都是快快乐乐的，每天都在做自己喜欢的事情，怎么人长大了，有些人却变懒惰了呢？

当父母说："你怎么这么笨，怎么不如他呀！"当孩子不如别人的时候，他就会变得焦虑或者低落，于是，情绪就产生了。即使孩子长大了，这种情绪产生的机制还仍然保留着。

没有情绪的时候，在正常的学习和工作时间之内，孩子学习和工作都很轻松，除了生病之外，很少感觉到疲惫，更不会出现厌倦，有时候因为孩子喜好某个事情，他甚至会废寝忘食。一旦出现了情绪，特别是低落和失望等负面情绪，孩子就有一种无力感，这种感觉和工作或者学习时产生的疲劳是不同的，因学习或者工作而产生的疲劳通过休息后精力很快得到恢复；由内心情绪引发的无力和疲惫却很难消退，只要还在这个环境里，内心的障碍就不会消失，情绪就会把他消磨得无精打采，让他变得慵懒无比。

很多父母总是觉得孩子懒惰是因为缺乏毅力，情况果真如此吗？

在某些情况下毅力是不可或缺的。比如抗震救灾人员、抗击疫情的医务人员，因为时间紧迫，他们需要加班加点来完成任务，这个时候，往往需要打破体力的极限，毅力是不可或缺的。如果一个人愿意这样去做，或者说，他内心有服务大众情怀，他的毅力一定是惊人的。现实生活中，说一个人很有毅力，是说这个人内心平静，或者他对某件事情有极大的热情，或者他有一颗大爱无疆的内心，他才能有着常人无法想象的意志力。如果某个人有情绪，或者他不愿意去做这件事，他一定是意志消沉，甚至可能会临阵脱逃，自然也就谈不上什么毅力了。

在现实生活中，挑战身体极限的时机相对来说还是比较少，更多的时候工作还是在朝九晚五的范围内，学生学习的时间最晚在23点也就结束了，如果一个人没有情绪，天天高高兴兴地学习和工作，其实也不需要多大的毅力。

一旦孩子有了情绪，身体的那种疲乏和无力感让他什么都不想做，哪怕是日常的工作和学习，他都不能胜任，人到哪里身体就瘫在哪里，像得了软骨病一样，父母看到孩子意志消沉，通常会焦虑万分，这个时候往往会认为孩子是缺乏毅力。

在父母的批评和督促下，孩子会鼓起勇气，"爸爸妈妈，我知道错了，我再也不会这样下去了！"他下定决心，给自己再次立下了一个宏伟志向，"我一定要超过他们！"过不了几天，看见自己前进的拦路虎——优秀的同学，还在自己的前面，于是，孩子又开始偃旗息鼓了。一段时间的沉沦之后，又开始变得警醒，然后再次变得懈怠，这些孩子就是大家常说的"无志者，常立志"的类型。

可见，孩子的这种情况，是内心情绪作用的结果，与有没有毅力关联不大。如果父母一味地责怪孩子没有毅力，只会给孩子内心增添更多的情绪，孩子会变得更加慵懒。

当你的孩子出现了慵懒的情况，解决问题的思路需要朝着消除孩子内心的情绪走，也就是需要解决孩子的心理问题，心理问题解决了，情绪消失了，孩子又会变得积极和阳光，自然也就勤快起来了，这才是一条正确的道路。

判断一个人是不是懒惰可以看他的情绪，如果一个人阳光积极，笑口常开，基本上就可以断定他是勤奋的。反之，一个人郁郁寡欢，闷闷不乐，他一定是一个懒惰的人。

过去人们对勤奋的理解有很多误区，有些人把他人学习或者工作所需要的思索认为是偷懒，也有父母把孩子正常的休息和娱乐认为是偷懒，甚至有些父母认为只有体力劳动才是勤奋，这些认识都是偏颇的。过去在农村里经常会出现这种情况，父母因为劳作很辛苦，看到孩子一天到晚捧着一本书，不了解学习也是一种劳动，误认为孩子就是好吃懒做，为此，孩子受到很大的伤害。

由勤快到慵懒会有两种情形，一种是急性的。特点是来得快，去得也快，有些事件可以让人瞬间变懒，一个人失恋了，因为他沮丧，可能几天不吃不喝，一直躺在床上。瞧！他立刻变懒了。一个人被辞退了，因为内心恐惧，回到家里什么也不说，蒙头大睡，几天都不出去找工作。看！他秒变懒散。这些都是"急性"的、显性的例子，面对激烈的、明显的情绪，家人一般能够理解，他们觉得这是人生重大事件，是可以原谅的，家人的理解和安抚，有利于他情绪的转圜。

第二种是慢性的、隐形的。这种情形好像是温水煮青蛙一样，来的时候若隐若现，一旦形成后，则是旷日持久。

在竞争中，优秀的人才会不断涌现，正所谓长江后浪推前浪，一代更比一代强。无论是体育界的明星，或者是科学界的泰斗，在独占鳌头一些时日后，大概率他将是"遗老孤臣"了，谁也摆脱不了这个命运，这就是历史的规律。

孩子的学习往往不是一天变差的，刚开始有父母的辅导，有些还聘请了家教，所以与同学的成绩差距不大。即使有点差距，孩子想："我再努力一下，或许就超过别人了。"这个阶段，孩子的情绪是时好时坏，成绩提高了，超过别人了，他就高兴了；成绩下降了，比别人落后了，他的心情就变差了。随着情绪的变化，他由原来的每天都有使不完的劲，逐渐变成了有时候很勤快，有时候又显得有些懒散。

孩子和同学的差距是逐渐被拉开的。到了初中阶段，特别是初中的后半期，课程逐渐变难了，同学之间成绩的差距可能就会被拉大。刚开始差距拉大的时候，孩子的情绪变化可能是恐慌和焦躁，在情绪的作用下，他会变得更加刻苦，因为他想去追赶别人。当他追赶了一段时间，发现赶超别人无望的时候，此时，他的心情既有些焦虑又伴随着部分失望，好像做什么都没有意义，从这个时候开始，他慵懒的时间逐渐变长了，有时候好几天都不想去上课。到了高中阶段，集中了本县或者本市最优秀的学生在一起，孩子发现自己无论如何也追赶不上他人，虽然此时他可能忘记了"你怎么这么笨，怎么不如别人！"这句话，但批评仍然在发生作用，于是，无聊和无趣就是家常便饭，人也变得更加慵懒了。

因为孩子情绪的变化是逐渐拉长的，父母很难发现是什么原因让孩子变懒的，这个时候，父母往往武断地得出结论，"他就是一个懒汉！"

同显性情绪相比，隐形情绪很难消除。一个失恋的人，过了一段时间，或者找到一个新的恋人，情绪也就自然消除了；一个失业的人，找到一份新的工作，恐惧也就消失了。而隐形的情绪，如学习成绩不好、长相"丑"，或者家里穷，这些客观的结果很难改变，于是，情绪也就长期伴随着孩子而存在下去了。

拥有隐形情绪的人也不易被家人理解，因为隐形情绪是隐藏起来的，若有若无的。"又没有发生什么事，怎么整天不高兴呢?""怎么天天就这样无精打采的呢?""怎么人一点儿精神都没有呢?"父母通常会感觉到纳闷。

很多父母离开校园多年，学生时代的困惑逐渐淡忘了。如父母好好回想一下过去发生的事情，也就能理解为什么孩子是现在这个样子。

当你们在读书的时候，看到同学成绩比自己好，你们也很想追赶他们，但是，如果长时间地追赶不上，会感觉身心俱疲，人生也会变得疲沓;当超越别人变得希望渺茫的时候，内心充满了悲观与绝望。孩子的慵懒和当时你们的情形大致是相同的。

当时你们想不想把学习搞好呢? 答案自然是肯定的，但是，一拿起书本，看到自己的排名，似乎怎么努力也赶不上同学的时候，情绪又来了，于是，又开始泄气了。

很多父母过去就是在这道关口倒下的，过了很多年，他们已经忘记了过去情绪给他们造成的痛苦，他们现在想当然地认为，"我当时如果再坚持一下，我可能就闯过了那道关口。"父母是好了伤疤忘了疼，没有做到吃一堑长一智，在那个让你倒下的关口是因为情绪的作用，而战胜情绪仅仅靠毅力是不够的。

学习和工作一定是在快乐中完成的，内心出现了种种情绪，如果父母继续唠叨，强迫孩子去学习，只会让事物朝着相反的方向发展。

世界上几乎所有的杰出科学家都是快乐的人，中国工程院院士、世界杂交水稻之父袁隆平先生就是一个乐天派，他的业余生活丰富多彩，游泳、打麻将、下象棋、拉小提琴、打气排球、打乒乓球、骑摩托车、驾驶汽车等，他都是行家里手，他襟怀豁达，爱开玩笑，和蔼可亲。大千世界对他来说，"凡是有生活的地方就有快乐和宝藏"。

爱因斯坦亦是如此，他认为必须通过文体活动，才能获得充沛的精力，保持清醒的头脑，爱因斯坦还根据自己的亲身体会，总结出一个公式，即 $A = X + Y + Z$。A 代表成就，X 代表劳动，Y 代表休息和活动，Z 代表少说废话。他把这个公式的内容，概括成两句话：工作和休息是走向成功之路的阶梯，珍惜时间是有所建树的重要条件。

受到不当教育之后，孩子内心变得缺失了、贫瘠了，他就需要外界来平衡、来补偿。于是，有些同学开始做起了白日梦，他们想象自己将来很成功、很有钱，同学们都很羡慕自己；有的同学想象自己如西楚霸王一般，"力拔山兮气盖世"，能得到万人敬仰；有的同学则想象自己到一个世外桃源，没有人打扰自己，过着自由自在的生活。

人们感到很奇怪，从通常的道理上讲，给孩子不当教育多了，应该是孩子内心存储得更多了呀，怎么反倒说孩子内心缺失了呢？

这是因为不当教育在孩子内心深处重新建立起了一种平衡，这种平衡是另起炉灶，是一种全新的系统，完全有别于过去的系统，同时，新系统越强大，过去的系统就越弱化，反之亦然。这种新系统建立的平衡是一种弱平衡，因为这种平衡很容易被打破。没有接受否定的教育之前，孩子的内心如星辰大海，宽广无垠，它不需要什么条件，始终是平衡的。失当的教育之后，原有的平衡被打破了，取而代之的是一种新的平衡，这种平衡总是要以实现某种条件作为前提，比如，"你要和别人一样优秀，你才是好孩子"，一旦实现了"和别人一样优秀"，这个平衡就被建立了，但是这个平衡是很不稳定的，当别人超过自己，这个平衡又被打破了，于是，就需要补偿。

这个新系统就如同一架调平后的天平，如果你给它左边添了东西，右边必定需要加砝码才行，这个加砝码的过程就类似于补偿的过程。人接受不当教育越多，人缺失的地方越多，也可以说是不平衡的地方越多，需要补偿的也就越多。

这种补偿不是解决问题的根本办法，它是头痛医头、脚痛医脚，只是暂时维持了弱平衡。

# 孩子造假都是被逼无奈

当父母说孩子笨的时候，孩子开始想办法了。刚开始可能比别人多用一点功夫，正所谓笨鸟先飞，勤能补拙。或者改进学习方法，有的人总结了提高学习成绩的 16 种方法，也有的人归纳出 36 种法则，还有一些人参加了提高记忆力的课程。

如果所有的办法都穷尽了，最后还是赶不上别人，很多孩子就开始动歪脑筋了，比如修改成绩单、代父母签名，很多孩子，包括我们的家长都曾经干过这样的事。

很多人说，社会上最不能接受的只有两种人，一种是撒谎的，一种是小偷，因为这两种人都是极其不诚实的。如果孩子学会了欺骗，这将严重影响孩子在社会上立足。

孩子之所以开始弄虚作假，也是被逼无奈。只要孩子成绩一考差，回到家里父母就是一顿"批斗"，孩子连表达自己的机会都没有。如果孩子争辩，父母立刻怼孩子说："你还嘴硬！"

人们常说：愤怒是无能的表现。这句话确实有道理，如果一个人有能力把问题解决好，那就平静地解决就好了呀，为什么要用愤怒来表达呢？大部分对孩子教育采取简单粗暴的教育方式的家长，都是因为缺乏教育的良方。

孩子成绩有好有坏，这是最正常不过的事情了，父母在心情好的时候也懂得这个道理，但是，父母心情不好的时候，他们就会小题大做。所以我们会发现同样的一件事，父母心情好和心情差，孩子面对的境遇是完全不同的。

人都有本能的适应能力。当所有的方法都使用上了，追赶同学还是没有希望；告诉父母真实的成绩，父母又会骂人；与父母解释，父母又怼回来。所有的路径都堵死了，无奈之下，孩子就会修改成绩单来制造一种假象迷惑父母，让父母暂时高兴一下，以此来缓解内心的压力。

这就是小聪明的由来。孩子没有接受父母的不当批评，孩子内心没有恐惧，这个孩子就很诚实，很笃定，也很厚重。他没有什么可以害怕的，也没有什么可以隐瞒的，当自己做错了，他会在别人面前坦诚自己的错误。一旦这个孩子接受了不当的批评，因为内心恐惧批评，孩子就开始设计出各种花言巧语来欺骗父母，以避免父母的批评，时间一长，孩子就会变得巧舌如簧，一些人认为这个孩子很聪明，其实，这是小聪明，和前者的厚重相比，这种小聪明甚至是一种轻浮。这样的孩子长大了，就缺少了担当，因为他不敢承担责任，害怕承认了错误就会招致领导和同事朋友的批评，所以在工作中一旦出现了失误，他就会用巧言令色来推卸自己的责任。

对人的认识通常有两种方式。一种是见人识人。一看见这个人，特别是看他的说话和行为方式，就能洞悉这个人的内心，这种识人的方式往往只有高人才可以做到。所谓的高人是说他内心成长得很好，他能透过现象看本质，因为相由心生，所有的表象都来自内在的"真心"。第二种是遇事识人，这是大多数人认识人的方式。他们刚开始会听信别人的语言，直到有一天，他们发现这个人不是他语言中所表达的那样，他们甚至可能被别人的虚情假意所欺骗，但是，一旦他们发现了事情的原委曲折，他们也就彻底认识了这个人。

一个轻诺寡信的人，无论他多么巧舌如簧，他可能瞒得过初一，恐怕很难瞒得过十五，他的败露只是时间的问题。如果父母不幸把孩子培养成了这种人，孩子注定是没有办法行稳致远的。

人在情绪的驱动下做事情，他是不会考虑长远的。明眼人一看就知道，撒谎是迟早要被别人识破的，但是在情绪的作用下，他顾不上那么多，他会铤而走险，所以受情绪驱动的人大多鼠目寸光。

原来对孩子的管理和教育还比较容易，虽然方法可能不对，但是，因为孩子的问题都看得清清楚楚，父母可以轻易地去设防、去封堵，防止事情朝着更加糟糕的方向发展。如果孩子开始弄虚作假、和父母玩起了潜伏，父母也就变得失聪失明了，管理也就变得更加困难了。

《邹忌讽齐王纳谏》中有这样一段描述，邹忌身高八尺有余，容貌英俊。一天早上，他穿好衣服，戴上帽子，看着镜子对妻子说："我跟城北的徐公谁美呀？"妻子说："当然是你呀！"城北的徐公，是齐国著名的美男子。邹忌有些怀疑，就又问他的姜说："我跟徐公谁漂亮？"姜说："徐公哪里比得上您呢！"过了几天，有位客人来找邹忌，邹忌问他："我和徐公谁美呀？"客人说："徐公不如你漂亮啊！"

又过了些天，徐公来了，邹忌仔细地打量了徐公，发现根本不是这么回事，自己与徐公比，远不如徐公长得好。

那天晚上，邹忌躺在床上，反复考虑这件事，他问自己，"人们为什么要同我说假话呢？"通过分析他发现，妻子赞美我，是因为偏爱我；姜夸赞我，是因为害怕我；客人誉美我，是有事相求。

邹忌想："一个人被蒙蔽，这是多么可怕的事情呀！"第二天上朝，他觐见齐王说："如今齐国的国土方圆千里，城池百座，王后、王妃和左右侍从没有不偏爱大王的，朝中的臣子没有不害怕大王的，全国的人没有不想求得大王恩赐的。由此看来，您受的蒙蔽可不浅呀！"他最后陈述说："如果大王被蒙蔽了，那怎么能治理好齐国呢！"

听到邹忌的谏言，齐王深感惊愕，遂颁布法令，在齐国广开言路。

齐王为什么要颁布法令？如果大王都不知道国家的真实情况，两眼一摸黑怎么可能治理好国家呢？

家是最小国，国是千万家，治家和治国的道理是一样的。

面对被蒙蔽的情况，有些父母却不以为然，他们不是广开言路，打通和孩子交流的渠道，反而和孩子玩起了猫捉老鼠的游戏。为了掌握孩子的动向，父母又开始学起了侦探，开始对孩子进行盯梢，有些父母瞒着孩子，在孩子的房间里安上了摄像头。不仅父母亲自上阵，而且还动员爷爷、奶奶、外公、外婆参加，有些父母甚至还动员孩子的同学一起参与进来，目的是建立情报搜集网，及时地掌握孩子的动态。

父母有没有想过，即使通过侦察的方法获得了孩子的真实情况，那也没有解决孩子的问题呀，因为孩子和父母已经不同心了。

如果父母和孩子之间出现这种情况，说明父母和孩子的沟通渠道基本上被堵死了，说明父母教育真的很失败。父母和孩子是一家人，大家有着共同的目标，为了建立好这个家庭，需要所有的家庭成员心往一处想，劲往一处使，大家应该是相互关心，相互扶持。如果父母总是提防孩子，这还是一家人吗？如果家庭出现这种情况，说明父母需要彻底改变教育的方法。

按照邹忌的分析，他发现人们之所以对他说假话，或出于偏爱，或出于恐惧，抑或出于有事相求。他对齐王的分析也有三种，有偏爱的，有害怕的，或有求于大王恩赐的。

孩子和父母说假话，更多的是因为恐惧，害怕父母批评打骂，知道了这个原因，父母就需要改进教育方法，才能疏通和孩子沟通的渠道，孩子才不至于撒谎。

怎样才能疏通和孩子沟通的渠道呢？

首先，要确立孩子和父母地位平等。不能说父母说的都是对的，更不能要求孩子就一定要听父母的，应该谁对听谁的。

其次，要允许孩子和父母争辩。很多父母不能接受孩子和父母争辩，父母总是把孩子同父母顶嘴上升到不孝的高度，觉得孩子这是不尊重父母的表现。孝顺没有一个固定的形式，孩子诚实守信，把自己的学习和工作搞好，让父母少操心，这是最大的孝顺。

其实，孩子和父母争辩不是坏事，从孩子的争辩中，父母才可以知道孩子在想什么。

孩子和父母争辩，说明孩子和父母交流的渠道变得不畅通了。这就如同水管因为淤泥而部分堵塞，水管的有效流水截面减小了，水的压力不够的时候，水也就流不过去了，如果一定要水通过这部分堵塞的水管，就必须给水加压才可以。父母听不进孩子的意见，孩子就不愿意和父母交流，孩子和父母交流的途径也就部分堵塞了。当出现一些情形必须要和父母交流的时候，比如父母批评孩子时用的语言太离谱，孩子实在受不了，或者父母某些行为会给家庭带来巨大损失，孩子需要及时制止父母的行为时，为了实现有效沟通，孩子就需要提高嗓门，目的是克服阻力，期待把自己的想法传递给父母。所以孩子和父母的争辩是不得已而为之，作为父母需要及时了解孩子所传递的信息。

孩子能和父母争辩，说明事情还不是那么糟，说明孩子和父母沟通的渠道尚有部分是畅通的。如果孩子连和父母争辩都不想了，说明孩子对父母失望到了极点，觉得和父母说和不说都一样，孩子和父母沟通的渠道也就被彻底堵死了。

孩子和父母的交流通常会经历这样一些过程。刚开始是无话不说，因为孩子和父母之间没有阻碍。逐渐，因为父母一味的批评，孩子有些话就不愿意说了，父母和孩子的沟通开始出现部分阻碍。后来，父母和孩子之间阻碍多了，孩子和父母之间的交流就需要更大的力量才能推动，于是，争辩就发生了。最后，因为障碍把交流都堵死了，父母和孩子之间就变得几乎没有交流。

我的孩子在 18 岁时，有一次，他对我大发脾气说："你都是对的，你是真理的化身，只有你才有资格站在道德的制高点上指责我。"听到这些"指控"，我内心挺高兴的，通过孩子的怒气，我更好地了解了孩子，孩子发怒，说明我在教育过程中，我和孩子还不是完全平等，还存在压制孩子的情形。同时，孩子的言行说明孩子和父母之间的交流渠道还没有完全被堵死，孩子用激烈的争辩还能推开交流的渠道。

# 有一种变化叫不可逆

上面不当教育的模型只是为了说明问题方便，现实中，不当教育的内容远比这个模型复杂。如果我们把原先的模型条件做一些调整，设想当孩子开始作假的时候，父母开始恐惧了，他们害怕孩子将来会瞒着父母做出一些更加出格的事情，为了阻止孩子的作假行为，父母通常会采取更加严厉的斥责。

很多人很疑惑，怎么父母恐惧了还会采取严厉的斥责，恐惧了不就向孩子示弱了吗？人在恐惧面前通常会有两种行为，一种是收缩退却，还有一种是愤怒向前。收缩退却是希望控制自己的行为让对方情绪平静下来，从而实现平息矛盾，最后让自己达到心安；愤怒向前则是希望直接控制对方的行为，让对方的行为在自己的掌控之中，从而实现自己内心的平静。现实生活中，如果你看见你的孩子或者父母战战兢兢、畏畏缩缩，他们内心一定充满了恐惧；同样的道理，如果你的孩子或者父母

动不动就恼羞成怒、气急败坏，他们的内心也是充满了恐惧。

面对孩子作假，父母可能训斥孩子说："你怎么这么卑鄙！"

父母之所以这样责骂孩子，除了担心孩子将来给家人惹祸以外，还有另外一个原因：也是为孩子好。之所以要区别内心动机，因为内心成长需要这种分析，如果父母担心孩子将来给家人惹祸，这就需要父母去消除内心的恐惧；如果父母仅仅是为了孩子好，父母只需要改变说话的方式就好了。

人同植物的受力有相同之处，小树没有受到力的时候，总体上，它是直立地向上生长。

孩子也是如此，没有受到压力的时候，他始终内心中正，平和宁静，不偏不倚。当这个孩子长大后，他站在别人面前就宛如一棵青松，不卑不亢，这种中正平和是人生幸福和成功的保证。这种状态不是人们可以轻易模仿的，即使人们模仿得有几分逼真，那也是形似而神不似。

当小树受到的压力很小，比如，微风吹拂的时候，树叶开始晃动，虽然是微风，如果持续作用于这棵小树，树也会发生一些变化，比如树干会发生一些轻微的倾斜。孩子受到父母轻微贬低的时候，他内心开始产生不愉悦的感受，如果父母不断地唠叨，对孩子的性格也会产生某些影响。

父母可能会有疑问，如果孩子一点压力都不能承受的话，将来怎么才能在社会上立足呢？

孩子的成长有一个挺有意思的现象，3～7岁的时候，如果孩子没有感受到压力，孩子长大了，他的抗压能力反倒特别强。这就和树的成长机理类似，小树如果没有受到压力，它就不会变形，等它长大了，粗大而笔直的树干面对再大的压力也不怕。

不让孩子接受压力，绝不是让孩子在温室中成长，而是在现实生活中把各种压力化为无形。比如父母双方发生口角，如果父母一方能很快变得平静，并和孩子交流说："爸爸妈妈是夫妻，我们之间免不了有不同意见，当我们不能说服对方时，先让彼此冷静下来也是一个好办法。"孩子有这样的父母，他就会模仿他，将来孩子和别人有矛盾，当自己还不能说服别人的时候，孩子也会首先选择冷静。反之，如果妈妈生气了，觉得丈夫不理解自己，妈妈就会觉得自己受到了伤害，孩子也会觉得这是不可接受的，将来别人不赞同自己的时候，他也就会有压力。再比如，父母参加学校家长会，因为孩子成绩没考好，老师当着那么多家长面前对孩子提出了批评，如果父母内心是平静的，回到家里父母还会和往常一样高高兴兴地做饭、做家务，也会和孩子一起总结考试失利的原因。当孩子长大了，他在学习上既不会缺乏动力也不会背负压力，当没有考好的时候，他就会去分析和总结。相反的情况则大相径庭，因为父母在学校里丢了脸，回来给孩子一顿教训，孩子感觉到五雷轰顶，在以后的学习中他会小心翼翼，一旦考试发挥失常，孩子就会变得压力山大，好像天都要塌下来的感觉，如果经常考不好，他就会失去学习动力而产生厌学的情绪。即使孩子长大了，他的内心亦是如此。

当一棵树受到风吹的压力逐渐增大，此时，树木就会出现变形，一种可能是植物的头部开始向风力的方向弯曲，树木之所以向大风方向弯曲，因为这样做，能减小受风面积，减轻树木所承受的压力。还有一种情形，那就是树木顺着受力的方向发生弯曲，这样也能改变受风面积，减轻树木所承受的压力。

人受到足够大的压力时，为了规避这个压力，人也会发生身体和心理上的变化。

当父母骂孩子"你怎么这么卑鄙"时，孩子通常会蜷缩身体，心里开始颤抖，同时，孩子心里想，如果以后凡事顺着爸爸妈妈的想法，好好听他们的话，父母也许就不会那么激烈地批评自己了，这样自己承受的压力也就减小了，于是，孩子开始变得听话、懂事了，这就是"乖孩子"模型。具体来说，所谓的"乖孩子"就是他没有办法像"好孩子"那样，通过努力实现对其他同学的超越，从而化解自己的情绪；同时，他又不敢像"坏孩子"那样逆反，选择和父母对着干来发泄自己的情绪，他选择的是一种中间路线，采取主动和父母配合的方式来减少自己的情绪。

这里存在一个问题，孩子此刻的听话和懂事是用身体和心理的缺失作为代价的。为了孩子和父母的幸福，一方做出必要的牺牲，这是无可争议的，比如父母为子女支付各种教育费用，拿出业余时间来辅导子女的作业等；当父母变老了，孩子再反哺父母，搀扶父母，多陪伴父母等，这种行为是值得大力提倡的。当父母严厉地教训孩子后，孩子瞬间变得听话和懂事，这已经不是牺牲自己孝顺父母这么简单，这是真我的丧失，是人格的缺失，是人生的一种重大改变，一旦出现这种缺损，孩子一生都很难找补回来，因为他身心的这种变化是一种不可逆的改变，所谓的不可逆，就是说一旦孩子出现这种变化，如果没有专业老师的指导，孩子就再也回不到过去了。

下面就是一个人生不可逆的例子。

比如父母不高兴了，很多父母也希望孩子跟着自己不高兴，否则父母就训斥孩子不懂事。通过几次批评，孩子的内心就会出现新的条件反射，从此以后，只要父母不高兴，无论父母批评还是不批评孩子，他都会不高兴。

过去我妈就是这样要求我的，起初是妈妈不高兴，我就不高兴。后来演变成为妻子不高兴，我也会跟着不高兴，后来形成了习惯，自己还觉得这样才是有礼貌，这样才是做人应该有的样子。后来因为长期不高兴，自己都患上了重度抑郁症，花了很多的时间和精力，自己才恢复过来。

没有接受父母训斥的孩子，当父母不高兴的时候，孩子的内心始终是平静的，虽然孩子的内心平静，但是他能理解父母的苦衷，会主动去帮助父母消除内心的痛苦。

很多人认为，父母不高兴，孩子内心平静，孩子就是麻木不仁，就是缺乏同情心，这是一种曲解。

我的内心彻底改变了，现在家人不高兴，我内心是平静的，但不是麻木不仁，我还是会劝家人学会高兴。而且自己变得更聪明了，自己从来不强迫家人，而且还知道什么时候该说什么话，这样更容易让家人变得高兴起来。

如果孩子没有改变，父母一不高兴，他就会变得不快乐，为了让自己早日摆脱痛苦，他可能会强迫父母高兴起来。如果父母长期不高兴，孩子甚至会厌烦父母，觉得父母一天到晚不高兴还把自己的情绪给带坏了。

孩子养成了父母不高兴自己也不高兴的习惯后，将来他也会对其他亲人有这个要求，下次，他不高兴了，也希望家庭成员跟着他一起不高兴，如果家庭成员没有满足他这个要求，他就会抱怨，觉得家人没有人情味、缺乏同情心。

孩子带着这个心理习惯，当他长大了，他就会变得有几分怪异。明明他可以高高兴兴地生活，他却不愿意这样做，他需要让自己变得不高兴，然后需要自己的情侣也和他一样不快乐，或者他不高兴需要情侣来哄哄他让他高兴，他认为这样就可以证明情侣爱自己。

希望通过对方的安慰来调整自己的情绪，这无疑把自己的幸福交给了外界，因为对方很难了解自己的需求，这就如同由低到高的音阶一样，从1到7，到底你的缺失到哪种程度呢？如果对方给你1，你可能觉得太少了，觉得不爱你；如果给你7，你又觉得太多了，觉得是在同情你，这让别人如何是好呢！

父母不高兴分明是父母的心理缺陷，需要父母去成长，如果把孩子也融入悲伤之中，希望孩子也不高兴来支持自己，孩子就成了父母的牺牲品。

我们提倡孩子要高高兴兴的，不是说父母不高兴，孩子就一定要高兴，更不是说，孩子因为父母不高兴而高兴，至少孩子可以保持内心平静，没有必要跟着父母不高兴。

父母因为恐惧和愤怒而过分地责罚孩子，让孩子的人格变得缺失，如果父母进一步在孩子的心里用力，可能会造成更为严重的后果。

这就如同一棵植物突然被雷击了，植物各个部位都受到冲击。植物被重击前，它生机勃勃、郁郁葱葱。被雷击后，植物很难恢复活力，开始变得枯萎，叶子开始泛黄。

受到严重恐吓的孩子，他的身心也会发生重大变化，他会一改往日的朝气蓬勃，生龙活虎，变得沉默不语，甚至了无生气。

一位16岁的女孩，聪明伶俐，每天高高兴兴，快快乐乐。有一天，她爸爸妈妈不在家，她带着 12 岁的弟弟去池塘游泳，弟弟因为不听话进了深水区，最后不幸溺亡。爸爸妈妈回来，发现家里的弟弟没了，他们抱头痛哭，并大骂女儿，"你把弟弟弄死了，你怎么不去死呀！"

这个事件以后，这个女孩的性情大变，她变得沉默寡言，很少与人交往，每天就静静地待在家里帮父母干活，目光也变得有些呆滞。

出现上述情形并不是父母的本意，他们的本意是想教育好孩子，让孩子表现优异，同时希望孩子不要再让父母操心。

为了让自己少操心，父母通常采取两种办法。

一是让孩子言听计从。从表面和短期来看，因为孩子选择听话了，父母确实会少操心，但长期来看，这种方法后患无穷。

一味地追求听话，孩子就会失去为自己人生负责的能力。孩子主动完成事情是需要冒风险的，特别是刚开始的摸索阶段，他干的事情越多，他出错的概率就越大，如果出了问题要遭父母训斥，为了避免父母的训斥，孩子就会放弃主动去完成任务，转而选择被动听父母的话。

以学习为例，对一种新学习方法的探索，它是需要时间的，甚至可能出现失败，这是最正常不过的事，这也是试验新方法的代价。但是，很多父母看到自家的孩子比别人家孩子落后，因为心里着急，就会动不动指责孩子说："你分明是在偷懒，就是不想好好学习，以后不要试验什么新方法，就按父母说的做就行！"在父母严厉的训斥下，孩子有口难辩，明明是好的方法也可能拗不过父母而不得不选择放弃；还有一种情形，对一种新的学习方法，孩子也不知道到底是好还是坏，在父母的训斥下，他以为父母可能拥有更好的学习方法，于是，孩子也就放弃了自己的试验转而选择听父母的。

什么都听父母的，父母就承担了本来属于孩子的责任。当父母看到孩子在玩，因为内心焦虑，就会训斥孩子说："一天到晚就看你在玩，就不知道学习！"本来孩子可能刚看了很长时间的书籍，因为孩子争不过父母，父母的话还是需要听的，但是，人毕竟不是机器，也需要休息，那怎么办呢？孩子只能在那里装装样子，无论自己多么疲劳，他也需要把书籍摆在自己的面前给父母看，直到父母同意自己去休息为止。这样的管理教育，从表面上和短期来看，孩子开始听话了，开始"认真"学习了，父母会感到心安。但是，长期来看，孩子失去为自己人生负责任的能力，孩子更多的时候是在做表面文章，是在哄骗父母，当孩子长大后父母则会有操不完的心。

还有一种办法就是对孩子放手，培养孩子的独立性。父母主动放手，让孩子自觉地为他的人生负责，什么时候该干什么不该干什么，全凭孩子自己决定，父母只需要给孩子做好后勤保障就可以了。

以学习为例，父母放权的孩子，当自己不如别人的时候，他不会受到打击，还是一如既往地学习。同时，他会自主地调节学习时间和进度，当自己精力充沛的时候，孩子会废寝忘食地学习；当学习累了，他可能会邀约同学们一起打球，打完球之后，因为自己放松了，他会继续学习，学习的效率也会更高。

此时，孩子会主动地为他的人生负责，他知道什么时候该学习，什么时候该放松，父母也就基本上不需要为孩子的事情操心了。

# 第四章

## 孩子叛逆何止在青春期

# 忽视早期叛逆，青春期就会总爆发

当父母批评孩子，"你怎么这样卑鄙"，孩子因为内心恐惧，他可能会退缩，也可能选择反击。

无论是退缩还是反击，其目的都是下意识地保护自己，降低自己受伤的程度。当父母看到孩子被批评而变得诚惶诚恐时，父母也就不忍心再批评了，孩子受到的伤害也就减少了；同样的道理，面对父母的训斥，孩子因为愤怒而开始反击，为了避免和孩子正面冲突，爸爸妈妈也就停止批评了，孩子内心承受的压力也就减轻了。

同样面对批评，为什么有的孩子选择退缩，有的孩子则选择反击呢？

这与孩子或者父母的性格有关。如果父母一方比较强势，而孩子的性格像父母弱的一方，面对激烈批评，孩子通常会退缩而选择听父母的话。如果父母一方比较强，孩子的性格又像父母强势的一方，当受到父母的激烈批评后，孩子不仅不会退缩，他反倒有可能选择与父母激烈地对抗。

此外，孩子的选择还与其对父母批评的理解有关。虽然父母的批评总体是有害的，但并不是所有的批评都有害，还要看孩子个体对批评的理解。同样是批评，如果孩子对批评的理解是积极的、正面的，那么批评就是无害的，孩子就会选择听从父母的话。比如，当孩子面对父母的批评，"你怎么这么卑鄙"，孩子将其理解为"这是父母一时的气话，父母还是爱自己的"。这个时候，孩子就会原谅父母。反之，如果孩子对父母批评的意会是消极的、负面的，那么批评对他来说就是有害的，孩子就会选择和父母对着干。

对父母行为的理解很重要，它是平静与冲突的分界线。如果父母早期的批评说："你怎么这么笨，怎么不如别人成绩好！"孩子可以理解为"我不如别人，我真的很笨"，所以孩子的内心就会很难过，孩子就会感受到来自批评的压力。孩子也可以有其他不同的理解，比如孩子诠释说："不如别人怎么能说就是笨呢？那别人没有我吃得多，那是不是也可以说别人笨呢？"如果孩子能这样理解，孩子就不会受到父母批评的影响，孩子的内心也就全然没有压力。如果凡事孩子都能以这种类似的方式理解，孩子就始终是一个幸福的人。

为什么有的孩子会选择这种理解，有的孩子会选择另外一种理解呢？

这很大程度上取决于他们和父母的关系。如果平常父母和孩子的关系亲密，总体上孩子对父母批评的诠释就是正面和积极的，反之就是负面和消极的。这就是为什么我们反复呼吁父母一定要和孩子多交流，做孩子真正的朋友，朋友之间是相互理解、真诚相待的，即使朋友之间产生一些矛盾，他们也会主动交流沟通，矛盾很快就会消解。除此之外，孩子对父母批评的理解也与父母批评的动机有关，同样是严厉的批评，但父母内心是恳切的、真诚的，孩子对这种批评的理解就是积极的；如果父母对孩子的批评动机是负面的，孩子对父母批评的理解就是消极和抵触的。

从这里也可以看出，教育孩子的模式也不是千篇一律的，如果父母和孩子的心是相通的，严厉的批评也可以是一剂良方，因为它可以在某些方面增强孩子对规则的记忆，让孩子少犯或者不犯错误。

很多父母听说批评不好，就不敢批评孩子，结果让孩子发现了父母的软肋，孩子就变得更加肆无忌惮了。所以教育孩子没有哪个方法是绝对的好，也没有哪个方法是绝对的坏，要看施教的对象，因材施教才是好方法。

大家都说父母爱孩子，为什么父母对孩子的批评会出现消极的动机呢？这还要从孩子来到这个世界开始说起，孩子刚来到这个世界的时候，如果父母不是重男轻女，如果没有怀疑自己的孩子是爱人和别人生的，如果没有担心孩子会给自己造成经济负担（如果父母真有这些问题，他们从一开始就不会爱孩子）……父母总体上是爱孩子的。虽然父母爱孩子，但是，父母都是普通人，大部分父母的爱是有条件的。所谓的条件就是说父母都对孩子有所期望，有的希望孩子能子承父业，有的则期待孩子能够为自己争光，有的则希冀孩子能聪明伶俐，正是这些期待让父母对孩子的爱变得不是那么纯粹了。

一般人以为，父母内心有什么想法，孩子是不知道的，这严重低估了孩子的判断力。人的内心是相通的，无论父母还是孩子，男人还是女人，白人还是黑人，一个人只要不高兴，他的脸上一定会有所表现，所以我们经常可以听到孩子很小的时候就会和父母讲："爸爸妈妈，你们怎么不高兴了？"因为父母不高兴了，他们的难过都会写在脸上，通过一个人脸色的变化，孩子就知道父母内心深处的活动。对孩子而言，如果陌生人不高兴了，孩子只知道这个人不高兴了，但是不知道这个人为什么不高兴。父母和孩子朝夕相处，他们总是在重复某一类不高兴，今天孩

子考差了，父母脸上一脸的无奈，下次孩子考试考砸了，父母脸上又是
"乌云密布"。通过观察发生的事情和父母情绪的变化，孩子很快就能总
结出其中的规律，于是，在孩子的眼里父母不高兴的缘由也就昭然若
揭了。

当孩子"看到"父母讨厌自己，孩子对父母批评的诠释自然也就是
负面的，所以，我们经常可以听到一些孩子对父母咆哮道："你们讨厌
我，为什么还要生我！""你们对我这样，我还是你们亲生的吗！"

父母的批评动机也是随着对孩子感情的变化而改变的。当孩子的表
现超过父母的期待时，他们喜出望外，自然对孩子宠爱有加；当孩子刚
好满足父母的要求时，父母内心舒坦，他们和孩子相知相惜。这两种情
形，父母对孩子的批评就会很少，即使有批评，其动机也是善意和积极
的。当孩子没有达到父母的要求时，父母对孩子的失望之情溢于言表；
如果孩子和父母的要求相去甚远，父母对孩子就是怒不可遏了；如果孩
子完全背离了父母的要求，他们还表现得很骄横，父母又没有办法纠正
他们的时候，父母就不仅仅是失望了，他们内心可能还会萌生恨意。这
三种情形下，父母对孩子的批评动机逐渐就变得有些恶意和消极了。所
以我们听到一些父母咒骂孩子说："你这个样子怎么不遭雷劈呀！"这些
都是源于因爱生恨了。

现在人们动不动就说孩子是青春期逆反，是不是青春期就一定逆
反呢？

当孩子很小的时候，父母用百般的呵护和孩子建立了密切的关系，
那个时候，孩子是百分之百地爱父母的，这样的关系根本就不可能有逆
反。如果父母始终用这种方法教育孩子，孩子一辈子都不会出现逆反。

从这个角度讲，所谓的青春期叛逆是不成立的，因为青春期不一定就会逆反。

逆反的动力是在父母不当教育下逐步蓄积起来的，当父母说"你怎么这么笨，怎么不如别人呢?"，孩子因为不能实现超越，他内心便会有情绪，他会变得不高兴，这种不高兴就是逆反的开始。比如在这个时候父母让孩子吃饭，因为孩子内心不舒服，他就可能不想吃饭。或者父母让孩子看书，但是孩子因为追赶不上其他同学心里烦，他也就不想看书。虽然孩子此时的叛逆不一定是针对父母，但是，孩子的行为表现确实就是逆反，因为他开始不听父母话了。

如果一定要说孩子逆反，那也一定不是青春期才开始的。接受了不当教育，孩子很小的时候就开始了叛逆，只是那时孩子的行为能力弱，孩子语言表达能力不及父母，体力也比不上父母，所以这个时候的逆反没有那么激烈，孩子的叛逆主要表现为不高兴、气愤地瞪圆了眼睛，或者愤怒地跺脚。当父母看到自己的"小不点"居然还有这些表现，他们只是觉得好笑，感觉孩子真逗，通常孩子的这些表现并不会引起父母足够的重视。

随着孩子逐渐长大，特别是进入了青春期，身体忽然一下长高了，各方面的力量迅速得到增长，这个时候，孩子可以平视父母了，如果父母继续给孩子刺激，孩子有可能反过来教训父母，甚至还可能做得更为极端。这个时候，一些父母突然被震慑了，猛然觉得孩子开始逆反了，因为这一切刚好发生在孩子的青春期，所以一般的父母就以为是青春期造成了逆反。父母通常自言自语地说："孩子以前很听话，怎么突然变成这样了!"这就是人们对所谓青春期逆反的解释，显然，这种解释是不成立的。

孩子的逆反，既不是始于青春期，也不会随着青春期的结束而消失，会一直跟随他一生，只是孩子逆反的对象变了，当孩子长大了，他离开父母去外地工作了，或者他成家搬出去住了，孩子扭曲的性格针对的将是单位的同事或者他的伴侣。

前面分析过，面对父母的训斥，孩子选择听父母的话可以减轻压力；同样的道理，面对父母的斥责和辱骂，孩子内心情绪激烈，于是，他故意同父母对着干，让内心的情绪得以释放，也会让自己减轻压力。孩子往往会认为，"你总是批评我，我也来批评一下你"，一旦孩子实现了这个要求，觉得自己目标达到了，他的内心也就平衡了。如果一味地让他憋着，孩子就会憋出病来。很多孩子在很小的时候因为受到校园暴力而不能发泄，长大后一直感到憋屈，就是因为内心的主张没有得到及时有效地表达。

因为孩子的逆反，孩子对父母的批评行为起到了遏制的作用，从这个时候开始，父母开始变得小心翼翼起来，于是，孩子与父母建立了相对的平衡。

父母和孩子建立平衡后，只要孩子不高兴，或者父母预知到这样讲孩子会不高兴，父母也就不敢再批评了。但是孩子也不敢造次，父母虽然不批评他，但是孩子知道父母还是有底线的，如果超过父母的底线，父母的批评以及道德和习俗的力量也是孩子不能承受之重。

平衡是有作用的，地缘政治也讲战略平衡，这种平衡指世界上竞争的大国军事力量在数量、质量上处于均等或相抵的状态，也指双方军事力量的均势，有时主要指核力量的均势，同时也包括各自武器系统的技术性能、军队编组状况、自然地理条件等。一旦战略平衡被建立，竞争大国谁也不敢轻举妄动，因为任何一方都没有战胜另一方的绝对优势，所以一方总会对另外一方的力量有所忌惮。这种地缘政治平衡给世界带来了好处，20世纪的40年代第二次世界大战结束后，这已经有70多年没有发生世界大战了。

父母和孩子之间的平衡除了让父母管住了自己的嘴巴，甚至是手（因为有些父母会打孩子）以外，也让孩子体验到了力量平衡带来的安全感，孩子第一次学会通过自己的力量来实现和父母之间的平衡。存在不一定都合理，但是存在确实有一定的合理性，现实中，通过这种平衡来维系家庭的比例相当高。

孩子逐渐和父母形成了"稳定"的关系，这种关系基本上就是未来孩子人际关系的主构架。孩子的人际关系的形成来自家庭方方面面的关系，一是父亲和母亲的关系。父亲和母亲怎么相处，孩子就会学习和借鉴，孩子会模仿父母之间的关系来形成自己的婚姻情感关系，同时父母之间的关系也会指导孩子的人际关系。二是父母和孩子之间的关系。也就是父母怎么对待孩子，孩子也就学习怎么对待自己的父母。很多父母埋怨孩子不懂事、不孝顺，其实，孩子和父母的关系都是父母教的，都是父母言传身教的结果，孩子只是依葫芦画瓢回敬给父母罢了。父母与孩子的关系模型也会在很大程度上影响孩子和其他人的关系，特别是和领导、长辈的关系。三是父母和外界的关系。父母与外界的关系对孩子的人际关系的影响最为直接，父母和外界怎么相处，孩子也基本上会沿用这种方法。

# 在伤口上撒盐，这是要父母的命

平衡建立后，虽然父母和孩子少了家人的那种亲密和热络，好在他们还维持了形式上的家，这为日后关系的转圜留有余地。

一些父母往往不这么想，他们觉得自己辛辛苦苦把孩子拉扯大，最后孩子成了一个"白眼儿狼"，居然不听父母的。一些父母，特别是强势的父母总是设法去打破这个平衡，他们通常会说："我就不相信，孩子变不过来！"父母恨不得立刻把孩子纠正过来。

人们通常认为干事拖拉是一个坏习惯，殊不知心急火燎也是一个坏性格，二者相比，后者更容易把事情搞砸，英国乡村的野鸡就很能说明这个问题。

野鸡是一种很机警的动物，稍有风吹草动，它就振翅飞走了，但野鸡有一个致命的弱点，那就是遇事急躁，英国的农夫就是利用野鸡的这个性格弱点来捕杀它的。

农夫通常在地上撒些谷粒儿，在谷粒儿多的地方拉上一张网，网和地面的距离小于50厘米，铺好网后，农夫就安心地去劳作，只等傍晚收获野鸡了。

当野鸡看到谷粒儿，先机警地朝四处张望，看到没有什么危险，就慢慢地向谷粒儿靠近，然后边走边吃，不知不觉地钻进了农夫为它设计

的网底下，当它把所有的谷粒儿吃完时，它已经身处网带的中央。

饱餐后的野鸡昂着头，当它振翅而飞的时候，头就会撞到网上。此时，如果野鸡能保持冷静，把头低下来，它也就能从网下安然脱险，平安出走。但是，在网罩下的野鸡，惊慌失措，拼命挣扎，极力地往上蹿，把自己死死锁在了小小的网眼中，等农夫来的时候，野鸡已经变得筋疲力尽而不能动弹，最后，只能任由农夫把它带走了。

十年树木，百年树人，教育人需要时间，更需要冷静。能够实现完美最好，如果条件不允许，接受当下的不完美也是一种较为合理的选择。如果条件不成熟还强行推动孩子改变，就可能把孩子推向更糟糕的状态。

有一位同学，他认为妈妈是一个不讲道理的人，无法和她沟通，从高一开始，他拒绝和妈妈说话，生活中实在需要联系就通过递纸条的方式。刚开始妈妈很着急，"这怎么能行，这还是一个家吗？他还是我的孩子吗？"看着妈妈着急的样子，我们要求妈妈做咨询成长，老师告诉妈妈说："如果你不能冷静下来，急切地想孩子改变，孩子会离你越来越远。"当妈妈改变以后，妈妈心安了，她把自己的精力大多放在工作上了，给出足够的时间让孩子去冷静、去思考。这一等就是3年，直到孩子读大学后，因为孩子愿意改变自己，妈妈发现时机成熟，安排孩子接受心理咨询，孩子和妈妈的关系也就变得融洽了。

还有一个同学，他压根儿不愿意和爸爸讲话，只要爸爸一开口，他立刻起身就走。平时，只要爸爸在家或者爸爸没有上床休息，他宁愿在外面闲逛也不愿意回家。看到孩子这种状态，爸爸真的难以忍受，恨不得把孩子痛揍一顿，但是理智告诉他不能这样做，如果他真这样做了，就会把孩子越推越远了。孩子的这个状态，持续了5年，最后孩子自己当了爸爸，才认识到自己的错误。

接受不完美是一种心态，也是一种能力，接受不完美才能做到既能安于当下，又能着眼未来。当父母接受孩子的不完美，父母才能在不完美的孩子面前少些焦躁，多一些宽容，才能给孩子一个缓冲的空间，否则，父母就会不停地挤压孩子，会把孩子逼到死角，孩子所能做的就只能是下意识的反抗。

很多父母相信经验，经验有作用，但是经验并不一定适合所有的场合。比如父母过去在社会上因为强势获得过一些利益，他们就习惯于用强势的方法，教育子女也先声夺人，显然，这里就犯了经验主义的错误了。家人和外人还是有区别的，外人可能怕你们，家人则不同，如果孩子和父母的性格相似的话，父母越强势孩子反而反抗越厉害。

如果父母执意要孩子改变，父母通常会从何处下手呢？

如果需要孩子改变的话，父母往往找孩子的弱点，利用孩子的害怕来控制和影响孩子，这是大部分父母的做法。

孩子会有一些什么弱点呢？

如果孩子担心没有朋友，当同学们都纷纷疏远他，因为孩子害怕这种情形发生，这就构成了孩子的弱点。如果孩子在意自己的长相，当别人注视自己时，孩子就会不自在，这也形成了孩子的弱点。如果孩子在意别人对他的看法，如果某个人在同学中间到处散布他的谣言、败坏他的名声，让孩子感到很难受，这也是孩子的弱点……

要影响孩子，父母就需要找孩子的弱点。过去用过的恐吓，随着孩子的成长，有些方法也就用不上了。比如孩子很小的时候，父母通常会吓唬孩子说："你要是不听父母的话，大灰狼就会把你叼走。"孩子长大了一些，他知道不会有大灰狼来把他叼走，所以这个方法也就失效了。对于大一些的孩子，最有效的恐吓就是打经济牌，父母通常和孩子说："你要是不听父母的话，以后我们就不管你了！"因为孩子没有经历社会，也没有经济来源，父母说不管自己了，言下之意以后什么都得靠自己，一般的孩子都会有些害怕，在恐惧的驱动下，孩子只能乖乖地听父母的话。有些父母还有可能会利用孩子的自尊心来压制孩子，父母通常会说："如果你再不听父母的话，我们就把你的丑事告诉你的同学和老师！"这类丑事包括偷偷地拿了父母的钱，浏览过黄色网页，或者在家里不尊重父母长辈等。

当受到父母的压力，为了减轻自己的压力，孩子也会借用父母的套路，找父母的弱点给父母施压，正所谓以其人之道还治其人之身，让父母不敢轻易地实施某些行为，从而实现为自己减压。

父母的弱点和痛点在哪里呢？每个家长的成长环境不一样，没有绝对统一的答案，但总体上可以归纳为以下几个方面。一是好面子。看到别人家的孩子成绩又好又听话，如果自己孩子不好的情况被外人知道了，别人可能会笑话自己，所以父母极力掩盖自己孩子不好的情况。二是担心孩子啃老。大部分父母不是富豪，挣点钱很不容易，既要应付家庭的开销，又要考虑将来的养老，如果孩子不能自立，这会对父母造成压力。三是担心孩子学坏。无论怎么说孩子都是自己的骨肉，从孩子呱呱坠地，到悉心培养，父母都倾注了大量的心血，如果自己好不容易培养的"产品"最后成了一个"残次品"，父母的内心真的会流血。孩子学坏的内容比较多，主要涵盖欺诈蒙骗、小偷小摸、打架斗殴等。四是担心孩子的人身安全。无论孩子多大，在父母眼中他们始终是孩子，父母总有操不完的心，特别担心孩子的人身安全，担心孩子出什么事。

外界要了解父母的弱点不是一件容易的事，因为这些弱点往往被父母隐藏起来了。孩子和父母常年生活在一起，父母担心什么、恐惧什么，所有的短板昭然若揭。

当父母和孩子双方对各自的弱点都了如指掌后，只要其中的一方试图打破平衡，另一方就会利用对方的弱点来实施反击。现实中，率先打破平衡的大多还是父母，一旦父母试图打破平衡，一些孩子因为受不了，他可能什么事情都干得出来。

我曾经在一个特殊教育学校做过一段时间的公益心理辅导，这个特殊教育学校是针对那些调皮的学生而设立的，当时学校给我分配的任务是给15名学生做心理辅导。在15名学生中有一个女孩子仅仅16岁，她天生丽质，聪明伶俐，我当时想如此优秀的孩子怎么会到了特殊教育学校呢？

原来这名学生的父母对她十分苛刻，但同时父母又对她有很多的担忧。我们知道中国的家庭对女孩最大的担忧就是未成年女子"失身"，孩子对父母的忧虑了如指掌。因为自己对父母的斥责没有办法，而且父母总是想打破已经建立的平衡，不断地挤压自己的心理空间，于是，她决定采取"献身"的方法来加剧父母内心的恐惧。

有一天放学后，这名女孩离家出走了，因为孩子没有按时回家，父母心急如焚。正当父母焦头烂额之时，母亲的手机上响起了女儿视频通话的请求，父母急不可耐地接通了视频，让父母感到晴天霹雳的是，在视频的另一端，女儿和一个成年男子正在发生不堪入目的行为。女儿之所以这样做，心里想的是，"如果你们再逼我，我有的是杀手锏！"

大家都知道毒品的危害，孩子也知道，但是，为什么那么多青少年会去吸食，可以肯定地说，因为好奇而染上毒品的人少之又少，真正驱动人们去吸毒的一定有其他的心理动机，而且这种动机大多和父母的不当教育有关。

如果孩子用极端的方式让父母感受到恐惧，很多的家长开始低头了，"孩子真倔呀，拗不过孩子就算了。"于是，新的平衡再次得以确立。为了这个平衡，孩子却付出了巨大的代价。

# 不给子女留面子，孩子走上不归路

父母在试图打破平衡的过程中，还有一种可能，因为受不了父母的压力，孩子选择和父母彻底闹掰。

大部分父母的要求还是挺高的，孩子在很小的时候，父母会对孩子说："如果你不是爸爸妈妈的好孩子，父母就不爱你了。"等孩子大一些了，当孩子不如别人，父母会批评他说："你怎么这么笨，怎么就不如他呢?"因为害怕父母的责罚，孩子可能会弄虚作假。面对弄虚作假，父母又会气愤地骂孩子说："你怎么这么卑鄙!"听到父母骂自己卑鄙，孩子气不过可能会用辍学、绝食来威胁父母，看到孩子的问题越来越多，父母可能气急败坏地对孩子说："如果你总是这样，父母就不管了，是死是活随便你!"

面对来自父母的压力，虽然孩子内心也会有对父母的不满，但是他还是会选择听父母的、和父母合作，因为他不敢放弃，如果轻易放弃了，他将面临很多的不确定。

现实生活中的很多关系（同事之间的关系，合伙人之间的关系，或者夫妻之间的关系）都是这样，大家虽然会有不同意见，如果对方不是苦苦相逼，碍于情面，大家还是会选择合作。一旦不给对方留情面，矛盾就会公开化，不同意见就容易演变成对抗，接下来的合作就变得更困难了。精明的合伙人，就是不同意见的高明协调人，他会积极地化解矛盾，不能做到完全消除分歧，就允许有不同的意见存在，然后把这些矛盾暂时搁置起来，同时，积极地把双方的共同利益放大，相对而言，分歧也就变小了。

当看到孩子还是没有发生变化，父母真的是痛苦难耐，他们会气愤地说："你真的不可救药了，我们对你彻底失望了！"听到这样的训斥，孩子极其难过，孩子想："为了你们，我都忍了这么多年了，你们还对我不满意。"还有一种情形，有些父母为了控制孩子，他们选择打击孩子的自尊心，把孩子一些"见不得人"的事情公之于众，让孩子颜面扫地。

孩子的忍耐力是有一定限度的，超过这个限度，因为太痛苦了，他坚持不住了，就会选择放弃，孩子会下意识地说："你们失望就失望，我卑鄙就卑鄙，那又怎么样！"或者当父母把孩子的丑事公之于众的时候，孩子在同学、亲戚和朋友面前颜面扫地，这种情况下，孩子一气之下脱口而出说："我以后就是一个彻底的坏孩子，看你们拿我怎么样！"当孩子说出"你们失望就失望，我卑鄙就卑鄙"或者"我以后就是一个彻底的坏孩子，看你们拿我怎么样！"的时候，孩子多年积压的恐惧一下突然消散了，孩子感受到一身轻松，这可能是孩子以前没有意识到的。

不确定的恐惧最让人难耐，一旦知道了或者接受了最坏的结果，反倒不恐惧了。这里面存在一个心理学原理，即冲击疗法，其基本做法是把一个人置于他过去的恐惧环境之中，他刚开始可能会紧张、挣扎，当他睁开眼睛看清楚他所处的真实环境之后，他会发现这个环境并不是自己想象的那样害怕，甚至一点也不恐惧，渐渐地他也就变得平静了。

很多犯罪分子，在被抓捕之前，他们恐惧万分，经常半夜被噩梦惊醒；有些罪犯为了躲避惩罚，他们漂洋过海，逃到国外，但是始终没有办法摆脱内心的恐惧。一旦他们被逮捕了，特别是被判刑了，内心的石头反倒落地了，他们也因此变得轻松了，这都是冲击疗法的作用机理。不是说坐牢就没有痛苦，只是说罪犯原来害怕被逮捕的那种恐惧消失了，他还是要面对失去自由的牢狱生活。

这个原理也适用于婚姻，没有离过婚的人，因为内心有很多不确定的恐惧，"不知道一个人过会不会很孤独？""离婚后能不能找到比现在的伴侣更好的人？""离婚后大家会怎么议论我？"因为恐惧，所以他们不敢离婚。一旦因为某种原因离婚了，他们发现离婚也就那么回事，也没有多少害怕。所以奉劝父母，如果你们仍然在婚内，如果不是真的想离婚，就不要动不动就把离婚挂在嘴上。因为一旦离异了，对方不害怕了，是很难再回头的。

过去孩子很害怕父母，是因为存在很多不确定的恐惧，"父母不爱自己怎么办？""大家都认为自己是一个坏孩子又该怎么办？""没有父母支持会不会饿死？"

一旦孩子选择和父母彻底闹翻，孩子发觉现实也不是自己想象的那么令人恐惧，父母不爱自己并没有什么了不起，大家认为自己是一个坏孩子也不能把自己怎么样，离开父母自己也不会被饿死。于是，孩子多年来内心紧绷的弦也就彻底放松了，孩子也就变得肆无忌惮了，这就是

"坏孩子"的模型。

孩子一旦变坏，变坏就是他人生的驱动力，他会拼命地去干坏事，要么打架斗殴，要么偷窃抢劫，要么吸毒贩毒，他表现得越是反社会，他就越是感觉心安。

为什么坏孩子越是反社会，他就越是心安呢？

因为如果他表现得像正常人一样，人们又会对他抱有希望，又会惹来家长、长辈、老师的批评指教。"孩子，你不能这样！""孩子，你要听爸爸妈妈的话。""你要一直这样下去，你的人生就完了。"……

一旦家长觉得孩子不可救药的时候，父母就会放弃对他的管束，孩子觉得自己也就彻底自由了，这就是"坏孩子"反社会人格动力的来源。

如果父母不想让孩子变坏，千万不要造口业，一旦孩子对父母彻底失望了，再想把孩子拉回来也就是一件极其困难的事情。

孩子纠偏的难度和孩子内心污染的程度成正比。

"好孩子"最容易。"好孩子"受到的批评最少，在所有孩子中内心被影响的程度也就最低，在人生中出现的偏差也就最容易被纠正。同时，因为他们追求积极阳光的心态，一旦遇到挫折以后，他们会千方百计地寻求帮助。对于"好孩子"来说，他们还有一个宝贵的品格，因为他们相信自己能行，所以在改变过程中也能够坚持，自然也就很容易找回自己。

排在第二位的是"乖孩子"。和"好孩子"相比，"乖孩子"的改变要难一些，时间也要长一些，因为受批评教育的影响程度要深得多，他们不仅被戴上了"笨"的帽子，而且还有"卑鄙"的头衔。改变的难点是他们失去的主动性，他们不会主动求助。同时，因为他们认为自己"笨"，所以一遇到困难很容易退缩。好在他们听从父母、老师的话，如果父母和老师要求孩子求助，他们还是会服从的。

最难改变的就是"坏孩子"。因为长期受父母批评，不仅"笨""卑鄙"，而且"父母对自己还彻底失望"，和"乖孩子"相比，"坏孩子"内心的扭曲程度进一步加深，而且"坏孩子"的内心超过了临界值，处于完全失控的状态。这就如同弹簧一样，在弹性限度内，它可以调整，也易于修复，一旦超过了弹性限度，这个弹簧就成了废品。要让这个弹簧恢复以往的弹性可不可以？回答自然是肯定的，但这是一项巨大的工程，它要重新回炉，再次淬火成钢，然后再度冲压成型，这其实是再造工程了。要让"坏孩子"改变，最困难的地方是他不期待好，因为他认为美好会给他带来痛苦。如果描绘一幅美好的人生画卷，"好孩子"会心向神往，"乖孩子"则不置可否，"坏孩子"则会拒之门外，因为"坏孩子"内心已经被冰封了，他根本不相信人生的美好，因为对他来讲，所有的人生美好都是一种痛苦的回忆。同时，他很难相信任何人，任何人对他赞扬的话他都觉得是虚伪的，任何关心他的行为，都是人们设计的陷阱，因为人们无时无刻地试图把他拉回到他无法忍受的过去。这就是很多罪犯（不包括过失犯罪）会重复犯罪的原因，因为他们内心已被种下了恶的种子。

## 表扬和鼓励，也不能让孩子成瘾

前面模型都是批评给孩子人生造成的各种影响，批评造成了对孩子的排斥，会让孩子的心里感受到一种压迫。

一些家长自豪地说："我对孩子的教育方法都是用表扬。"如果用表扬代替批评，那结果是什么呢？

同批评相比，表扬对孩子的情绪影响要小一些，孩子的感受要舒坦一些，孩子从外部看上去确实要积极一些。如果一定要在批评和表扬之间做出选择的话，表扬当然比批评好。

如果父母实在不知道怎么教育孩子，建议你们就使劲地夸孩子，通过表扬教育出来的孩子，虽然孩子也会有些问题，但是，同批评教育相比，他们存在的问题要少得多。

原来不想写这一节，担心个别父母没有彻底改变自己，反而因为看了书籍而捆绑了自己的手脚。但是，后来仔细想了想，为了保证理论的完整性，我还是把这部分内容呈现给读者，毕竟很多父母是可以彻底改变自己的，他们可以把子女教育提升到一个新高度。

表扬孩子到底会出现什么问题呢？

对孩子提出表扬，孩子的内心逐渐埋藏了喜的冲动。喜好虽然不会造成对内心的排斥，但是，它是一种利诱，这种利诱拉动内心向外。一旦内心被向外拉动，这也就让孩子失去了原有的根基，也就是说，没有接受不当教育的孩子，他内心有一股定力，一旦受到不当表扬的利诱，他内心的定力就减弱了。

巴甫洛夫曾经做过这样一个实验，在每次给动物喂食的同时，给一个铃声，让这样的过程重复几次，后来只给铃声不给食物，动物也会被召唤。

如同动物只要给铃声就会行动一样，一旦孩子形成了这种喜的利诱机制，为了收到赞赏和夸奖，他就会迫不及待地行动，会不停地去显示自己的才能，去标榜自己的才华，因为只有这样才能得到父母、老师或者领导的夸奖，于是，孩子就会少了一些沉稳和踏实，多了几分浮躁和虚华。正像《大学》中所说的"有所好乐，则不得其正"一样，这句话的意思是说，一旦内心开始追寻这种喜，心也就偏离了中正。

具体来说，不当的表扬通常对孩子会造成如下影响。

首先是自我蒙蔽，高估自己。孩子一旦沉浸在表扬之中，他就看不清真实的世界，不能正确地认识自己的能力。

一位作家，他在回忆录里讲述自己小时候学习写作的故事。

因为妈妈很欣赏自己，所以妈妈经常表扬他，逐渐地，他也很渴望获得他人的表扬，特别是期待爸爸的赞赏，因为爸爸是一位成功的大导演。

有一天，他把自己刚写好的诗作给妈妈看，看到儿子的新作，妈妈一把抱起儿子，毫不吝啬赞美之词，她对儿子说："我孩子写的诗好美呀！将来一定是世界上最了不起的诗人！"听到妈妈的表扬，孩子心里美滋滋的，他开始变得飘飘然起来，瞬间，他觉得自己确实有写作天赋，自己写的诗歌的确了不起。

下午放学后，孩子把自己创作的诗句重新誊抄在一张漂亮的纸板上，并在诗歌的周围用彩笔做了装饰，然后悄悄地把它放到了爸爸的书桌上，期待爸爸能早点看到自己的佳作。

平常爸爸回来都比较早，那天有些不凑巧，因为一位明星"耍大牌"导致拍摄很不顺利，很晚才收工。

天色渐渐黑了下来，孩子一直在卧室里静静地等候，他有点激动，又有些忐忑，同时他在幻想："当看到自己的杰作时，爸爸一下子被自己的作品所吸引，并发出惊叹，'这简直是天才，居然能写出如此精彩绝伦的诗句！'"

正在他满怀期待的时候，忽然，他听见爸爸开门的声音，嘴里还不时夹带着对那位明星的牢骚。

紧接着，从爸爸书房里传来了一顿斥责，"这是谁写的这么糟糕的诗句，这简直是在浪费纸张！"在一旁的妈妈赶紧走过去对爸爸说："不要说了，孩子这么小，还是以表扬为主。"爸爸接着说："这么差的诗句，如果还表扬，孩子还以为自己真的很了不起，这不就把孩子害了吗！"

听到爸爸的责备声，孩子开始在房间里哽咽起来。

这个事件过去一段时间之后，孩子再回过头来审视自己的那篇诗作，他感觉水平确实一般，甚至有些粗糙。

后来，这位少年真的成了有名的作家。回想起这件往事，他在回忆录中这样写道："妈妈的表扬虽然温暖，但是如果仅仅有妈妈的表扬，自己就会变得骄傲自满、沾沾自喜，会错判对自我的评价，也会影响人生前行的方向。"

其次，如果孩子养成了追求表扬的习惯，他还容易变得冲动。有时明知这样做于他不利，但在内心喜的冲动下，他还是会义无反顾。

战国时，晋国有一位人称冯妇的人，曾因赤手空拳同老虎搏斗而名噪一时。因担心自己可能防护不力而葬身虎口，所以冯妇昭告天下，决定金盆洗手，再也不干这种傻事了。

一天，一群人提着棍棒追赶一只老虎，老虎急忙跑到山势陡峭之处据险自守，此时，再也没有一个人敢上前半步。正在人虎对峙的时候，恰巧冯妇路过此地。突然有人大喊："冯妇来了！"看见站在马车上的昔日打虎英雄冯妇，人们的激情一下被点燃起来，大家一窝蜂地涌向马车，请冯妇再为大家上演空拳搏虎的绝活。

冯妇本来是不想打虎的，但在大家的簇拥下，特别是联想到空拳斗虎能博得大家的阵阵喝彩之后，他再也按捺不住内心涌动的兴奋和激动，于是赤手空拳又上去了。这就是典故"再作冯妇"的由来，意为重操旧业。

很显然，冯妇本不想重操旧业，无奈在众人的掌声和欢呼声中，他心不由己，于是重操旧业。在那个野兽猖獗的年代，打虎本不是什么坏事，如果真想帮助大家，借用合适的工具打死一只凶残的老虎不能说明什么，关键是冯妇的行为不是单纯地为了救人，而是为了逞一己之能，才贸然空拳搏虎，让自己陷入危险的境地。

再次，如果孩子接受了不当表扬，他会失去进取心，让人生变得有些保守。

哈佛大学心理学家卡罗尔·德韦克研究了表扬对孩子的影响，这项研究结果令学术界震惊。

在实验中，研究人员让孩子们独立完成一系列智力拼图任务。

一开始，研究人员每次只从教室里叫出一个孩子，进行第一轮智商测试。测试题目是非常简单的智力拼图，几乎所有孩子都能相当出色地完成任务。每个孩子完成测试后，研究人员会把分数告诉他，并附上一句鼓励或表扬的话。研究人员随机地把孩子们分成两组，一组得到的是一句关于智商的夸奖，即表扬，比如，"你在拼图方面很有天分，你很聪明。"另外一组孩子得到的是一句关于努力的夸奖，即鼓励，比如，"你刚才一定非常努力，所以表现得很出色。"

随后，孩子们参加第二轮拼图测试。有两种不同难度的测试可选，他们可以自由地选择参加任何一种测试。一种较难，但会在测试过程中学到新知识。另一种是和上一轮类似的简单测试。结果发现，那些在第一轮中被夸奖努力的孩子中，有90%选择了难度较大的任务。而那些被表扬聪明的孩子，则大部分选择了简单的任务。由此可见，自以为聪明的孩子，不喜欢面对挑战。

为什么会这样呢？卡罗尔·德韦克解释说："当我们夸孩子聪明时，等于是在告诉他们，为了保持聪明，不要冒可能犯错的风险。"这也就是实验中"聪明"的孩子的所作所为，为了保持看起来聪明，而躲避出丑的风险。鼓励，即夸奖孩子努力用功，会给孩子一个可以自己掌控的感觉。孩子会认为，成功与否掌握在他们自己手中。反之，表扬，即夸奖孩子聪明，就等于告诉他们成功不在自己的掌握之中。这样，当他们面对失败时，往往束手无策。

最为严重的是，一味地追求表扬，会让孩子失去战胜困难的决心和勇气。孩子追求表扬一旦形成习惯，他就会变得保守和退缩，只要有可能让自己失去表扬的行为，他就会避而远之。

但是，家长也不能因噎废食。表扬虽然不是最好的教育手段，但是，作为一种教育的方法，只要避免给孩子束缚，这种方法还是可以使用的。

要特别注意的是，对孩子的表扬和鼓励一定是开放性的，这样对孩子的影响才是积极和正面的。

下面的表扬就属于开放性的。

"孩子，你是一个工作很勤奋的人！"

"无论有多少困难，父母都相信你可以解决好。"

# 丢失自我，孩子人生最大的损失

接受不当教育后，并没有绝对的"好孩子"，也没有绝对的"坏孩子"，因为没有哪个孩子能完全满足父母的要求，能永远地超越所有的对手，也没有哪个孩子在父母眼中是一无是处的，成为反社会人格的人毕竟少之又少。

大多数的情况是，一个孩子可能在某一个时间段领先，他暂时成为父母和老师眼中的"好孩子"；过了一段时间后，这个孩子可能被其他同学超越了，在父母的训斥下，因为他害怕父母不爱他，于是，选择听父母的话，选择和父母合作，他又变成了老师和父母眼中的"乖孩子"；再过了一段时间，他因为难以忍受父母的批评，他偷偷地修改自己的成绩单，或者抄袭了同学的作业，而让自己变成了"坏孩子"。

所以大部分孩子都是一个复合体，要么他是"好孩子"和"乖孩子"的复合体，要么是"乖孩子"和"坏孩子"的组合体，也可能是"好孩子"和"坏孩子"的结合体，还有可能是"好孩子""乖孩子"和"坏孩子"的综合体。

无论孩子是怎样的复合体，通过不当的批评教育，他的天性都受到不同程度的打压，孩子开始失去了真实的自我。

什么是真实的自我呢？

真实的自我就如同纯净水一样，纯净水纯洁、自然，没有丝毫的杂质，用它烧水解渴、淘米做饭、熬制中药，你品尝到的是大自然赋予人类的原汁原味。真实的自我指的是内心没有受到一点污染，他没有恐惧、焦虑、自私、仇恨等情绪，他拥有的是人类真正的善良、友好、笃实、从容等一切美好，这种状态，心理学上称之为大我，或者叫本我，苏格拉底称为心中的太阳，中国的儒家称为光明的本性，这也是毛泽东主席所说的纯粹的人、高尚的人、脱离了低级趣味的人。

现在大家把"做自我"当成一句时髦用语，在电视屏幕上，在小说里，在你的身边，人们都把"做自我"挂在嘴边，似乎他们这么说了，他们就可以回到真实的自我一样。人们之所以有这样肤浅的认识，源于人们对真我的误解，很多人认为真我就像脱缰的野马一样，想做什么就做什么，想怼谁就怼谁，根本不用考虑他人甚至是家人的感受。他们认为真我就是没有人可以烦扰他们，没有人能够阻止他们的自行其是，期待用这种方式实现完全意义上的自由。

这种状态是不是自我呢？当然不是，真实的自我是内心平和、仁厚，他在任何时候都很幸福，真我是不需要特定条件的，如果一个人只有特定的空间才能达到真我，说明他是在自我逃避、自我发泄，或者说是自我膨胀，根本不是所谓的真我。大家所说的"小隐隐于野，大隐隐于市"就是这个道理，如果一个人的闲逸安宁一定要去林泉野径之中，说明这个人还没有达到真实的自我。如果一个人还是我行我素，刚愎自用，说明他离真实的自我一定很遥远。

孩子失去自我后又会有怎样的具体表现呢？

一是孩子开始为别人而活。当孩子不如别人的时候，父母通常很生气，为了改变这种状态，孩子通常会努力超过别人，一旦实现了超越，父母的要求得到了满足，孩子的焦虑也就得以释放。当这种情形不断地被重复，逐渐就形成了条件反射，从此以后，孩子做什么都是看别人的脸色。当成绩不理想的时候，他焦虑不已，他会想到父母将会对自己有多生气；当父母或者某位领导不高兴的时候，他会如坐针毡，因为担心他们对自己不满意；当人们在窃窃私语的时候，他也会感觉到局促不安，因为担心他们在议论自己……

因为一个人不可能满足外界所有人的要求，在外界各种压力的作用下，孩子就会变得敏感和脆弱，他就会感觉到压力山大。有些时候孩子明明知道完成某件事对自己和他人是有益的，但是当他预判他这样做父母或者领导会不高兴时，他都会主动放弃做这件事，事后看到别人做得风生水起的时候，又会埋怨说："就是你们嘛，总是阻止我干自己喜欢的事！"

二是做事情的目的开始发生偏移。失去自我前，孩子做事情的目的是根据事物本身的价值做取舍的，只要这件事情本身有价值，孩子就会去做。以学习为例，因为学习能增加知识，将来可以更好地服务社会，孩子自然就想去学习，无论自己的排名怎样，无论别人对自己的评价如何，他都会持之以恒、坚持不懈地去学习。失去自我以后，孩子做事情的目的开始发生偏移，"好孩子"做一件事情看能不能得到荣誉，能不能实现自己的价值，或者说能不能让自己变得优秀。"乖孩子"做事情的目的变成能不能完成父母的差事，能否避免让父母不批评自己。"坏孩子"做事情的目的就是破罐子破摔，或者干脆和父母对着干，越是父母不让干的事情他越要去干。

通过高考，很多高中阶段的"好孩子"考取双一流大学，这本是一件值得庆祝的事情，因为这些大学无论是师资力量、学习和研究氛围，还是科研投入都是一流的。令人遗憾的是，在如此浓厚的学习氛围中，并不是所有的同学都会如饥似渴、满腔热情地投入学习和研究中去，一些原来在高中阶段的"好孩子"就因为比拼不过别人，得不到老师和同学的认可，不能实现自己所谓的价值，于是，他们变得意志消沉、萎靡不振，天天沉浸在短视频节目和网络游戏之中，成绩直线下降，甚至不乏被学校作勒令退学处理的，这实在是一件令人惋惜的事情，这也说明失去自我后造成的做事情的目的发生偏移是一件多么可怕的事情。

三是孩子开始变得不幸福。接受不当教育前，孩子的幸福人生是持续的、永恒的，幸福是无条件的，孩子在快乐中成长，在甜蜜中追求，在幸福中拼搏。接受了不当教育后，只有当孩子超过了别人，摆脱了自己的"笨蛋"头衔，或者实现了父母的愿望，重新得到了父母的认可，内心因为释放了焦虑，感受到一阵狂喜，他才感受到幸福，更多的时候，他因为没有达到父母的要求内心始终感觉到隐约的不安，所以失去自我后，人生的幸福变得不是那么简单而纯粹了，幸福需要某些条件作为前提。

四是生命意义变得模糊。做回自己的孩子，在他的眼里，一切都是积极的、正面的，生命本身就充满了价值。在广阔的田野，做一名农民为大家提供粮食，他的品质是高尚的；在工厂车间，作为一名工人为居民提供各种生活所需的产品，他的行为是高贵的；在边境线上，持枪站岗保家卫国，作为一名军人他的品行是崇高的。这个社会上每个人都在不同的岗位以不同的方式服务国家和人民，每个人都尽了自己最大的努力，每个生命都意义非凡，都充满了价值。接受了不当教育，孩子生命的成色降低了，人生的格局变小了，他内心总在纠结能不能超过别人，能不能让父母或者领导满意，能不能赢得别人的尊重。生命的意义也变得局限了，只有当自己达到了父母或者领导的要求，实现了超越别人，实现了所谓的生命的价值，他才觉得生命有意义。

五是孩子产生了自卑和自负心理。没有失去自我，孩子就没有自卑之说。当孩子准备做一件事情，他能完成的他就会肯定地说自己能做好这件事；如果这件事情他没有做过，但是这件事在他的知识和能力范围之内，他也会说自己有把握完成这项任务；如果这件事情确实比较复杂，超出自己的知识和能力，他就会实事求是地告诉别人自己真的不能完成这件事。这些都是自然的体现，承认自己行和承认自己不行都是自信的表现。接受了不当教育的孩子，当自己不如别人时，受到父母或者老师的批评时，在情绪的驱使下，他又觉得自己什么都不是，什么都不行，即使一些简单的事情，他也认为自己不会，于是，他变得自卑了。下次，当孩子超过了别人，受到父母或者老师的表扬，兴奋之下，他的信心又开始膨胀了，他觉得自己什么都行、什么都会，自己分明不能完成的工作也觉得能行，这其实不是自信，这是兴奋后的自负。当一个人失去自我后，自卑和自信都不是建立在真实客观的基础上的，而是内心被干扰的结果。现实生活中，有些这也做不好，那也做不好，父母总认为他是缺乏技能，所以不停地让他参加各种学习，最终还是不行，这是因为他内心的自卑，他怎么可能做好事情呢？过去人们提出"德然后才"是非常有道理的，心修好了，再去学习其他技艺，因为没有失去自我，学习其他技艺就容易得多，这个人就会有很强的适应能力。

# 第五章

## 身教重于言教

# 父亲是伙伴和导师，母亲是老师和保护神

前面分析的是父母言传对孩子的影响，除了言传，父母对孩子熏染的还有身教，二者相比，后者的影响更大、更深远。

父母行为之所以对孩子影响深刻，是因为孩子学习父母的行为时，他既习得了父母的行为，同时，还习得了父母同样的心理，父母行为的影响是真正的"身心合一"。

如果孩子一出生看到父母反复重复的行为，加之这些行为得到邻居或者社区的加持，这些行为逐渐就变成了传统或者文化的一部分，孩子就会觉得这个文化或者传统就应该是天经地义的。当他们从生长的小村镇或者小县城去到更大的外部世界生活，特别是去到国外时，面对一种完全不同的文化，刚开始他们会有些好奇，紧接着就是内心的冲突，这让他们很不适应，很多人会因此患上抑郁症或者焦虑症，这就是人们所说的文化休克。从这点上人们可以发现，身心合一的陶染对孩子的影响有多深远。

如果父母的意志品质坚定、勤勤恳恳，父母和孩子在一起劳动和学习，父母解决问题的方法和克服困难的信心，就会一并言传身教给孩子，特别是当家庭面临巨大的危机时，父母和其他家庭成员团结一心、竭力拼搏的决心和胆魄，会成为孩子战胜各种困难的宝贵精神财富。

在苏格兰曾经有一个小家庭，父母带着两个孩子，最小的那个孩子年仅 10 岁。

当时父母是做手工纺织的，随着工业水平的提高，父母的纺织生意越来越难做了。

那段时间，爸爸带着最后的希望把自己的纺织样品挨家上门向各经销商推销，期待给家庭生意带来转机。虽然爸爸尽了全力，但是，不幸的是，爸爸每次的推销最终都是空手而归，这意味着从此以后父母无事可干了，他们家将面临饥饿的困境。

接下来的家庭会议充满了危机和凝重的气氛，"现在是最后一搏的时候了！"爸爸对家庭成员说。接着爸爸宣布了一个大胆的决定，"我们决定全家一起背井离乡去美洲发展。"也就是从那个时候开始，家里最小的 10 岁小男孩就暗暗地下定决心对自己说："总有一天我会把家庭贫困这个恶狼赶出家门。"

很多家庭为了不给孩子压力，把家里遇到的困难给隐藏起来，看上去是保护了孩子，殊不知这会让孩子缺乏人生历练的机会。如果孩子知晓家庭所有的困难，并让孩子参与家庭的每一个决策，在这个过程中，孩子从小就开始承担各种责任，就能模仿父母、学习父母，甚至超越父母，在整个过程中，孩子的意志品质也能得到提升。

这个家庭迁往美洲后不久，那个小孩进了一家工厂做线筒工，第一个星期，他拿到了 1 美元 20 美分，拿到这笔收入，他高兴极了，他感觉自己不仅是一个对社会有用的人，同时，也是一个可以为家庭做贡献的人，瞬间，他觉得自己已经成长为一名真正的男子汉，此时，他才仅仅 12 周岁。后来，这个小孩成为美洲著名的钢铁大王，他叫安德鲁·卡耐基。

现在很多人认为，拥有足够多的金钱和财富才能让孩子接受更好的教育，才能给孩子带来更多的幸福、快乐，才能够让孩子的人生更加成功。

卡耐基却认为，穷人简陋小屋里的生活远比富人在豪华别墅里的生活更加温馨。他甚至可怜那些富家子女，因为父母拥有很多钱，他们早早就把孩子交给保姆来管理，让孩子很少有机会和父母互动，有些孩子很大了，还聘请家庭教师来管理，让孩子不知道失去了多少。对穷人的孩子来讲，父亲时刻都是他的伙伴、导师和榜样，母亲则是集护士、老师、保护神等角色于一身。卡耐基认为孩子有父母的陪伴并和父母一起奋斗，这才是孩子最宝贵的财富，这笔财富是富家子弟所不具备的，同这一财富相比，其他财富都显得微不足道。

话分两头说，如果父母人生存在各种问题，这些问题也会毫无疑问地影响着孩子。

有些父母做生意，一旦生意赔了，可能会因为后悔而坐在地上捶胸顿足，孩子看到这种情况，就会出现以下两种情形，一种是当孩子下次遇到重大失误的时候，孩子也会和父母一样，把自己当成靶子，使劲地惩罚自己。还有一种情形就是，看到父母因为生意失败这么伤心，从此以后，孩子就会谈生意色变，让自己的人生和做生意彻底说再见。

如果父母的人生存在重大瑕疵，父母的这些问题将会对孩子造成较大影响。

一些家长因为贪占了别人的便宜而沾沾自喜，看上去这是一件小事，它却会影响孩子对财富来源的判定，让孩子认为财富不是从劳动创造中得来的，而是从别人口袋里获得的，这是典型的零和思维。等孩子长大了，孩子就会少一些真诚，多一些算计，总是算计着从别人那里多分一杯羹，在这样家庭中长大的孩子是不会富有的，或者说，即使他的账户上看上去充盈，但是，他的内心也是贫乏的，他总是会担心自己会变得贫穷，也会担心别人会掠夺自己的财富。

其实，在这个世界上到处充满了财富，只要你拥有创造性的劳动，你就会变得很富足。

比如做早餐这样的劳动，如果你做一个有心人，你会发现用机械做出来的馒头和手工揉制出的馒头会有很大差别，如果你开始自己的生意，真心做手工馒头，无论有人监督还是没有人监督，自己都是做良心产品，做出真正的手工味道来，你可以把价格比别人高出一倍或者几倍，因为你的产品定位就是一些追求生活品质的人，你的这种劳动就是创造性的劳动。如果你想拥有更多的收入，你可以扩大生产规模，聘请更多的员工做手工馒头，你还可以给馒头配上可口的小菜，只要你能始终保证产品的质量，你又何愁收入不丰呢！

财富到处都是，就看我们有没有为他人服务的心理。

有一天，我去住地附近打井水，这是一口百年老井，我发现清澈的泉水还冒着冷气，源源不断的泉水从井口溢出而白白浪费。我当时在想，不知道有多少人希望喝到这样的清泉水，我只要在上班地方的周边做一些简单的宣传，每天上班顺便给需要的人带一些泉水，一个月也可以有几千元的收入。

很多家长意识到自己的问题，但是，他们希望孩子不要像他们那样，于是，他们期待在不改变自己的前提下，试图用漂亮的语言说教出一个优秀的孩子，这个想法注定是不切实际的，因为当身教和言教发生矛盾时，身教的影响权重更大。

一些父母教育孩子远离赌博，这当然是很好的言教。如果父母因为管不住自己的手，动不动就在牌桌上博弈，当孩子看到父母赢钱的时候那股高兴的劲，父母多次教育孩子的功夫也就白费了，因为从父母的行为中，孩子发现博弈中藏着巨大的诱惑，所以孩子也会对赌博跃跃欲试。

还有一些父母经常教育孩子要做一个真诚的人，但是仅仅有愿望是不够的，还要看父母的实际表现。一些父母当着客人面使劲地夸奖客人，等客人转身离开，父母就私下说客人的坏话。孩子就会把父母的言教抛之脑后，因为"其所令反其所好，而民不从"，如果你的命令和你的爱好相反，大家是不会听从的。

父母身教对孩子的影响是无意识的，无意识行为的影响更大。父母行为的影响既有有意识的，也有无意识的，所谓的意识行为就是父母做这个行为是有意为之，目的是希望自己成为子女的榜样，希望孩子效仿自己；所谓的无意识就是父母没有想用行为去影响孩子，但是客观上父母的行为会影响孩子。无意识行为之所以影响更大，是因为当父母出现无意识行为时，父母的行为和心理是一致的。

比如父母在野外工作，因为没有带雨伞而被淋得像个落汤鸡似的，如果父母回家没有抱怨，回家以后还是乐呵呵地和孩子们在一起玩耍，孩子就会觉得劳动是一件很幸福的事情，下次孩子做同样的工作或者遇到同样的境遇，他们也会是生活的乐天派。如果父母回到家里牢骚满腹，却在看到孩子时一反常态，立刻高兴起来，并不停地强调说："人生一定要乐观，你看我全身都湿透了，我还这么开心，我多乐观呀！"通过父母的言行，孩子会发现父母说出来的乐观是假的，他行为表现出来的不乐观才是真的。

# 父母有胆魄，儿女真英雄

父母行为虽然都会对孩子产生影响，但影响最大的还是父母中起决定性的一方。

如果爸爸是家中的"领导"，同时，爸爸的"领导"地位又得到了妈妈的支持，这就是大家所说的夫唱妇随，在这种情况下，爸爸对孩子的影响就是最大的。同样的道理，妇唱夫随，妈妈对孩子的影响也是最强的。因为父母双方是勠力同心，父母对孩子的影响形成了合力，它让家庭"领导"的影响力得到了聚焦和加强。在这样的家庭环境中，孩子会更加钦佩家庭"领导"，孩子也愿意学习家庭"领导"成员的意志和品质，最后就会形成"父亲英雄儿好汉"的局面。

在中国历史上，一些英雄人物都是夫唱妇随，这种家庭关系让英雄人物的优良品质得到了很好的传承。

范仲淹的家庭就是如此，在范仲淹家里，丈夫的主张得到了妻子李氏的妇随，夫唱的主旋律是"先天下之忧而忧，后天下之乐而乐"的高贵品质，这种高贵的品行在家庭中得到了聚焦并很好地传承了下来，最后孩子个个都很出色。

长子范纯祐，以聪慧和孝道著称，曾经因为想要侍奉父母，而拒绝去参加科举。后来在范仲淹的强烈要求下，才去科举出仕，曾历任将作监主簿、司竹监等职。

次子范纯仁，曾在宋哲宗在位时期，担任过宰相，为官清廉贤明，继承了范仲淹的遗志，时人都称之为布衣宰相。更为难得的是，范纯仁能做到宰相的位置，完全是靠的自己。因为范纯仁是在范仲淹逝世后，才出来做官，所以基本上没有父亲帮忙关照的事情。

三子范纯礼，历任遂州知州、京西转运副使、江淮荆浙发运使等职，到了宋徽宗在位时期，更是一度做到了礼部尚书的位置。为官几十年，同样官声极好。

在这样的家庭，家长的地位是自然形成的，不是他刻意为之。家长之所以是一家之主，既是能力的表现，又是意志和品质的体现。当家庭出现危机的时候，家长临危不乱、不慌不忙地把危险转化为机会，而且他没有一点居功自傲的表现。当家庭成员遇到困难的时候，家长能认真倾听家庭成员内心的痛苦，并积极主动地协助家庭成员去解决这些问题。面对脏活或者累活，其他家庭成员都退缩的时候，家长却主动去承担，事后也没有怨言。很显然，他就是家里的"领导"，因为全家都信任他，也需要他，更会积极地拥护他。

在这样的家庭，家长的身份是双重的，他既是领导者又是服务者，家长作为领导者是为了更好地协调家庭成员的分工，更好地为家庭成员服务。

如果父母彼此的心理存在阴影，他们就会争着要成为家庭的"领导"，最后的结果往往是谁的脾气大，谁赚的钱多，或者谁的学历高，谁就成为"领导"。

为什么父母亲喜欢在家里做"领导"呢？

父母也是在他们父母教育下成长起来的，他们同样受到了类似前面教育模型的影响，接受过这样的教育，即使变成了同一家庭成员，他们也不甘落后，因为他们想获得子女或者配偶更多的爱和尊重，也可以说，他们不想成为配偶一方或者子女指责或者瞧不起的对象，于是，父母想成为家里的"领导"也就不难理解了。在这样的环境中，在竞争中落败的一方通常会抱怨说："这算怎么回事，家里什么都是他（她）说了算，让孩子觉得我就是一个没有用的人！"

有一次，给一位年轻妈妈做心理咨询，这位妈妈的孩子刚满一周岁。

她坦诚地说："丈夫和婆婆对自己的孩子是真心的好，但是，每次看到他们对孩子如此的关心，我心里就不舒服，就想极力地去阻止他们的行为，为此我们之间产生了矛盾。"

"他们对你孩子好不是一件好事吗？"我故意追问道。

"如果他们对孩子的好超过了我对孩子的好，孩子将来就更喜欢他们，这让我情何以堪？"这位妈妈不无担忧地说。

父母之间的竞争行为不是个别现象，如果父母认真地观察自己的行为动机，他们会惊奇地发现这种现象或多或少地存在于自己的身上。

如果家庭中的领导地位是竞争出来的，家庭就会分化成为不同的阵营，孩子也就会归属不同的营垒。

如果孩子像强势的一方，因为性格相近的原因，父母中强势的一方往往会更喜欢这个孩子，他们就会出现相互欣赏的情形。因为强势的一方瞧不起弱势的一方，长期生活在这样的环境中，孩子也会讨厌弱势父母的一方，于是，孩子就归属于强势父母的阵营。

如果孩子的性格像弱势的一方，批评弱势也就等于批评了孩子，孩子就会和弱势的父母一方站在一起，他们会惺惺相惜、共同抵御强势的一方，此时，孩子就归属于弱势阵营。

还有一种情形，当父母双方的实力在伯仲之间，此时，谁都想成为"领导"，最后谁也成不了"领导"。因为父母缺乏基本的沟通，吵架就是家常便饭，有时候因为情绪失控，大打出手也未必不可能。在这样家庭长大的孩子，父母是互相揭短，而孩子又遗传了父母双方的特点，于是，神仙打架凡人遭殃，孩子自然也就会受到伤害，结果孩子大概率会讨厌父母双方而自立阵营。

无论孩子归属哪个阵营，孩子的内心始终是忐忑不安的。因为受父母行为的影响，孩子会讨厌一方或者讨厌双方，但是，他们讨厌的恰恰是对自己有养育之恩的、需要自己尊敬和爱护的父母，所以孩子的内心会矛盾挣扎、备受煎熬。

除了家庭出现分裂，孩子的人格也会出现极化，所谓的极化就是孩子会偏好一边而排斥另外一边。在孩子的成长过程中，因为强势父母一方的影响，强势孩子的性格会得到加强，他也会和强势的父母一样讨厌弱势的人，更不会允许自己变得弱势。在这样家庭成长起来的孩子，他不允许自己变得温柔，一想到温柔，就会想到父母弱势的一方可怜可恨的样子，所以他什么时候都会表现得很坚强。

现实中有些女性是不敢撒娇的，因为强势的父母多次羞辱过弱势父母的一方，为了告别弱势父母的"缺点"，她会一辈子表现得坚强，即使在自己的爱人面前也不能示弱，否则就是无能的表现。

孩子还可能被极化成另外一极，弱势的孩子因为受到强势父母的批评，他就会讨厌强势的人，也不允许自己像强势父母的一方，什么时候都会表现为弱势，他会认为自己变得弱势后大家才会喜欢自己。

现实中，有些孩子就会变得特别的嗲气，甚至是一些男孩子也是这样，有些男孩子甚至喜欢做出兰花指的动作，虽然一般人会质疑孩子怎么变成这样，但是当事人却不以为然，他认为自己的行为就是可爱，这些都是被极化的结果。

前面讨论过失去自我，我们也可以从另外一个角度分析一下失去自我，什么是失去自我呢？失去自我也是人生固有空间的丢失，本来一个人可以让自己变得温柔，也可以不偏不倚，当然，还可以让自己成为强势的一方，如果一个人在什么时候都不得不表现得很强势或者弱势的时候，他就失去了人生固有的空间，这也是失去自我。

一个人内心只有狭小的空间，就如同棋手对弈中没有后手棋，只能出这么一招棋，看似强大的招式注定是痛苦和失败的。一个人到底应该扮演什么角色，要看处于什么情形，该你温柔你就需要表现得温柔，该你表现得强势的时候，你就该表现得强势。

在一个家庭中，当至爱的伴侣能力比自己低的时候，这个时候你需要表现为和顺，允许对方的能力不如自己，包容对方。当家庭遇到危险的时候，你需要挺身而出去保护你的家庭成员，这个时候你需要表现为强势。

# "解码"父母送给孩子的丘比特神箭

父母身教对孩子婚姻的影响是最直接的。

无论是夫唱妇随还是妇唱夫随，如果孩子看到爸爸妈妈情投意合，或合力经营家庭，或悉心培养子女，或在危难时刻相互搀扶，在这样的氛围成长起来的孩子，他就会对婚姻和爱情充满了憧憬。

当他长大了，特别是进入青春期后，在荷尔蒙的作用下，他就期待找到一个心仪的异性朋友，因为自己的父母做出了正确的示范，所以孩子很容易找到自己喜欢的另一半。

如果父母之间竞争明显，他们就会存在强弱之分，如果孩子也是强势，他就倾向于找一个弱势的，虽然他内心排斥弱势，但是，他没有办法，因为他需要自信，如果他找一个强势的，他的自尊心是没有办法忍受的。

如果孩子像弱势的父母一方，他有意找一个强势的，虽然他也不愿意接受强势一方的处事方式，但是他没有更好的选择，因为强势的父母一方经常对弱势一方父母说："你这样能行吗？""我看你什么也做不了！"受父母关系的影响，他缺乏自信，会觉得自己什么都不行，他更倾向于找强势的伴侣为自己的人生掌舵。

在上述两种情况下，当孩子进入青春期后，在性激素的作用下，他们也想找伴侣，但是他们寻找伴侣的条件就变得严苛了，他只能在强势或者弱势中做选择了。

如果父母两个都强势，他们就会出现关系僵化、争吵不断，孩子看到父母的婚姻不是甜蜜，更不是浪漫，而是苦涩，甚至是恐怖的。当孩子长大了，在荷尔蒙的作用下，孩子生理上还是有意愿找一个配偶的。但是，父母的婚姻关系让他对婚姻充满了恐惧，在恐惧的作用下，他就有可能放弃寻找配偶而选择单身一辈子。

从这里我们就可以发现什么是婚姻的机缘，如果父母的心态好，夫妻关系和睦，孩子"遗传"了父母的幸福基因，孩子的婚姻到处都是机缘，或者说孩子的机缘是100%。当父母的关系变成有强弱之分的时候，只能从强势或者弱势中选一个，于是，孩子找男女朋友的概率就大大降低了，孩子的机缘变成了50%。而当父母出现两强相遇的时候，因为他们争吵不断，孩子对婚姻感到恐惧而不愿意做出选择，婚姻的机缘就变成了0%。如果孩子的机缘变成了0%，无论父母有多么着急，或者安排多少次相亲，都是于事无补的。

父母的身教还会影响孩子婚姻的质量。孩子和父母在一起，孩子内心就会记录下父母婚姻的点滴，最后形成自己的婚姻图式，孩子长大了，他就会按照这个图式去寻找自己的婚姻。

如果父母的婚姻幸福，就无所谓强弱，强和弱就如同蛋糕和奶酪，它们彼此相依，都是甜蜜爱情的一部分，谁也离不开谁。

当爸爸很能干，妈妈很温柔，妈妈对爸爸很尊敬，爸爸又很体贴和呵护妈妈。如果他们有一个儿子，当儿子遗传了爸爸的大部分基因，儿子对爸爸很崇拜，他就会模仿爸爸对待妈妈的样子。当他长大了，就愿意成为爸爸的样子，做一个顶天立地的男子汉，同时，他也会憧憬爸爸的婚姻轨迹，找一个温柔的女孩来陪伴自己一生。同样的家庭，如果他们有一个女儿，看到妈妈被呵护得如此幸福，她会自动地把爸爸和妈妈的关系录入大脑的"存储器"中，等她长大了，她更愿意像妈妈一样，尽情地在爱人的怀抱里撒娇，享受着爱人的呵护和宠爱。

这样的婚姻之所以幸福，是因为每个人都为对方着想，虽然爸爸妈妈之间看上去有强有弱，但是他们的角色是可以互换的，当爸爸因为生病而躺在病榻上时，妈妈就会义无反顾地挺身而出，勇敢地担当起家庭的重任。

如果家长的地位是靠"资本"获得的，他或者她就会觉得自己应该是这个位置，这个位置是不可改变的。在这样的家庭中，孩子就获得了某个固定的图式，觉得爸爸妈妈就应该是这样的角色，同时，孩子就会把这个一成不变的角色在大脑中保留下来，等他们长大了，他们就会按照大脑中存留的"老照片"来形成他们自己的婚姻结构。如果现实婚姻中和自己内心的图式不一致，孩子内心就会出现冲突。

一对结婚多年的夫妻，感觉不幸福，双方经常互相指责对方。男方多次扬言要离婚，女方为此非常苦恼。有一次，夫妻俩开诚布公地进行了长谈。

谈话中，丈夫对妻子说，你一点也不温柔，也不会关心人，你看我的妈妈多贤惠，任劳任怨，你一点也不像我的妈妈。

丈夫还列举了一件妻子不贤惠的事情。

有一天，他们一家三口去老四川饭店吃饭。他们点了一盘牛肉丝，当服务生把这盘菜端上来的时候，妻子先动了筷子，大口大口地吃了起来。在一旁的丈夫，看在眼里，气在心里。

丈夫气什么呢？原来丈夫正在把妻子同自己的妈妈做比较。

丈夫同妻子讲："我的妈妈同我们一起吃饭，总是先想到孩子，你不照顾我也就算了，你也该先照顾好儿子。"

妻子觉得好笑，又不是什么山珍海味，不就是一盘牛肉丝吗？

丈夫接着同妻子讲，结婚这么多年，我一点也没有感觉到你爱我。

妻子感到委屈，我这么关心你，没有让你做过任何家务事，怎么说我不爱你呢？妻子问丈夫："怎样做才叫爱你呢？"丈夫说："像我妈一样，在我生病的时候多关心我就行了。"

妻子也对丈夫道出了自己的委屈，"说心里话，我也没有感受到你对我的爱。"妻子说这话的时候，眼泪都流出来了。原来妻子的妈妈是一位女强人，爸爸则是唯妈妈是从。

妻子委屈地对丈夫说："爸爸总是顺着妈妈的意思，总是讨妈妈的欢心，而你总是大男子主义！"

对方没有体会到爱，准确来说是没有体会到自己爸爸妈妈之间的那种爱。他们的矛盾冲突全部集中在同各自父母的比较上，只要和自己内心关于婚姻的图式不一致，内心就会出现冲突。

如果父母婚姻不幸福，孩子的婚姻注定会遇到坎坷，因为孩子会用父母的婚姻经历去解释他婚姻中发生的一切，这就是人们所说的图式思维。

有一对夫妇，他们举案齐眉、相敬如宾。在外人看来，丈夫更是一位心地善良、宅心仁厚的好男人，但是让人们意想不到的是，这位平常对妻子关怀备至、体贴入微的好心丈夫却"恶毒"地希望自己的妻子去死，这其中存在着怎样的缘由呢？

原来丈夫出生在一个矛盾充斥的家庭，爸爸妈妈经常吵架，妈妈经常挨打，他为此经常抱着妈妈哭，在他幼小的心灵里饱含了对妈妈的同情与怜悯。从那个时候起，他就下决心要同爸爸划清界限，做一个心地善良、善待妻子的好丈夫。长大了，他找了一位城里媳妇，他践行了自己的诺言，对妻子言听计从，百依百顺。

妈妈和爸爸的争吵也不仅仅是塑造了一位善良的男人，母亲的哭泣对儿子的影响是多维度的。每次父母吵完架，妈妈总是含着泪水回到房间要去寻死，妈妈的举动让儿子内心着实不安。每次吵完架，儿子总偷偷地扒着门缝看妈妈会不会喝农药，或者去上吊。儿子的内心慢慢地记录下父母生活的点点滴滴，并逐渐形成了自己对待爱情和家庭的态度，"夫妻间吵架是不可避免的""夫妻间吵架后想去死是婚姻的一部分"，这就是当时留下的潜台词。

当他成家以后，虽然他对妻子百般呵护，但生活中也避免不了磕磕碰碰，每次小两口出现矛盾的时候，妻子就会气愤地走进卧室并上床睡觉去了。刚开始他非常担心，"妻子会不会去上吊？""她会不会割腕？"于是他会蹑手蹑脚地来到卧室，观察妻子的一举一动。通过几次观察，丈夫发现了一个惊人的秘密，"妻子根本不爱自己！"

丈夫怎么断定妻子不爱自己呢？

因为每次争执之后，妻子都会回到卧室，但她从来没有轻生的举动。"她居然不去寻死！""这哪里像个家！"丈夫内心存在着巨大的疑惑。原来这位丈夫把父母吵架、妈妈去寻死视为婚姻的必然，并把这种思想牢牢地根植在自己的潜意识之中。试想，即使找到了一位贤惠的妻子，丈夫认为妻子必须去死才是爱自己，这又怎么可能拥有幸福的婚姻呢？

父母的身教还会影响孩子的生育愿望。

孩子长大了，他们选择了自己的婚姻伴侣，孩子作为他们爱情的结晶本来是一件很自然的事情。但是，现实中，还是有一些年轻夫妇选择成为丁克家庭。

选择成为丁克家庭的原因多种多样，有些是因为工作繁忙，有些是因为对生育过程感到恐惧，还有一些是因为担心养育孩子的成本高，但是，对年轻人生育观影响最大的还是来自父母身教的影响。

每个孩子本来都是活泼和可爱的，孩子因为精力旺盛，他们会在家里不断地唱呀、蹦呀、跳呀，这是孩子的天性，孩子一旦停歇下来而躺在床上，就说明孩子生病了。

看到孩子不停地弄出响声，父母心烦意乱，为了让孩子停歇下来，父母往往开始训斥孩子。但是，好动是孩子的天性，面对父母的吼叫，孩子可能无动于衷。看到孩子没有改变的迹象，父母接着开始体罚孩子，今天让孩子罚站，明天让孩子罚跪。

对孩子的学习管理也是这样，当父母看到自己的孩子比别人落后，就会训斥孩子，一旦训斥多了，孩子就不知所措，孩子越是不知所措，父母就越着急，父母越着急，孩子越是惊慌失措。本来这些都是父母的错，但是，父母长期的抱怨，孩子逐渐就会把这些批评内化，觉得是自己调皮，是自己不争气，觉得父母很辛苦，带孩子很不容易，在他们幼小的心灵里就种下了讨厌孩子的种子，等他们长大了，他们中间的一些人往往也就不想生育了。

一位留学澳洲的女孩回忆说："那是一个夏天，妈妈和我待在蚊帐里，妈妈拿着一个钟让自己学习认识时间。起初，妈妈还有几分耐心，看我半天不会，妈妈开始急躁起来。"

妈妈问："这是几点几分？"

她木讷地摇摇头说："不知道。"

当看到她半天不会，妈妈气不打一处来，毫不客气地给了她一巴掌。

接着妈妈重新设置了一个时间，妈妈再问她说："这是几点几分？"

因为担心自己说不会而招致妈妈的打骂，她就随便猜了一个答案，因为说错了，妈妈又给她一巴掌，当时，她就有眼冒金星的感觉。

接着她就变得胆战心惊，精力完全不在学习上。那天晚上，妈妈辅导她到半夜她都没有学会认识时间。

从那以后，她开始对数学感到恐惧，也觉得自己很笨。同时，更觉得父母带孩子真的不容易，从那个时候开始，她发誓将来结婚一定不要孩子。


# 躲避父母，幸福如水中捞月


父母可能会说："有什么可以害怕的，父母婚姻是父母的，孩子们的婚姻是他们自己的！"意思是孩子可以另辟蹊径，可以走与父母不同的路。

听上去有道理，但是，事实会是什么样子呢？

在云南元谋，有一个女孩，从小父母经常吵架，她对爸爸妈妈产生了怨恨。在很小的时候，她就下定决心，长大之后要离开爸爸妈妈，她要用自己特有的方式来经营自己温馨的家。

长大了，她有了自己的家，她确实在履行自己的诺言，她要让阳光温暖家庭的每一位成员。丈夫回家，她总是把丈夫逗得很开心；对待自己的孩子，她会找很多的小朋友同他玩。

但这位女性并不是自然恬淡地享受阳光，而是死死抓住阳光，因为她害怕寂寞，结局自然痛苦不堪。当家庭成员因为劳累而沉寂的时候，她内心就会恐慌，仿佛又回到了小时候家庭不和的那一幕。当孩子一个人在玩耍的时候，又恰好影射了她内心的孤独，勾起了小时候被小朋友们排除在外的场景。

时间长了，被"惊"心呵护的孩子经常发呆，丈夫也被"阳光"的妻子炙烤得筋疲力尽，最终无奈地选择了离婚，家里发生的一切彻底摧毁了她的梦想。

"这是为什么呢？难道我连追求幸福的权利都没有吗！"她歇斯底里地吼叫道。

无独有偶，在贵州遵义，也有一位女孩，小时候因为妈妈多次离异而遭到同学的耻笑，心里非常痛苦。由此她认定妈妈是一个坏女人，也是从那时候起，她就下定决心，从行为上远离妈妈，要做一个别人心目中真正的好女人。

长大了，有一位异性追求她。本来她不是很喜欢他，觉得可嫁可不嫁。当男友的妈妈知道她妈妈有过多次离异的经历时，让儿子主动同她分手，这位女孩坚决不同意，并苦苦相求嫁给男友，因为她害怕别人也认为自己是坏女人。结婚了，面对丈夫的吃喝玩乐，她一直苦苦地坚守，因为她要成为一名好女人，最终因为实在不能忍受而选择了离婚。

父母的婚姻是怎样带给孩子束缚呢？

力学中存在作用力与反作用力原理，对任何事物施加力量，施加的物体就会受到被施加物体的反作用力。心理上也一样，你对任何事物有排斥，你就会受到该事物的牵制，无论你走到哪里，这种牵制总是如影随形。

因为孩子讨厌父母过去的行为方式，所以他心理时时刻刻会受到父母过去行为模式的影响，父母就如同一根风筝线一样，始终会羁绊孩子。

父母婚姻对孩子的制约，从心理图式也可以看得很清楚。

当孩子与父母关系良好时，孩子通常认可父母并愿意效仿父母的行为方式，因为孩子内心有图式和样板，而且内心的蓝图是平顺的、宽广的，父母过去怎么做，他只要照着样板"施工"就可以了，实现起来自然就很顺利。

当子女与父母关系僵化时，孩子对父母的行为反感并拒绝父母的行为方式，在这种情况下，孩子通常会说："我惹不起你，我躲得起你!"此时，孩子内心虽然也有蓝图，但是这个蓝图有诸多的缺陷，最大的缺陷就是蓝图不能与父母兼容，同时，这个蓝图渺若烟云，而且它未经实践的检验，不是从爸爸妈妈成熟婚姻中获得的，它是自己杜撰出来的，是乌托邦式的理想，是虚幻的海市蜃楼，它经不起现实的冲击，它摆脱不了父母婚姻的掣肘。

这就是那位云南元谋姑娘得不到幸福的原因。

当一个人对过去的阴影感到孤单和恐惧，于是，他就去追求与之相对的温馨和欢乐，这种由内心的恐惧和焦虑发动的追求，从本质上来说，是一种逃避。这种逃避不仅仅体现在一个人的婚姻情感上，也体现在他性格形成的方方面面。

一个温和的孩子，如果被别人欺负了，他会变得凶狠起来，因为他内心有被别人欺负的创伤，所以他要把过去的欺负给找补回来。

曾经因为家里穷而被别人瞧不起的人，一旦变得富有，他就会使劲地花钱，尽量让自己穿名牌服饰、戴名牌手表、开豪华轿车，因为他内心受到过压制，所以他迫切地想得到外界的认可。

如果孩子小时候被别人孤立过，孩子长大了，他内心就有一股交朋友的急切愿望，在旁人看来，没有必要和这个人来往，但是，他会乐此不疲地把别人拉进自己的朋友圈。

逃避的心理不仅影响孩子的一生，也会影响他们的下一代。

一些父母因为自己小时候受到父母的严厉管教，她通常会暗暗对自己下决心说："我一定不能让我吃的苦在孩子身上重演。"父母的这个愿望很好，但是，因为父母内心存在恐惧，他会有意或者无意去规避一些东西，比如自己的配偶批评了孩子，他会觉得这是一件很可怕的事情，他要么和配偶争吵起来，要么怜悯和同情孩子而紧紧地抱着孩子，这就会让孩子觉得受到别人的批评是一件很可怖的事情。结果是，父母对孩子的呵护看上去是保护了孩子，真实情况是父母用缺损的内心让孩子变得怯弱和惧怕，降低了孩子抵御人生的风霜雨雪的能力。

逃避的心理现象也就是大家所说"一个人缺什么，他就想补什么"。大家千万不要误解，人的内心不是真的缺什么，只是因为环境给他内心造成了影响，才让他有了某种特别的需求。

这种由创伤所引发的追求也是在寻求内心的影子，既然是影子，说明他追求的事物和过去存在某种联系，它可能有几分相似，也可能相反，但它是不真实的。就像猴子在池塘边揽月一样，看上去它可以和月亮离得很近，但是它始终得不到月亮，因为水中的月亮不是真正的月亮，它只是月亮的影子。

如果一个人过去很穷，突然变富了，他走路都是横着走的，期待所有的人都知道他有钱，只要有一个人瞧不起他，他就会恼羞成怒，气急败坏，这样的人生怎么可能是真实的呢！

幸福不是靠逃避可以得到的，如果内心种下的恐惧没有被根除，他就始终不会得到自由。

很多孩子不以为然，海阔凭鱼跃，天高任鸟飞，自己长大成人了，自己的人生自己做主，怎么可能得不到自己想要的自由呢！

一位刚满 18 岁的中学生，因为长期受到爸爸妈妈打压而感到压抑，于是决定改变自己，他要做自由的自己。

有一次，他出去吃饭，身上只剩下了 50 元钱。50 元吃盒饭是足够了，但是吃盒饭就会让他联想到爸爸妈妈的话语，"不节约怎么能成家立业？"他在想，如果我吃盒饭，不就又遵从了爸爸妈妈的旨意，不就永远不能自立了吗？因此他暗下决心，"我不要受爸爸妈妈的束缚，我要为自己的人生做主。"她坚定地选择吃大餐，总共花费了 120 元，因为无力支付而被带到了派出所。极力想做自由的自己，最终还是不能获得自由。

逃避是一种非理智的行为，是情绪作用的结果，这就像一个被凶猛的野兽追赶的人，为了摆脱猛兽的袭扰，他索性把自己关在笼子里。表面上看他很安全，但是他彻底失去了自由。

无论你是父母还是孩子，如果你急切地想离开这个家，或者你迫切地想告别这段婚姻，或者你急迫地想离开这个班级……这一切都说明你在急切地逃避现实，你所追求的幸福注定是艰难而坎坷的，或者说，通过这种方式，你基本上不可能获得幸福。

需要说明的是，上面讲到的逃避指的是心理层面，而不是现实的危险，比如出现了地震，你当然首先需要避震，而不是在原地等待危险的到来。

# 第六章

## 心态决定人生能走多远

# 问题并不是问题的本身

父母的批评及不当的身教让孩子偏离了真实的自己，同时两个心理现象对孩子的这种变化起到了推波助澜的作用，这两个心理现象分别是潜意识和心理泛化。

什么是潜意识呢？潜意识就是我们感受不到的意识，也就是说内心存在着某种心理，但是我们意识上却无法察觉。

下面以孩子的犹豫不决为例，来说明什么是潜意识。

父母对孩子说："你怎么这么笨，怎么不如别人！"于是，孩子就火急火燎地去追赶别人。从那以后，孩子干什么都是急匆匆的，父母看到这种情况，很是为孩子着急，父母通常会再次训斥孩子说："干什么都是急于求成，能不能沉稳点！"接受这种训斥后，孩子在原来急匆匆的基础上，内心又增加了一个阻力，阻止了孩子急速地往前冲，它起到了刹车的作用。第一个力量没有消除，内心又增加了一个力量，两个力量作用的结果就会出现如下现象，孩子刚前进一步又会后退一步，或者刚后退一步又会前进一步，因为他害怕比别人笨，所以他会向前追赶别人，但是，他刚一大步向前，他又担心自己会不会表现得像父母眼中的急于求成，所以他又会后退，这就是大家所说的犹豫不决。父母看到孩子犹豫不决的时候，父母因为担心孩子，所以会继续训斥说："你有毛病呀，总是犹豫不决的!"父母教训的目的是试图让孩子消除犹豫不决,但是,批评的结果却增加了对犹豫不决的排斥力,最后限制了孩子犹豫的振幅,三股力量作用的结果,让孩子更加地举棋不定。

刚开始的时候,孩子意识里清楚地知道举棋不定是因为父母的三个不同训斥导致的,随着时间的推移,父母训斥的这三股力量以组合的方式沉入了潜意识,形成一种潜意识的"大分子"模式,这种"大分子"是带有三个"小分子",这三个"小分子"是紧紧黏合在一起以组团方式进入潜意识的,逐渐大人和孩子自己就只知道孩子变成了优柔寡断和首鼠两端的人,完全不知道是什么原因导致的,这就是潜意识的效应。

潜意识的效应比比皆是。

如果父母训斥孩子说:"看你说话,半天讲不到点子上!"听到这样的训斥,孩子因为害怕自己讲不到点子上,所以就不喜欢讲话了。看到孩子不讲话了,父母又开始急躁地训斥孩子说:"你怎么连话都不会讲了!"听到父母的训斥,孩子又想讲话,同时,又担心自己说不到点子上,于是,孩子变成了欲言又止。看到孩子欲说还休的样子,这可急坏了父母,父母又对孩子训斥说:"有话就讲,有屁就放,别这么扭扭捏捏!"听到父母的这个训斥,孩子就特别讨厌自己这个样子,但是又不知道该怎么办,于是,孩子就更加吞吞吐吐了。

刚开始孩子也是清楚地知道自己为什么会变成这样的,逐渐三股合力一起进入潜意识,孩子也就完全不知道是什么原因让自己变得支支吾吾的了,这也是潜意识使然。

很多孩子就是因为父母的训斥或者打骂,形成了多种力量一同下沉到潜意识,最后变得内向胆小,庸俗猥琐或者狂躁不安,而父母只能干着急，因为他们既不知道原因，更不知道从何处着手去解决这些问题。

意识是怎样从人们的视野里消失的呢？

在意识领域里，我们通常会说"让我考虑考虑"，所以思索是一个缓慢而且可以被察觉的过程。然而，在人们长期思索的过程中，当人们在不断地重复某种意识的时候，潜意识便认为你的意识是成熟的，逐渐也就不需要你的思索了，于是这些意识就变成了潜意识。意识一旦变成潜意识，其速度就不断被提升，就如同计算机高速运算一样，我们大脑中的潜意识也会在一秒内完成成百上千次的动作，逐渐地，人们已经无法捕捉到这种高速度运行的潜意识。

潜意识除了速度快到让人无法捕捉到运行在潜意识里的思想之外，它还有一个特点就是具有隐藏性。随着时间的推移，意识下潜的深度也让人们看不清楚是什么思想造成了自己的情绪。

有意思的是，遗忘是对自己的意识而言，也就是说在意识层面人们忘记了是什么原因造成了自己的情绪，但在潜意识层面，无论过去了多长时间，这些深藏的信息却始终不会被丢失，或者说，无论过去发生的事件距离现在有多么遥远，深藏在潜意识里的信息却始终存在并随时随地都在发挥作用。

现实生活中，很多人总是想通过时间来治愈内心的创伤，他们想用时间的推移让自己忘掉过去所发生的一切，这是一厢情愿，因为人们所能忘记的只是发生在意识层面的东西，潜意识却不是这样，无论多么久远的冲突，潜意识都会记录在案。

除了上面两个特点外，潜意识还有一个特点就是照单全收。也就是说潜意识不分对错，教育者教育什么，人们就接受什么，这也就是大家所说的潜意识缺乏逻辑功能。

父母不希望自己的孩子比别人落后，当别人家的孩子超过自己的孩子时，父母通常就会斥责孩子。

"你怎么这么笨呢？"

如果孩子觉得自己笨，开始讨厌自己，内心深处也就开始对自己排斥，误认为自己真的很笨，同时内心产生焦虑。一旦这种意识下潜为潜意识，由于潜意识缺乏逻辑功能，它不会去识别这个孩子到底是聪明还是笨，只要孩子相信父母说的话，潜意识也就真的认为这个孩子笨，这就是原来一些很聪明的孩子，最后变得笨拙的原因。

潜意识就如同一个大毒枭，总是隐藏在深处，让人们难以发现。虽然人们知道毒品的源头就在毒枭那里，但是人们难以捕捉到毒枭。同样的道理，人类种种心态问题就出在潜意识那里，但是人们却不能揭示它们，因为它们埋藏得很深，人们找寻不到它们的踪影。

潜意识很重要，很多人非常渴望解开它的秘密。

一天，一位学生在中心面对墙壁沉思，大家问他在做什么，他告诉大家他在探索自己的潜意识。这让我哭笑不得，潜意识之所以是潜意识，就是因为它不能通过意识思想察觉和观察到。

当然，也不是说潜意识不可被认知，只是说潜意识的认知一定要遵循某些特殊的方法，我们将在后面的章节中探讨潜意识如何才能被认知和瓦解。

大毒枭除了把自己深入隐藏，他还会派遣很多自己的同类在街头巷尾兜售毒品。同理，潜意识除了把原始的秘密埋藏在内心深处之外，它还借用心理的泛化现象，派生出很多与自己相类似的人和事来混淆视听。

这就如同唱双簧一样，一明一暗，让人们不知道真正的始作俑者。

什么是泛化呢？

泛化是指某一反应与某种刺激形成条件联系后，这一反应也会与其他类似的刺激形成某种程度的条件联系。

老师对某个同学的口头表扬，其他同学会产生排斥，因为其他同学也想得到同样待遇，这就是通常大家所说的嫉妒。随着时间的推移，老师与某个同学走得比较近，其他同学也认为这是一种表扬，内心也会产生嫉妒，这就是表扬的泛化。

表扬可以泛化，老师也可以泛化。同学们去某个长者家里，长者给同学们倒茶，有些同学会对先收到茶水的同学产生嫉妒。这里就存在两种泛化，一种是同学们把老师和长者视为同类，代表权威，这是对老师的泛化；另外一种泛化是，同学对倒茶的先后顺序解读为一种表扬，这又是表扬的泛化。

在日常生活中，心理泛化的例子比比皆是。

一个5岁小女孩与自己年龄相仿的表哥玩性游戏，这个情况让妈妈发现了，传统的妈妈不由分说，走上去就给女儿一记耳光，孩子知道错了，从此开始疏远表哥，再也不玩这种游戏了。

时间长了，她可能对所有的男人都敬而远之，因为其他男人同表哥有类似之处，他们都是男性，这种由原来只对表哥保持距离，发展成对所有的男人都保持距离就是对表哥的泛化。

长大了，洞房花烛之夜她特别紧张，这既是对表哥的泛化，又是对过去性游戏场景的泛化。

心理泛化使不当教育的问题更广泛、更复杂，让不当教育的结果延伸到社会生活的各个角落，真可谓一事入心、事事惊心。

我的父母感情不好，母亲过去经常发牢骚："那个死鬼，不管我们娘儿们死活，有钱就在外面挥霍！"对妈妈的话，我们兄弟姐妹都记在心里。

妈妈责怪爸爸，我们兄弟姐妹就开始排斥爸爸，后来甚至发展到对所有不顾家的人都会讨厌，虽然这些人可能根本不关我们的事，但是我们兄弟姐妹个个都成了所谓正义的使者，动辄对别人指责，给自己的人际关系造成了巨大的负面影响，这就是对家长的泛化。

长大了，兄弟姐妹都挣钱了，奇怪的是，居然没有人敢在外面吃饭，因为害怕自己的行为变成了妈妈口中不好的"有钱就在外面挥霍"的行为，这就是对挥霍的泛化。我在成长过程中用了很长的时间才找到自己如此节俭的原因，而至今我三哥还保持着不在外面吃饭这个"好传统"。

前面简单地描述了不当教育对人的影响，其实孩子受不当教育的程度比前面描述的程度要复杂得多，在深度不当教育的影响下，再加之泛化的推波助澜，孩子的问题就变得更加复杂了。

如果说没有潜意识和心理泛化的影响，无论是父母还是孩子，他们因为知道问题的来源，所以解决起来要容易得多。因为潜意识的影响，心理问题产生的路径都被隐藏起来了，同时，因为心理泛化的影响，开始出现无中生有了，过去父母没有说的事情也让孩子内心产生冲突，这给解决问题带来了巨大的困难。

# 失败是成功之母，也是失败之母

接受了父母教育之后，加之潜意识和泛化的作用，孩子逐渐形成了自己独特的性格。

从性格的形成我们可以清晰地发现，性格是心理的总和，是接受父母各种教育的集合体。但是，这个世界上绝大多数的人并不知道性格是心理的总和，他们往往只看到外部的现象，并把它概括为秉性。

过去人们说的"江山易改，本性难移"中的本性同人的真正本性是有区别的，前者中的本性是指个人的性格，也可以说是一个人的习性，这种性格是后天习得的，是心理学上的小我。由于人们长期把性格称作本性，于是，以讹传讹，误认为性格就是人的本性。人的真正本性，它是"明德"，是一种客观的存在。"江山易改，本性难移"的真实意思是说一个人一旦形成了某种性格，要让他发现自己真正的本性往往有一定的难度，因为人们已经习惯成自然了。

人的真正本性是不能被改变的，如果一个人硬要改变的话，只能说他又增加了习性而已。一个人即使有再多的习性，纯真的本性始终存在，这种本性就是苏格拉底所说的内心的"太阳"，也是儒家所说的"明德"。

本性就像金矿石中的金子，金子不会因为杂质多了而减少或者消失，杂质多了，说明金子的纯度不高了，表明提炼金子的过程要复杂一些。

改变的过程同冶炼金矿石的过程相类似，提炼金矿石的过程是去杂质的过程，心灵成长的过程是去不当习性的过程。

人的性格往往对人生产生重大影响。

身长八尺有余，并有拔山之力、盖世之气的项羽不可谓不强。然而，"项王为人意忌信谗"，项羽为人心多忌疑，好听谗言，项王的这个性格短板早就被汉王刘邦的谋士陈平发现。

有一天，汉王刘邦同谋士陈平说："天下的纷争，什么时候可以平定呢？"

陈平回答说："项王手下的忠臣其实不多，只有范增、钟离昧、龙且和周殷等人，如果大王愿意出几万斤金子，用反间计，他们内部必定互相残杀，楚国一定会大败。"

刘邦同意了陈平的计谋，给了陈平黄金4万斤，这些黄金的用途连丞相萧何都不知晓，只是任由陈平去使用，根本不问黄金的去处。

陈平把这些黄金广泛地用在项羽的左右，广施离间之计，到处传播说："钟离昧等人为项王的将领，运筹帷幄、战功卓越，至今为止都没有分土受封，内心都有很大的冤屈，所以他们暗地里都在同汉王刘邦勾结在一起，合谋共灭项王，瓜分楚国。"

项羽听了这些传闻，果然开始对钟离昧等将领起了疑心，从此以后，钟离昧等人所有的计谋都被弃之不用了。最后，项羽众叛亲离，连平日里他最信任的亚父范增的话也听不进去了。

疑兵之计并不是对所有的人都奏效的，所以古人讲："物必先腐而后虫生之，人必先疑而后谗入之。"是你有这个性格缺陷，别人才有可乘之机。

项羽的失败可能有各种各样的外因，但最致命的还是他性格的短板，如果项羽有比刘邦更广博的胸怀，秦末那场波澜壮阔的楚汉之争的历史或许会是另一番景象。

人生成败就好像木桶理论，木桶理论又叫短板理论，其核心内容是一只木桶盛水的多少，并不取决于桶壁上最长的那块木板，而恰恰取决于桶壁上最短的那块木板。

木桶理论可以引发我们很多的思考，比如建设团队，在一个团队里，决定这个团队力量强大与否的不是那个能力最强、表现最好的人，而恰恰是那个能力最弱、表现最差的队员。

在人生的舞台上，个人的成功与否也不完全取决于一个人某方面的优点，而是他最薄弱的心理，最薄弱的地方垮堤，其他优秀的才华也就无从施展了。

一般意义上来说，失败是成功之母，因为失败排除了一种不可能，失败有利于人们重新调整目标和方向，所以失败存在正面意义。但是，不是所有的失败都是成功之母，有些失败提示他们的性格短板决定他们人生只能走这么远。

孩子学习就是这样，如果孩子经历了好学，厌学，再到休学的过程，说明孩子不能跨越横亘在他面前的障碍。

孩子休学通常会有哪些原因呢？

首先是因为学习成绩。有群体就会有竞争，每当成绩张榜公布的时候，同学们都围着成绩榜单议论纷纷，再加上老师表扬成绩好的，批评成绩差的，孩子成绩排名靠后，内心就会产生压力，琅琅书声和欢声笑语的校园也就变成了他们的伤心之地。

其实，私下里，孩子也很想努力改变这种状况。但是一拿到书本，看到这么多的不会，顿时厌烦的情绪就油然而生，此时，恨不得把书本撕了扔掉。在上课的时候，自己也想去认真听讲，但是，当有那么多知识听不懂的时候，自己的思绪很快就飘远了。

于是，有些同学就开始做白日梦，或梦想自己考试成绩突飞猛进，其他同学对自己羡慕不已；或想到未来的人生很成功，令那些曾经瞧不起自己的人刮目相看；还有的同学梦到自己成了一名"力拔山兮气盖世"的英雄，成了万人敬仰和膜拜的对象！突然，老师讲课的声音把自己从梦境中唤回到现实，看着依旧不会的题，听着依旧不懂的课，自己只能长叹一声，"唉，这日子什么时候是个尽头啊？"

如果这种状态长期得不到改善，因为内心不能承受，孩子只能离开这个伤心之地而退回到家中。

其次是因为人际关系。人是高级的社会化动物，往往需要与人交流。在学校里，看到同学们在一起特别愉快，但自己始终不能融入。有时候自己鼓起勇气和大家说话，因为某种原因同学们猛然大笑起来，或者同学们突然不说话了，仿佛大家都在嘲笑自己，或者认为大家不愿意听自己说话，最后又只能退回到原点。当看到在操场上、在饭堂里，同学们三五成群结伴而行，只有自己始终形单影只，内心孤独感油然而生。长此以往，内心压力山大，自己也只能离开这个环境而蜷缩在家里。

最后一个原因就是懵懂的情感困惑。"肾气盛，天葵至"，情窦初开的同学们，带着青涩和纯真，他们开始关注周围的异性同学，多么希望可以和自己爱慕的那位多待上一会儿，甚至希望对方能表达对自己的喜欢，但现实是，自己喜欢的不一定能拥有，特别是看到自己喜欢的异性和其他人走到一起有说有笑的时候，这种滋味只有自己才知道，为了减轻内心的痛苦，回家也就成了最好的选择。

……

面对退回到家中的孩子，父母想："让孩子在家里养一养，兴许孩子就可以返回学校了。"孩子不是因为生病休学，如果是因为生病休学，他在家里把病养好了，他自然就可以去上学了。心态的问题不是可以在家休养就能解决的，如果同学的思维模式没有改变，一回到学校，压力又会出现，于是，孩子再次休学也就是板上钉钉的事了。

看到孩子休学，有些父母想通过给孩子一些压力，把孩子逼到学校去，更多的时候，父母会收到失望的反馈。

回到家中的孩子，本来可以在家里客厅和房间自由自在地行走，看着父母总在逼迫自己，为了减轻压力，他不得不把自己封闭在自己的卧室里。本来是想让孩子早点回到学校，结果让孩子越来越偏离了正确的轨道。大部分孩子休学的路径是：学校—家中—客厅—卧室，孩子的活动和心理空间一步一步被压缩。

孩子休学说明他存在明显的性格短板，说明过去的不当教育让他在校园里只能走这么远。如果说这种失败存在正面意义，那就是父母或者孩子需要认识到自己存在性格短板，然后彻底改变自己的性格缺陷，否则失败也就再次成为失败之母了。

# 不能看山是山，看水是水

不当教育让孩子人生出现了各种问题，由于潜意识的影响，时间久了，父母和孩子都很容易把问题归结为这个人，父母通常会说："孩子就是不争气！"孩子也会埋怨自己说："我怎么这么缺乏毅力呢！"

孩子网络成瘾，绝大部分父母都会认为孩子的问题是贪玩，或者认为孩子是不争气，真实的情况真是如此吗？

孩子为什么会网络成瘾呢？现实社会本身是非常丰富多彩的，有各种各样的运动，比如球类、游泳、跑步等；也有各种各样的社交活动，比如聚餐、舞会、看电影等。

当孩子在现实生活中遇到了问题，比如父母对孩子的批评让孩子内心烦闷不已；或者因为孩子在和别人交往的过程中感觉到紧张；或者孩子因为在学习、工作中技不如人，受到老师和领导的批评，孩子内心感到焦虑。

这些原因让孩子对现实产生厌倦情绪，所以他会主动回避现实社会。仅仅有回避是不够的，如果在退避的空间里不能获得快乐，他是承受不了的，因为内心的情绪会把他逼疯。

孩子在退避的同时，他还需要寻找一个特殊的空间，在这个空间里有人能懂自己，自己要能活得有尊严，同时能够很快乐，恰好虚拟的网络空间满足了他所有的需求。

之所以网络有这么强大的功能，是因为很多游戏公司邀请了懂得心理的人参与游戏开发，他们在游戏中设置了某些特殊的奖励机制，比如对游戏初学者，通过关卡的时候，程序给他以提示，确保他在游戏世界里不会感到挫折；当他熟悉了游戏环境，他稍有进步，就给他晋级，让他有成就感；当他达到更高的级别时，又让他成为老师去指导那些刚来到游戏世界的新人，让他获得别人的尊重。在游戏世界里孩子能够排解现实生活中的无聊寂寞，同时找到自己存在的价值，这就是青少年对游戏百玩不厌的主要原因。

上面的情形我们清楚地看出，父母看到孩子网络成瘾的原因不是真正的原因，父母是看山是山，看水是水，为什么说父母是看山是山，看水是水呢？一般人看到的山和水是一个总体而模糊的概念，看不到真实的山，也看不到真实的水，真实的山水是什么样的呢？山是由树木、泥土和石头等组成的，水是由二氢一氧构成的并混有微量泥土、石头等，这才是真正的山和水，所以真正的山不是人们看到的山，水也不是人们看到的水。孩子沉迷网络不是因为贪玩或者不争气这么简单，而是因为过去的不当教育使他在现实中心情郁闷，网络只是他排解郁闷的工具而已，这才是他网络成瘾的真正原因。

孩子产生网络成瘾、厌学、自卑和内向等问题的原因都较为复杂，它是父母反复批评，或者是多方面影响的结果，要让父母从诸多的日常生活小事中提炼出问题的真相，的确有些为难父母。即使是单一的原因，因为时间久远，父母要找到其中的联系也是很困难的。

一身处都市的青年，工作应接不暇，他却对狩猎情有独钟。只要有人提起狩猎，他就很兴奋。下班的时候，他就蹲守在狩猎群或者狩猎论坛里打发时间；休年假的时候，他大部分时间都是在远郊的山林中度过的，对家人不管不问。他甚至一度想辞职以狩猎为生，但遭到了家人的强烈反对。家人很是不理解，经常抱怨孩子说："孩子怎么这么幼稚，什么时候才能长大呢？"

显然父母是看山是山，看水是水，表面上看，孩子确实是幼稚，他做的事情和他的年龄不相称，但里面一定有深层次的原因。

让父母意想不到的是，孩子痴迷狩猎的始作俑者恰恰是他的父亲。小时候爸爸为了鼓励孩子好好学习，用了激将法，爸爸批评孩子说："你成绩也不好，干体力活也不行，正如狗屎不能做鞭，既不能闻（文）又不能舞（武）。"爸爸用的是双关语，因为你学习成绩不好，文不行，像狗屎一样，不能闻，闻起来臭不可耐；你的体力又不行，所以也不能武，像狗屎做成的鞭子，一舞便断。

孩子听到这句双关语，受到很大的刺激。他下决心证明自己不是爸爸所说的狗屎，但他并没有开始学文，而是开始学武——狩猎。每当他捕到猎物的时候，就会在爸爸面前得意扬扬地展示自己捕到的猎物，意在证明自己虽不能文，但可以武。父亲虽然说的不对，但他并不承认错误，还是动不动就贬低孩子。为了得到父亲进一步的认可，他投入了更多的精力在狩猎上，狩猎的技艺更加精湛了，逐渐地他就形成了狩猎情结了。时间长了，父亲和孩子自己都不知道是什么原因让孩子迷恋上狩猎了，剩下的只有父母的埋怨了。

当我们心理老师给孩子的父亲说出孩子狩猎的原因时，父亲非常后悔地说："我当时也就是随口那么一说，谁知道随口一句话会给孩子的人生造成如此大的影响！"

无论你是孩子或者是父母，请你务必记住，生命中的种种问题往往不是来自事情的本身，即使这个事情看上去多么真实，它也未必是你想象的那样。

青年朋友们失恋了，他们内心很痛苦，是什么原因让他们那么痛苦呢？

听到这个问题，大家会觉得问这个问题是多此一举，他们分手了，再也见不到对方，那当然痛苦呀！

对待出现的问题，我们要有一个科学的态度，不能凭想当然。

如果牛顿不是认真推敲苹果为什么不是向上升而是往下落的问题，就不可能发现万有引力定律；如果伽利略不是在比萨斜塔上用两个重量不同的球做同时落地试验，他就不可能推翻亚里士多德的物体下降的速度和重量成正比的论断。

试想，两个年轻人没有认识的时候，他们彼此是快乐的，认识后他们也是快乐的，怎么分手了就出现了痛苦呢？

恋人分手后出现痛苦，如果做深入的分析，他们要么在财物上、要么在身体上、要么在心理上出现了某种变化。

有人说，一定是情侣同居了，因为女性在意自己的贞洁，所以她很痛苦。如果用排除法，我们就会发现这个理由站不住脚，因为很多谈恋爱而没有和男朋友同居的女孩，一旦分手她们也很痛苦，而且痛苦的还有男士，这就说明贞洁不是痛苦的根本原因。

如果进一步分析，我们也可以很容易排除财物对恋人们分手后的情绪的影响。

那恋人们在一起到底发生了怎样的变化呢？

我们先来看看恋人是怎样相识的。在熙熙攘攘的人群中，是他让你眼前一亮，是他让你怦然心动，是他和你一拍即合。与其说他的出现给你的人生带来了什么变化，不如说他的出现唤醒了你深埋在潜意识里的爱情种子。因为他和你的父亲在个性特征上存在高度吻合，这些个性特征指受教育程度、个人气质以及对待女性的态度等，一旦你和他交往，你就期待他像父亲对待母亲那样对待你，同时，你也表现得像母亲那样，不知不觉中你就入戏很深了，你既扮演了恋人，又在男友面前扮演了孩子，而他就是你父亲的角色，一旦对方提出分手，你就会觉得自己像被父亲赶出家门一样，瞬间，支撑自己的天也就塌了下来。

这才是真正的山水，这也是主要矛盾或者矛盾的主要方面。

很多人会问：知道山不是山、水不是水有什么实际意义呢？

如果要让一辆快速行驶的汽车停下来，如果不是从汽车内部停止给发动机供油，或者采取制动等方式，而是强行从外面制造阻力让它停下来，结果会怎样呢？很可能会人车俱损。

孩子的问题也是一样，因为他内心存在动力，如果找不到原因，或者根本不去找原因，内心的动力自然也就不会被消除。如果内在的动力没有被消除，仅仅从外面去制止孩子的行为，孩子的生理和心理都会受到损害，在制止孩子行为的同时，父母也会受到伤害。

# 心灵成长是减法，不是加法

面对孩子的种种问题，应该怎样去解决呢？

大多数的父母都希望孩子求助心理咨询师，如果孩子小于 14 周岁，建议父母寻求心理咨询师的帮助，先让自己成长起来，因为孩子太小，即使孩子成长好了，父母没有改变，孩子很快又会退回到过去。

那怎样寻找心理咨询师呢？

父母可能想，"找心理咨询师容易，我们家附近就有一个。"如果在网络上寻找，你会寻找到更多，无论国内国外，从事这个职业的人并不稀缺，但是要找到一个真正能解决孩子问题的心理咨询师，就不是那么容易了。

如果父母随便找了一个心理咨询师，咨询了几次以后，孩子觉得没有效果，一些孩子就会以偏概全，觉得所有的心理咨询师的心理咨询都是没有效果的，以后再给他找心理咨询师，他都不愿意做心理咨询了，现实中这样的例子太多了。

那到底要找一个什么样的心理咨询师呢？

说起心理咨询，大家首先想到的是运用像催眠一样很神奇的东西，然后自己的心理问题就神奇般地消失了；或者找一些掌握一些心理技巧的人，通过他们的分析让自己突然顿悟。这些想法很好，但是注定不切实际。

本人曾经在 2003 年也找过心理咨询师，当时在美国读研究生。美国的心理医生学历都比较高，大部分都是博士学位。和大部分求助者一样，当时觉得心理学家很厉害很神秘，以为只要找到了心理咨询师，我的心理问题都能立刻解决。

但事实不是这样，接受第一位心理咨询师咨询时，我述说自己的问题和成长经历，心理咨询师在那里不停地记录。我当时想，接下来他一定会使用神奇的方法，等我讲到 45 分钟的时候，咨询也就结束了，这让我感到有点迷惑和不知所措。当时想，下次一定会有绝招，紧接着又做了几次咨询，基本上还都这样，顿时内心感到落差很大。然后又换了几位心理咨询师，也都大同小异。当时我心里想，他们都是心理学家，怎么会是这个水平？我暗暗地问自己说："难道这就是心理咨询！期待和现实的落差真的很大呀！"当时真的是不理解，也很不服气。虽然当时说不出准确的原因，但是我觉得心理咨询一定不是简简单单地听求助者的倾诉，让求助者不停地倾诉算哪门子心理咨询呢！

除了让求助者不停地倾诉，再就是讲道理，这也是很多心理咨询师们容易犯的错误之一。

心理问题它起源于意识，但是问题已经深入潜意识。意识是道理，而道理大家都懂一些。心理问题是隐藏的障碍，不是讲道理可以讲得通的，如果问题没有被发现，道理虽然懂了，问题还是没有办法解决，这就是为什么看心灵鸡汤类的文章或者书籍不能解决心理问题的原因，因为它们都是讲的大道理。

有一个关于大文豪苏东坡的故事。

有一天，苏东坡一时兴起，便信手写下一首赞叹修心最高境界的诗偈："稽首天中天，毫光照大千；八风吹不动，端坐紫金莲。"

"八风"指的是"称、讥、毁、誉、利、衰、苦、乐"，整首诗的大概意思是，人通过修心改变后，任凭各种挫折打击，内心始终是如如不动的，可见，苏东坡对修心改变的洞见之深，是一般人不可企及的。

写完这首诗后，他反复吟哦，他想："若不是自己对于修心深刻的见解和自己生花的妙笔，恐难有如此的佳作。"于是苏东坡便想到了自己的好友佛印，如此佳句必然可以得到他的赞美和肯定。此时，佛印在庐山之上，与黄州一江之隔，苏东坡差人将诗作放进信封送了过去。信刚一送出，苏东坡便幻想："佛印看见他的诗偈后必然会大加赞赏！"

信使渡过江把诗作交到佛印手上，他拆开信封，看见诗作便知苏东坡遣人前来的意图。佛印是苏东坡的多年至交，便想乘此机会敲打敲打苏东坡，让他认识到仅仅理解修心的境界是不够的，还必须要实修才可以。于是，他便在信的下方写下"放屁"二字，便让信使将信送了回去。

自从信使离开，苏东坡便焦急地等待回音，看见信使回来便迫不及待地走上前去接过信封并打开，看见信上赫然写着"放屁"二字，苏东坡原本的满心期待瞬间化为泡影，他气不打一处来，心想："佛印不懂欣赏也就罢了，居然还写下'放屁'二字来羞辱我！"便决定亲自渡江去找佛印理论。

佛印深知苏东坡的性格，当日即闭门谢客，独自清修去了。苏东坡早已是满肚子的怨气，也不管什么闭门谢客便直奔佛印的禅房而去。苏东坡正想一把推开禅房的大门，忽然瞥见门旁挂着一张字条，端正地写着："八风吹不动，一屁过江来。"苏东坡顿觉羞愧难当，立马就意识到了自己的问题所在，以前自认为不用实修，也可以达到很高的境界，谁知佛印写了"放屁"二字就让自己匆匆地过江了，说明自己修心的境界是多么的肤浅，也说明自己只是口头懂了成长，内心没有什么扎实的功底。从那以后，苏东坡才下决心开始实修了。

对道理理解得如此透彻的苏东坡尚如此冲动，说明讲道理的咨询作用是有限的。

与讲道理咨询相联系的另一类咨询就是看谁的口才好。虽然心理咨询师需要一定的表达能力，但是，心理咨询师不是演说家，他不是靠辩才帮助求助者解决问题的，即使心理咨询师有巧舌如簧的能力，求助者能够获得的仅仅是语言能力，这和心理咨询师的要求相去甚远。

还有一个问题就是心理技法问题。现在很多咨询师，一会儿用催眠，一会儿用沙盘，一会儿用系统排列，似乎是懂得的技法越多，解决问题的效果就越好，这是一个很大的误解。不可否认，心理咨询确实需要一定的技巧，但是技巧是为解决心理问题服务的，如果不能解决问题，多出的技巧就是哗众取宠。

求助者的问题大部分在潜意识，潜意识就如同隐藏的敌人，要消灭敌人，首先是发现敌人，发现了以后，就是要找到击溃他们的方法。如果这些方法既不能做到发现，又不能做到剿灭他们，用这些花拳绣腿的方法还有什么实际意义呢？

当然，看一个方法是不是有效，最终还要看求助者是否真正改变了。

比如你过去恨一个人，通过心理咨询师的一次或者两次咨询，你内心就彻底释怀了，这个咨询就有效果。再比如，过去这个人长期找不到对象，通过3～4个月的咨询，很快就找到了自己心爱的伴侣，这个咨询的效果就比较好。如果一个学生因成绩退步而休学，通过咨询成长，他很快重返学校而且成绩得到很大提高，这个咨询就有很大效果。如果过去一个人长期内向胆小，通过心理咨询师的帮助，他一改往日的战战兢兢，变得阳光开朗，收入大幅提高，甚至能轻松地走上领导岗位，这个咨询就是真正的人格重塑。

再就是心理咨询师的文凭问题，很多家长唯文凭是从，是不是心理咨询师的学历越高，他解决别人心理问题的能力就越强呢？

回答这个问题，我们不妨从武术修炼中寻找答案。在武术界，要成为一名真正的高手，首先他得按照武术的套路练习。所谓的武术套路就是人们所说的拳谱等，练习的过程其实就是放松的过程，也是发现体内拙力的过程，这种拙力也被称为习惯性用力。一旦觉知了内在的拙力，就需要慢慢舍弃它，在舍弃的同时，身体内的整劲就会逐渐增加。随着练习的深入，他的身体就变得越来越柔韧，爆发力也就越来越强，逐渐就成为一名武术高手了。在释放拙力的同时，因为自己身体变得自然了，一触及对手，对手身体内的拙力或者说不自然的地方就会暴露无遗，这就是太极的听劲和懂劲，有了听劲和懂劲的功夫，战胜对手也就是一件很自然的事情。练习武术给我们一个重要的启示，消除肌肉上的拙力，让我们回归自然，我们既获得了识别能力，又使自身变得强大。

心理咨询是一样的道理，心理学本身不具备识别他人心理问题的能力。心理学的作用就如同拳谱，它只能起指导作用，一个人把心理学的知识背得滚瓜烂熟，或者说，他记下了很多的心理学原理，他有很高的文凭，这并不能代表他就能发现别人的问题。

一个好的心理咨询师的正确做法是，熟记心理学的原理，并利用心理学的原理来指导自己进行心理实践，消除自己潜意识的问题，看清楚自己压制了什么，逐渐释放潜意识的冲突，随着潜意识问题的释放，心理咨询师的内心逐渐变得自然了，因为他的内心是自然的，然后他就能看清楚别人内心存在的不自然，说得更清楚一些，因为他是自然的，他才能看清楚别人内心的冲突。

这就如同两个玉石一样，如果两个玉石内在都有杂质，一般人就不知道真正洁白的玉石是什么样子的。如果先把其中的一个玉石内所有的杂质都去掉了，人们就知道真正洁白的玉石是什么样子的了，然后把其他玉石和这个纯净的玉石对比，其他玉石的杂质也就一目了然了。

随着心理咨询师自己的成长进步，他的视角越来越宽，观察能力也越来越强，识别他人的心理问题就越来越准确。"至于用力之久，而一旦豁然贯通焉，则众物之表里，精粗无不到，而吾心之全体大用无不明矣。"此时，这个人就消除了内心所有的冲突，做回了真实的自我，他的内心犹如一块洁白的玉石一样纯洁，他把求助者的内心和自己的内心做对比，求助者所有的问题就昭然若揭了。

心理咨询师成长以后，心理咨询的过程就是帮助求助者寻找内心"太阳""光明本性"的过程，或者说是寻找真实自我的过程，也可以说是内心净化的过程。可以这样描述，一位优秀的心理咨询师是让内心成长，让内心积累光明，然后用光明来照亮人们内心潜意识的黑暗。正如古人所说："善治己者方能治人""未有不能自治而能治人者也"。用西

方心理学的话来说，心理咨询师不能用内心的阴影来照亮别人，如果心理咨询师内在没有什么成长，内心到处都是阴影，仅仅靠熟记诸多的心理学技能，注定是心理学界的马谡，只能纸上谈兵，这也就是心理学界为什么特别强调心理咨询师自我成长的原因。

# 第七章

## 彻底改变自己的命运

# 不能头痛医头脚痛医脚

前面的分析我们可以清楚地发现，孩子的大部分问题都是由父母造成的，如果孩子还没有成年，要解决孩子的问题，首先需要解决父母的问题。如果孩子已经成年，解决问题就需要父母和孩子独立地去成长。

不是谁都有条件接受咨询的，有些是因为找不到好的心理咨询师，有的是因为经济条件不允许自己接受咨询，父母或者孩子应该怎样进行心灵成长呢？

无论你是父母还是成年的子女，明确心灵成长的方向最为重要，如果成长的方向错了，你所有的努力都将白费了，现实中，发生方向偏移的概率是很高的。

通过潜意识和心理泛化的影响，留下的问题线索只有两个，一个是内心的情绪，另一个是外在的事物。这是仅有的两个线索，而且这两者之间似乎存在着某种联系，这很容易给人们以误解，让人误认为外界的事物是直接导致内心变化的原因，于是，人们的注意力就被外界的事物吸引。

当孩子成绩不如别人的时候，孩子内心就会产生焦虑，孩子就会误认为是成绩导致自己内心焦虑，为了解决内心的焦虑，孩子解决问题的办法往往离不开事情的本身，要么选择超过同学，要么耍手段让同学落后，要么选择让同学离开自己的视线，即眼不见心不烦。

当别人在议论自己或者自己孩子的时候，父母通常会感到羞愧或者恼怒，为了消除自己内心的情绪，父母要么按照别人的意愿去改变自己或者孩子的行为，当自己或者孩子的行为改变了，满足了别人的要求，议论也就停止了；或者干脆去制止别人的行为，阻止别人的议论，直到别人不议论自己为止。

上述这些方法都是去解决问题的本身，也被称为求外，求外也包括求自己，通过让自己的行为或者长相让别人满意或者让自己满意，来达到内心的宁静。典型的例子就是整容，通过整容来获得别人的认可，来让自己高兴起来。

求外可以解决有些事情，比如父母要求孩子帮自己去门口买一袋盐，父母的这个要求可能立刻就能得到满足。

父母对孩子的成绩不满意，孩子通过努力可能达到也可能达不到父母的要求。

还有些事情通过个人的努力能够做到，但是他在人格上会出现巨大的扭曲。比如孩子正在挺胸抬头地往前走，突然，有一个朋友对他说："你走路的姿势太高傲了！"这个朋友是真的没有恶意，他从心底里就认为这样太过于显摆。于是，按照朋友的意思，孩子改正自己的"缺点"，从此以后，走路时低着头弯着腰。过了一些天，他的另外一个朋友又对他说："你这样走路显得太自卑了！"为了满足这个朋友的要求，他可能就会让自己的头抬高一点，让自己的腰挺一点，但是又不能太高或太挺，否则就会显得太过于高傲了，就不能满足另外一个朋友的要求了。仅仅为了满足两个朋友的要求，孩子的人生很明显地就变得扭曲了。

有些事情无论怎么努力，可能都做不到。人长着嘴巴就是用来说话的，天南地北，家长里短，人们会说个不停，无论你干得好或者干得差都有人议论，要让别人不议论自己真的很困难，要让自己讨厌的人从自己的视野里消失也可能永远办不到，因为要制止别人就可能会发生冲突，要让别人从自己的视野里消失，还可能涉嫌违法。

一味地求外是有问题的，除了有些事情做不到，求外还会有没完没了的事情需要解决。孩子因为学习有压力他可能会失眠，父母需要去解决；过段时间因为成绩排名落后，他可能会对父母发脾气，父母需要去安抚；再过段时间，孩子因为嫉妒成绩好的同学而故意给同学使坏，最后可能导致和同学发生冲突，父母又需要去做调解工作。

不该求外的事情去求外了就是走在错误的道路上。这就如同马克思在《资本论》中所描述的，工业革命开始后工人愤怒地捣毁机器，因为他们觉得是机器抢走了他们的饭碗，而看不到在机器的背后存在着一个压榨工人的资本主义制度，是这个制度让工人受尽了苦难。同样的道理，很多的时候父母和孩子没有发现问题的背后存在一个不合理的思维模式，是这些思维模式让人们吃尽了苦头。既然事情的关键不是问题的本身，就问题去解决问题就是缘木求鱼了。

简单的事情求外没有问题，但是困扰人们的各种问题仅仅依靠求外是没法解决的，解决这些问题的正确方法是把埋藏在潜意识里的不合理心理给挖掘出来，然后，再把这些问题及时地解决掉。

"你怎么这么笨，怎么不如别人成绩好呢？"是这个不当教育让孩子存在压力导致失眠，也是这个不当教育导致孩子成绩排名落后对父母发脾气，还是这个不当教育让孩子嫉妒成绩好的同学而故意对同学使坏，最后导致和同学发生冲突。

过去人们误认为外界的事物是导致自己内心情绪的原因，事实上它们不是，因为人们不知道还有隐藏在潜意识里的、过去的不当教育，是这些教育造成了内心的冲突，这就是阿尔伯特·艾利斯的认知疗法，认知理论揭示出外界事物 A 不是导致人们内心冲突的结果 C 的原因，人们内心冲突的结果 C 是人们对外界事物 A 的认识 B 所造成的，所以认知定律又被称为 ABC 定律。

为了大家走上正确的改变道路，建议大家做如下的宣誓练习：

**我所有的痛苦和不满意都是我的思想制造出来的，我现在决定求内。**

你可以每天大声地和自己说，练习的目的就是让自己明白，你的问题并不是问题的本身，而是潜意识的问题。当你的人生出现了一个问题，练习的句子就会提醒自己，注意解决问题的方向。同时，我们应该知道，一旦找到了内心的症结并及时合理地处理，内心就能变为平静。

同时，我们应该明白"我所有的痛苦和不满意都是我的思想制造出来的"，并不是要让自己责怪自己，去追究自己的责任，只是说明我们的问题可以从潜意识里去寻找答案。

刚开始做这个宣誓练习的时候，人们会很不习惯。"明明是孩子和我顶嘴让我不舒服，怎么还要我求内呢？""明明是别人超过我让自己不舒服，怎么说真正的原因在自己内心呢？"之所以出现这种现象，是因为人们已经习惯了眼见为实，对于看不见的心理，他们往往认为这些东西并不存在。

这也就是为什么刚开始阿尔伯特·艾利斯的认知理论一直不为心理学界所接受的原因，因为外界事物 A 太像造成内心冲突的原因了，突然把问题归因为一个大家都看不见摸不着的认知 B，这实在有点让人费解。

在规律或者定律面前，需要人们去学习规律并遵循规律，如果一个人能做到这一步，说明这个人就是学习型的人才，是一个懂得敬畏的人，父母和孩子如果能好好去练习这个宣誓就是对心理规律的敬重，因为这句话就是对心理规律的诠释。

练习是为解决人生各种问题服务的，当出现问题的时候，就需要把这些练习运用到每个冲突的当下。

当父母练习一段时间后，看到孩子学习时因为缺乏动力而懒洋洋的样子，父母可以劝说孩子好好学习，当你们的劝说没有起到作用而要开始大动肝火的时候，你们需要立刻把"我所有的痛苦和不满意都是我的思想制造出来的，我现在决定求内"多重复几遍，同时，你们急需要从这个场景中抽离出来，让自己平静，然后去寻找让自己大动肝火的原因。因为通过大动肝火来实现对孩子的压制，这个方法是在走回头路，这个手段父母用了很多年，实践证明它是有害的。从长期来看，父母这样的行为还会让孩子变得更加懒散。

如果你的孩子因为赌博输了几万，或者几十万，或者更多，你可能准备把孩子羞辱一顿，甚至准备把他毒打一顿，当你正准备这么做的时候，你也需要把"我所有的痛苦和不满意都是我的思想制造出来的，我现在决定求内"这句话反复而坚定地说出来，对你来说，刚开始这句话难以接受，因为孩子输掉的数目对你的家庭是一个巨大的损失。但是，坚定地说出这个句子才能让你意识到平静才符合家人的最大利益，而且你可以让自己平静。否则很有可能出现祸不单行的局面，因为你的冲动会让孩子感受到巨大的悔恨，在这种悔恨情绪的冲击下孩子可能会冲动地选择轻生，或者选择铤而走险，要么偷窃、要么抢劫、要么期待通过更大的博弈把失去的"赢"回来，无论孩子做出哪种选择，都会给家庭带来无法承受的后果。这个时候，如果你不能平静，你的练习会提醒你最好暂时离开孩子，你需要寻找让自己平静的良方；如果你能平静，看到孩子懊悔不已，最好还能安慰孩子说："行了，发生的事情就让它过去算了，以后不犯这样的错误就行！"

"我所有的痛苦和不满意都是我的思想制造出来的，我现在决定求内"，正如阿尔伯特·艾利斯理论所言，任何事情我们都可以选择平静，而且只有平静才是良好的解决办法，偏离平静的心理都是扭曲的。

# 治理源头，打破意识局限

在求内的基础上，父母和孩子的成长涉及两个部分，一部分是意识，另一部分是潜意识。

意识和潜意识是密不可分的。意识好比是水龙头，潜意识好比是水池，水池被污染了，其源头是水龙头。孩子的潜意识存在各种问题，其根源是意识，来自父母不正确的教育，孩子一旦接受了这些不正确的教育，这些教育随后也成为孩子不恰当意识的一部分。要消除水池里的污染，首先要堵住污水阀门；要清除潜意识里的障碍，第一步需要消除不正确的意识。

哪些属于不正确的意识呢？

父母最大的错误意识就是期待用恐惧推动孩子前行。父母总是用诸如"如果你不好好学习将来就只能挖煤炭、扫大街！""如果你不听话就会被大灰狼叼走！"的话来恐吓孩子，而不是用"孩子，爸爸妈妈相信你人生一定大有可为！""孩子，你这么友爱，你是一个爱自己、爱家人和爱社会的人！"这些爱的语言来激励孩子。一个人只要在恐惧的推动下前行，他终会因为恐惧而休止甚至出现倒退。在爱的驱动下而前行的人，他将有不竭的动力而永远向前。

父母一方认为能控制住对方是一件很自豪的事情，这也是不正确的意识。控制就意味着给对方压力，就意味着让对方臣服，有这样的心理不仅会造成对方痛苦，也会让孩子效仿父母，将来他也会有控制对方的欲望。

和别人比较也是一种不正确的意识。和别人比较会给自己的内心增加压力，让自己始终活在别人的世界里，让生命随时随地都充满了痛苦。

失败了就意味着痛苦也是一种不正确的认识。这个世界上的大部分人一旦经历了失败，就会表现为一副沮丧的样子，而且这种意识根深蒂固后，自己的子女也会效仿，于是，我们的世世代代都会沿袭失败即是痛苦的等式。

不正确的意识有很多，归纳起来就是只要给自己或者他人施加压力、让自己或者他人内心产生冲突的意识都是不正确的。

除了给孩子内心施加压力，不正确意识或者教育有什么共同点呢？

当父母对孩子说"你怎么这么笨，怎么不如他呢？"，当孩子不如别人的时候，父母是不满意的，或者说父母排斥孩子比别人笨。当父母对孩子说"如果你下次再考不好，爸爸妈妈就不爱你了！"，这是公然地宣称不爱考不好的孩子，父母也是部分排斥了孩子。当父母对孩子说"如果你考不好，怎么有脸去见同学和老师呢！"，父母引导孩子部分排斥他自己……

这些教育有一个共同缺陷，那就是父母只是选择性地接受孩子，就是这个缺陷让孩子内心形成冲突，所以要解决孩子的问题，父母首先需要学会无条件地接受孩子。

让父母无条件地接受孩子，父母很难理解，他们通常会说："这怎么能行，如果接受了这样的孩子，这不就是纵容孩子吗？这难道不是保护缺点或者包庇问题吗？"

父母不要忘记了，孩子之所以不完美，就是因为父母选择性地接受孩子的结果。当父母训斥孩子说"你怎么这么笨，怎么不如别人？"，当别人超过自己时，孩子就开始了嫉妒，孩子的德行就开始变坏了。当父母教训孩子说"如果你下次再考不好，爸爸妈妈就不爱你了！"，当孩子下次没有考好的时候，孩子就会感到失望，孩子开始情绪化了。当父母对孩子说"如果你考不好，怎么有脸去见同学和老师呢！"之时，孩子因为考不好就不敢去见同学和老师了，孩子又开始变得胆小了。

我们来看一个教育孩子的实例，面对不完美的孩子，父母的不同教育方法会导致怎样的结果。

当一个小孩摔倒了，衣服变脏了，孩子便开始哭泣，眼角流淌着泪水，鼻孔下挂着鼻涕，在父母的眼里，孩子的表现很不完美，为了让孩子尽快完美起来，这个孩子可能会遇到如下两种完全不同的教育方式。

第一种教育方式是批评。当父母看到如此脆弱和狼狈的孩子，心里非常难过，他们在想，"我们的孩子怎么会是这个样子！"为了让孩子早日告别不完美，父母通常气愤地怒斥道："看看你这个熊样，真讨厌！"听到父母的责骂，孩子觉得很伤心，他可能哭泣得更厉害了；或者因为害怕父母的威严，孩子也可能不哭了，但是此时他是战战兢兢、饮泣吞声的，委屈地蜷缩在墙脚处。父母本来想通过斥责的方式让孩子尽快完美起来，不料孩子却在原来不完美（衣服脏、流眼泪、流鼻子）的基础上变得更加的不完美，因为原来的不完美一个也没有少，批评之后还多了一些眼泪或者多了些许委屈，这可能让父母始料不及。

第二种教育方式是接受。面对孩子的不完美，有些父母可能采取与批评不同的教育方式，父母既不鼓励孩子继续做这样的"错误"行为，也不拒绝孩子的不完美，而是接受孩子的一切。父母可能说："哦，宝贝，你摔倒了，没事，不哭了，把衣服脱下来妈妈帮你洗，下次走路注意就可以了。"听到父母平和的声音，孩子就会主动把眼泪和鼻涕擦干净，很快就高兴地去玩了。提醒大家注意，这时孩子是主动地擦去自己的眼泪和鼻涕的。这个教育方式给人们一个惊喜，父母没有刻意去改变孩子的不完美，而是接受孩子的不完美，孩子却很快由原来的不完美变得完美了。

两种教育方式的对比让我们发现了一个有趣的现象，当一个不完美的孩子在接受批评的时候，因为他内心沮丧，于是，他行动中便缺乏动力，最后他连擦鼻涕和眼泪这样简单的动作都无法完成；与之相反，当一个不完美的孩子被父母接受的时候，他就会积极主动地把不完美变成完美。

如果你是父母，如果你的孩子还很小，现在你知道该怎么教育自己的子女了。

这个世界上教育子女的方法很多，如果按照其贡献大小来排名的话，无条件地接纳孩子无可争议地将获得第一名，这是成功教育孩子最重要的法宝。

很多人以为无条件地接纳就是对孩子不管不问，这显然是对无条件接纳的误解。

什么是无条件接纳呢？

无条件接纳就是什么状况都接受，没有例外。理解这个概念大家会觉得有些抽象，看了下面的例子就很容易理解。

有两位同学，她们亲密无间，无话不说，她们之所以能够保持这样的友好关系，就是因为彼此接纳。当一方有困难的时候，另外一方会主动伸出援手；当一方不知道如何决策的时候，另外一方会积极提出建议供对方参考。虽然她们之间很友好，但是一方不会代替另外一方做出决定，更不会强制对方按照自己的意愿行事。

有一天，同学因为内心不舒服不能去上课，闺蜜对她说："要不要我扶你去上课？"当对方说不需要的时候，她会尊重这位同学的想法。或者她继续关心说："你好好休息，我去帮你向老师请假！"当这位同学收到异性的情书时，她向闺蜜征求意见说："他对我挺上心的，我该怎么办？"闺蜜可能会说："他长得挺帅的，是不是有些不成熟？不过，你可以先接触多了解一下。"听到闺蜜的话，同学会认真考虑她的建议，这就是无条件地接纳所形成的友好关系。

相反，如果同学生病了不去上课，她的闺蜜不是去接受，而是气愤地说："你怎么这么没有毅力，我最讨厌你这个样子！"或者当同学收到异性的情书时，她不是给同学建议，而是替同学做决定说："这种幼稚男，趁早和他分开。"这就是有条件接纳，或者说是选择性地接纳对方，结果同学很容易对闺蜜产生反感，因为反感，同学之间真诚的感情也就破裂了，对方的意见自然也就听不进去了。

对待孩子也是一样，因为父母无条件地接受孩子，父母和孩子的亲子关系才能真正建立，孩子才有可能倾听父母的建议。

无条件接纳不是对孩子听之任之，父母可以和孩子交流，也可以对孩子提出自己中肯的意见，甚至可以批评孩子，关键是看孩子能不能接受，正如孔子所说："可与言而不与之言，失人；不可与言而与之言，失言。"如果孩子通情达理，父母对孩子听之任之，说明长辈没有尽到职责，失去了教育孩子的宝贵机会；明明孩子内心承受不了，父母不该说的话还在不停地说，说明父母说了不该说的话，教育起反作用了。

# 善治己者方能治人

问题随之而来，让父母无条件接纳孩子，看上去很简单，但父母往往做不到。

有一对父母，他们都很爱孩子，孩子考不上高中，他们就把自己的积蓄拿出来，送孩子去日本留学。由于孩子的基础太差，他实在没有办法完成学业，中途就偷偷回国了。

父母知道这个消息后，把孩子狠狠地责罚了一顿，迫于父母的威严，孩子离家出走了。由于一个人在外面感到异常孤独，孩子觉得人生没有意义，决定了结此生，幸亏其他同学及时发现并告诉了他的父母才避免了悲剧的发生。

后来心理咨询师告诫父母，孩子回到家后，要无条件地接受孩子，否则孩子感受不到家庭的爱，他还会离家出走，对心理咨询师的话父母谨记于心。

孩子刚回来父母还是挺高兴的，但是，好景不长，过了两天，看到孩子头发又长又乱，父母忍不住又把孩子痛骂了一顿，于是，孩子又离家出走了。

为什么这么简单的行为，父母却做不到呢？

父母之所以不能接受孩子，说明父母内心存在障碍，或者说父母不能很好地爱自己。

大多数的父母都会感到很疑惑，"我们都很爱自己呀，天冷了会及时添衣，时常做好吃的饭菜来犒劳自己，保证足够的存款以备不时之需，怎么说我们不爱自己呢？"

这还要从爱的定义来分析，心理学上定义的爱是宁静，一切偏离了宁静就谈不上爱。如果父母对自己疾病反感，自然就是不爱自己；如果父母讨厌自己不如别人，这也是不爱自己；如果父母对自己说过的话做过的事感到后悔，这也是不爱自己。

因为父母不爱自己，就很难接受孩子，这主要表现在以下两个方面。

一是父母会把排斥的内容投射到孩子身上，父母有哪些地方不爱自己，他们就会在哪些地方不能包容孩子。比如父母对自己生病感到反感，当孩子生病了，父母就会不耐烦；父母讨厌自己不如别人，当孩子不如别人的时候，父母就会责怪孩子；父母对自己说过的话会后悔，当孩子说同样的话，父母就会对孩子产生反感。

很多父母说："我们都接受了呀，只是担心孩子罢了。"这种情况属于潜在的问题，也就是说，父母本身没有接受，但是父母没有意识到他们内心并没有接受。一个人到底有没有接受，只要检验这个人有没有情绪，如果父母接受了，他们未必要那么做，但是别人那么做，他们一定不会带有情绪。如果父母说"我们都接受了，只是担心孩子"，这就说明父母没有真正的接受，因为父母还在为孩子担心。

比如，很多家长说："我可以做老板呀，但是我不愿意，我宁愿一辈子打工！"打工本身没有什么不好，因为每个人有每个人的追求。但是，父母是不是真正接受了自己不当老板而选择打工呢？这是值得推敲的。如果孩子也和父母一样选择打工，父母也就不会担心孩子，所以他们内心到底是接受了还是没有接受当老板，人们也就无从知晓。如果哪一天，他们成年的孩子突然提出要去做生意，父母开始为此忧心忡忡，这才暴露出父母害怕当老板亏钱这件事，也就说明父母内心并没有接受做老板这个事实，因为没有接受，所以就会对孩子的举动横加干涉。

人由于时间和空间的限制，不是什么都可以尝试的，但是，作为父母或者成年子女，不能把自己不去做某件事情都视作已经被自己接受了。

另外一方面是父母因为不接受自己而出现情绪，他们也会排斥孩子。当父母在工作的时候受到领导批评了，父母内心会很不愉快；或者当父母和别人竞争的时候，自己落后了，他们也会心情低落；抑或，当父母生病心情烦躁的时候，他们会出现情绪波动，在情绪的作用下，孩子什么错误也没犯，他可能也会招来父母的一顿责骂。

从这里我们就可以看出，父母仅仅有爱孩子的愿望是不够的，就如同在贫瘠的土地上不能生产出丰饶的物产一样，如果父母没有足够爱自己的能力，他们的人生失去了恬淡和宽容，取而代之的是各种冲突和对抗，这样的人生是贫瘠的，由贫瘠的人生孕育出的子女的人生注定也是贫乏的。

对父母不爱孩子这种说法，很多父母会不服气，他们可能会说："虽然我们不接受自己，但是还是很爱孩子，我们所做的一切都是为了孩子。"

大多数的父母认为只要对孩子好那就是爱，不管孩子内心的感受，也不管孩子能不能接受。

实事求是地讲，父母对孩子的行为背后都是爱，比如父母坚决不同意孩子的婚恋，这是爱吗？回答自然是肯定的，父母之所以做出这样的行为，要么担心孩子年龄小影响他的事业发展，要么担心对方的家庭条件差给孩子拖累，父母所有的考虑都是出于对孩子的满满的爱。父母限制孩子上网，这是爱吗？回答也是毋庸置疑的，父母之所以会掐断孩子的网络，要么担忧孩子上网时间过长影响视力，要么担心孩子沉迷网络而影响学习成绩，要么顾念孩子上网浏览一些不健康的页面而影响身心健康，父母所有的考量也都是出于对孩子的盈盈的爱。

父母的出发点虽好，但问题是，父母实施行为的时候都是用的批评和责罚，这些行为扭曲了爱的本意，让孩子感受不到爱，孩子感受到的都是父母的愤怒和责怨。

这就如同一个望远镜，正常的望远镜从一头就能看到另一头的美景，如果望远镜出了问题，直直的通道被扭曲了，另一端的美景也就被遮挡了，人们看到的都是漆黑一片。

一个爱自己的人才能爱他人，这句话的意思是接受自己的地方多了，内心就会充满宁静，自然就能接受别人，就能和别人友好地相处。如果父母能够足够地宽恕自己，孩子出错了，父母也就能宽容地对待孩子。

有意思的是，一个内心宽容的父母，他们往往又是严于律己的父母。

人们常说，严于律己，宽以待人。这个做人的原则是对的，也是一种美好的品格。

一般人以为，严于律己是宽以待人的条件，要做到宽以待人，必须首先要严于律己。很多人对自己很苛责，期待用对自己严苛，来实现对别人的宽容。这种方法听起来很高尚，但是没有办法实现，这是违反心理规律的。无论是谁，他内心的标尺会执行同样的标准，如果他对自己很严苛，他对别人一定是苛责的，最后就会变成严于律己，苛以责人。

相反，如果一个人能够宽容自己，这里的宽容是广义的，是说这个人接受的范围广，他既能接受自己犯错误，又能接受自己的生活过得简朴，还能接受别人对自己的训斥、苛责，甚至接受为了他人而付出自己的生命……因为内心有这样的广度，他就愿意让自己多付出一些，多承受一些，他的付出和承受是欣然的，没有一点强求和委屈。同时，他知道其他人因为内心的空间还不够大，暂时还没有办法像自己一样能接受这些付出和担当，说明他们还需要时间去成长，这个时候对其他人宽容是必要的。

如果父母能真正地宽容地对待自己，父母就能做到严于律己，宽以待人。

作为父母，如果想教育好孩子，你们需要在拓展内心的广度上下功夫，这是父母需要重点用功的地方，因为你们的内心变得越宽广，孩子的内心受到的压迫就会越小，孩子就会越幸福和成功。如果父母的内心空间狭小，父母的人生就会显得局促，父母用功的地方就局限在孩子身上，就很容易把孩子逼到死角，让孩子退无可退，即使孩子将来成功了，他的成功或多或少地带有苦涩，或者说，孩子的成功或多或少地会以牺牲他的人格作为代价。

作为成年子女，如果你想提高自己的学习成绩，如果你想拥有融洽的人际关系，如果你想拥有甜蜜的爱情，如果你想拥有更多的财富，如果你想走上更高的岗位，如果你想更好地孝顺自己的父母……你也需要培养爱自己的能力，爱自己也包括宽恕自己的过往。

# 改变人生从爱自己开始

从现在开始，无论你是父母还是成年子女，你首先需要的就是接纳你自己。可能你还不时忍不住对孩子发火，也许你还有很多地方不能接纳孩子，也许你在同学面前还表现得很怯弱，也许你还一事无成，也许你在性格上还有些多疑敏感，你或许还不是那么大方……如果你想让自己和孩子变得更加完美，你首先便需要接受你的不完美，才会让自己和孩子获得前进的动力，不会因为这些不完美而给自己或者孩子背上沉重的包袱，你才有可能让自己变得真正的完美。

为此，我们可以做如下宣誓练习：

**我放弃自责、内疚和后悔，无论我现在想什么，说什么，做什么，处于什么状态，是否身材矮小，是否不如别人，我现在愿意学习爱我自己、满意我自己就是我现在的样子。**

接受当下的自己。宣誓练习中有一句是"爱我自己、满意我自己就是我现在的样子"，很多读者觉得这个句子很奇怪，为什么要说爱自己、满意自己就是现在的样子呢？宣誓法来自西方，这个句子是直译过来的，如果我们原路径返回，它的英文就是"I love myself and am satisfied with myself exactly as I am."读者会清晰发现，这个句式用的是现在时，而不是过去时，或者将来时。

孩子摔倒后，流着鼻涕和眼泪，父母就是因为接受了当下不完美的孩子，孩子才会变得完美。同样的道理，接受自己就需要接受此时此刻的自己，不是排斥现在的状态而梦想着曾经或者将来的美好。

人们对接受自己会存在种种认识上的误区。

一种认为一旦接受了某种状态，自己就会永远定格在这种状态。于是，父母和孩子就害怕接受自己的某种状态。

有的人觉得自己这么内向怎么可能爱自己，爱自己了不就一辈子内向吗？有的人觉得我都这么懒了，如果接受自己了，我就没有改变自己懒惰的动力了。还有人觉得大家都这么讨厌我，如果我接受了自己，别人不就始终讨厌我吗？

这是对心理原理不了解的缘故，一个人内心用力了，这个力量通常表现为排斥或者拒绝某种状态，因为施加了力量，这个人才会被这个力量固定在某个状态或者与这种状态相关联的状态。当一个人接受了某种状态，等同于他把过去的排斥力量解除了，他的内心就开始变得自由了，他可以停留在原来的状态，也可以移动成为任何状态，这一切取决于他自己的意愿，所以接受了某个状态恰恰不会出现让自己定格在某个状态。

还有一种认为只要我说了爱自己，所有的问题立刻就消失了。现实中一些家长看了一些心灵成长的书籍，书籍上通常说：能解决的问题就去解决，不能解决的问题就接受。于是，当孩子成绩不好的时候，父母通常说："你接受呀，接受就舒服了！"当孩子犹豫不决了，父母通常就会对孩子说："你接受犹豫不决呀！接受就好了。"孩子感情出问题了，父母又对孩子说："接受分手呀！接受就不痛苦了。"

实事求是地讲，接受是心灵成长的大方向，是最终解决所有问题的关键。但是，很多父母和众多心灵成长的书籍仅仅把接受理解为接纳事物发展的结果，这显然是对爱自己的曲解，或者说这种爱自己和真正的爱自己相比还差很远。

世界上绝大部分事情仅仅靠接受结果是不够的。孩子成绩不好，仅仅接受成绩不好是没有意义的，因为孩子可能就没有排斥成绩不好，他排斥的最有可能的是"你怎么这么笨，怎么不如别人呢！"这句话。这就是为什么有时候孩子只考50分，他也很高兴。面对孩子犹豫不决，如果仅仅接受犹豫不决，孩子犹豫不决的振幅变得大了一些，说明孩子自由了一些，但是它只解决了造成犹豫不决三个原因中的一个，离真正彻底解决犹豫不决还有很大的距离，因为两个隐藏最深的潜意识一个也没有找到，更没有办法去接受。感情问题也是如此，接受感情出问题的本身会有一定的作用，但是这个作用很小，因为接受了结果只是接受了众多问题中的一个，即接受了"分开就分开"，但内心的其他问题，如"将来再也没有人爱我""我将来找的对象越来越差"，还有孩子小时候父母训斥的声音——"你给我走开""我永远不爱你了！"……这些问题一个也没有触碰到。

如何全面准确地理解爱自己呢？

爱自己是无条件地接纳自己，所谓的无条件地接纳自己，就是什么时候都爱自己，不存在死角，从外到内，从意识到潜意识，也可以理解为无限地接纳自己曾经排斥的事物。

要做到无条件地爱自己，首先要做好意识上的纠偏，彻底改变自己的思维习惯，变恐惧驱动为爱的驱动。意识上的纠偏有很多工作需要完成，但需要关注如下重点事项。

首先，确立无条件爱自己的决心不动摇。无论自己长相如何，无论自己家庭条件怎样，无论是超过别人还是比别人落后，无论自己是内向还是外向，无论别人喜欢自己还是讨厌自己，都可以无一例外地选择接受自己。

其次，向不爱自己的重点和难点开刀。所谓的重点和难点是那些在生活中看上去无比真实、实在难以接受的内容。比如让学习成绩不好的同学接受自己聪明，让一些贫困家庭的孩子认为自己和富人同样高贵，让异常肥胖的青少年女性真正接受自己美丽。刚开始接受这些问题真的难度很大，因为你周围的人都把学习成绩不好等同于愚笨，把贫穷视作了低贱，把肥胖和丑陋画上了等号，所以，越是这些难以接受的内容越要坚定地选择接受。

要接受这些难以接受的内容，就需要持续不断地练习"我爱我自己、我满意我自己！""我爱我的成绩差，我爱我家庭贫穷，我接受我的身体肥胖！"持续练习的时长因人而异，有的需要练习半个月，有的需要一个月，有的甚至需要练习半年。

最后，向不爱自己的顽疾宣战。所谓不爱自己的顽疾就是一些反复重复的排斥自己的行为。很多父母和孩子只要人生出一点小错，甚至没有出错就会陷入内疚和后悔之中，这种排斥自己的行为俨然成为一种固定模式。比如有些孩子总觉得自己说话缺乏艺术，一旦和别人交流后，总是反复回忆刚才和别人说话的片段，不断地找寻和别人说过不妥的话，然后找理由去批评自己。遇到这种顽疾，你需要反复练习"我爱我自己、我爱我的说话方式！"直到你彻底接受你的说话方式为止。

一个人的说话艺术不是通过批评提高的，而是通过接受自己提高的。

当一个人不接受自己的时候，他并不知道该如何讲话，或者说，父母过去怎么和他说话，他就会用父母的方式和别人交流，所以，孩子的交流方式实质上是父母交流方式的复制品。

如果一个人觉得自己不会讲话，首先接受自己不会说话，接受了以后，他就不会自责。因为减少了自责，他才敢于和别人交流。

但是接受结果并没有改进说话的艺术，说明他还需要继续爱自己。

当他遭受别人的讽刺时，刚开始内心很难过，在内心情绪的驱动下，他可能会反击，小矛盾就会变成大矛盾，自然谈不上会说话。当他接受了别人的讽刺后，他的内心就不害怕别人讽刺，他也就在讽刺面前变得平静了，在平静的状态下，他幽默诙谐地就把这个问题给化解了。当他遭受别人的冷落后，在情绪的作用下，他可能会埋怨别人，埋怨也谈不上会说话。当他接受别人的冷落后，他也就不怕别人的冷落，内心也就开始变得平和了，因为内心平和，他不仅不埋怨别人，而且还能体谅别人，理解和包容就提高了自己说话的艺术。当他遇到差别性对待时，内心又开始起波澜了，如果他继续接受别人的行为方式，他又开始变得宁静了，他说话的艺术又在提高……

除了宁静带给他语言艺术的增长，他还会知道哪些语言会给自己造成压力，"己所不欲勿施于人"，所以他就会选择合适的语言来对待别人，不让别人的内心产生压力，这个技巧会让他的讲话艺术成倍地提高，这是提高讲话艺术的关键。

做宣誓练习的时候要有一种豁出去的感觉，练习的目的不是把内容背下来，而是让自己开始以这种新的信念生活，也就是说我现在要成为真正爱自己的人。

解决了意识上不爱自己仅仅解决了增量问题，接着还需要解决存量问题，这需要从前意识着手。

前意识属于表层潜意识，在平静的状态下是可以观察到的。这就需要父母和孩子在一边练习"我爱我自己、我满意我自己"的时候，一边检查自己的行为。如果你们还不时用小刀割手或者用头撞墙，这种伤害自己的行为说明前意识中存在不爱自己的心理。如果你们一边说"我爱我自己，我满意我自己"，一边还在咒骂自己"我真不是个东西"，这也显示前意识里不爱自己。如果你们都不敢把练习的内容大声地说出来，这说明前意识里没有真正的爱自己，这些前意识偏差都需要纠正。

在成长过程中，需要成为一个有心人，一个人能否察觉到不爱自己，很大程度上决定了这个人的成长高度。一些人在成长中长期徘徊不前，主要原因是没有察觉或者察觉能力不够。

第八章

# 内心清明，人生光明

# 祸福相依，让缺点变优点

当父母和孩子持续不断地练习"我爱我自己、我满意我自己！"的时候，因为过去的不当教育和爱自己的练习存在矛盾，过去不合理的教育内容"你看你肥胖成这个样子！""你成绩那么差，让我们喜欢你都难！"就很容易被大家察觉。

还有一种情形，刚开始练习爱自己的时候，父母和孩子会觉得练习很不真实，或者说感觉不到爱自己，说明内心有一些深层次的障碍在阻止爱自己。如果父母和孩子继续坚定地练习，这些隐藏在深层次的障碍就会浮现出来，如"你怎么这么笨，怎么不如他呢！""如果你下次再考不好，爸爸妈妈就不爱你了"也会被大家发现。

这些都是深层次潜意识暴露，就如同在爱的海洋里，过去不当教育的内容逐渐被爱所显影，也可以说，爱的阳光把过去不当教育的阴影给照亮了。

如果父母和孩子练习得刻苦，在3~6个月的时间里，大家会发现有很多排斥的潜意识心理，真的是数不胜数！

也许时隔多年之后，父母或者孩子有幸再次与过去的潜意识相遇。一般而言，绝大多数的父母或者孩子，他们一辈子都没有机会和过去压制的潜意识相遇，因为潜意识埋藏得很深，没有做过特殊心理训练的人，潜意识的思想是不会随随便便跳到意识中来的，因此人生也就不会发生真正的改变，只能由潜意识任意摆布自己。

父母和孩子在经历十多年或者几十年后，内心再次遇到同样的问题，如果再次选择排斥，父母和孩子等于重复走过去的老路。如果仅仅对他们说"你们需要接受，接纳后人生会很幸福成功"，虽然这个方向是对的，但是，这样的说法很难让家长和孩子信服。

人的思维有一个特点，它是根据自己过去的教育内容来认识世界的，哪种思想先占领内心，这个思想就具有在位优势。排斥虽然有明显的缺陷，但是它早已深入人心了，大家已经习惯了这种方式，现在要让人们重新接受一个新的思维模式，还是存在一定难度的。

弗洛伊德提出潜意识意识化就是心理治疗，实践证明仅仅有意识化是不够的，它还需要解决二元对立的问题，也就是要从意识上彻底放下对外物的排斥。如果没有解决二元对立的问题，潜意识的意识化之后，人们还会延续排斥。这里所说的二元对立主要指父母和孩子对自我的整体进行了极化，人为地将人生分化为好与坏。

心灵成长的过程是意识和潜意识先后升华的过程，首先在意识上成长，然后让潜意识意识化，再实现潜意识和意识同步，让潜意识也执行意识领域里同样的标准。

怎样才能化二元对立为和谐统一呢？

为了破解不当教育的先手棋，古圣先贤要求我们求助于自然，因为"天下之物莫不有理，惟于理有未穷，故其知有未尽也"。自然界无不蕴藏着无尽的真理，人们所有的疑惑都可以通过穷究事物的道理寻找到所需要的答案。

很多人对此不以为然，他们似乎有一种天然的优越感，总认为自己才是这个星球的主人，有意或者无意地去蔑视其他的物种，不屑与这些"低级"的物种为伍。

人类过去不是，将来也不会是地球的唯一主人，在这个星球上，人类同各种动物、植物，甚至于空气来说都是一样的，大家都是这个地球村的村民，大家都是平等的，人类没有任何地方要比其他的物种高贵。

内心成长一定要有谦卑之心，要接受万事万物为老师。

有一位编剧，为了更全面地了解自然和社会，他摒弃了自我优越感和人类自豪感，颠覆了人驯狗的传统模式，拜德国的牧羊犬为老师，聘请它给自己当老师。通过一段时间的虚心学习，他发现这只"低贱"的动物身上拥有成千上万的优秀品格，这些优秀的品格都是从它内在的纯洁和荣光中涌现出来的，就如同鲜花散发着纷香、鸟儿尽情地吟唱、孩童爽朗地欢笑一般自然并充满着无限的魅力！

我们来看地球上的动植物是如何对待人类认定的好与坏的。

现在的共识是地球上很长一段时间是没有意识的，只有当人类出现后才开始有了意识，没有意识的世界，也就不会出现二元对立，高大的树木不会因为自己的伟岸而感到自豪，矮小的灌木丛也不会因为自己的低微而感到卑贱；千年的乌龟不会因为长命千岁而感到骄傲，朝生暮死的蜉蝣也不会因为自己的短命而感到悲哀……

从这里我们可以清晰地发现，虽然动植物存在"短命""矮小"等人类认为不好的地方，但是它们并没有因为自己不好而一蹶不振，更没有因为自己的不完美而选择寻死等过激行为，相反，它们只争朝夕，埋头苦干，直到生命的最后一刻。从这点上看，它们对自己的状态没有一点排斥，或者说，它们对自己所有的状态都是认同的。

从科学的角度来分析自然界的好坏，又会得出怎样的结论呢？

苍蝇因会传播各种病原微生物而令人生厌，但是，也就是苍蝇的这个特性让其成为大自然的"清道夫"。无论是植物还是动物，当它们死去的时候，都会留下无数的尸体，同时，这些生物吃喝拉撒，也会有排泄物产生，这些排泄物理论上都可以通过微生物去分解，可是微生物的分解效率很低，而苍蝇就不一样了，苍蝇可以快速地产卵孵出幼虫，然后迅速去消灭这些污染物，效率很高，如果没有苍蝇，地球的环境会变得异常糟糕。

狼毒花，因为毒性较大，草原上的人们对它深恶痛绝。而用狼毒草制成的藏纸恰恰就是利用了其毒性，所以用藏纸抄写或印刷的文字、绘画，虫不蛀、鼠不咬，吸湿防潮防腐，久不褪色，历经多年仍然保存完好，承载了优秀的传统工艺和灿烂的藏文化。

羊角拗，是夹竹桃科羊角拗属木质藤本植物，全株有剧毒，果实毒性更强。被误食后，会刺激人的心脏，导致心跳紊乱，腹泻呕吐，出现神经性失语、产生幻觉等。中药师却利用它祛风湿、通经络、解疮毒。农业科学家也能用其毒性来制作生物杀虫剂、老鼠药，或是用来拌种子。

正所谓"祸兮福之所倚，福兮祸之所伏"。万事万物都有其特点，人类所认为动植物的好与坏，只是它们的属性之一二，从某种意义上来说都是它们的优点，只要人类巧妙地规避物种的某些属性，所有的动植物都是有益的，都是完美的。

# 把自己的特点发挥到极致

同植物的属性一样，人有高矮、胖瘦的区别；有些人擅长体力劳动，有些人精于脑力劳动；有的人擅长唱歌，有的人精于手工；有的人的工作就是面对公众、家喻户晓，有的人的工作就是面朝黄土、一辈子无人知晓。无论他是什么样的人，他干什么工作，大家都是平等的，公众人物不比普通人尊贵，脑力劳动也不比体力劳动高尚，每个人的人生都是独特的，也是完美的。

上述的观念属于老生常谈了，几乎所有的人都听说过职业平等和人格平等，但是，在现实生活中又有多少人会认同职业以及相应的人格是平等的呢？这也就是为什么很多父母用挖煤、扫大街、种地来恐吓孩子，因为在父母的内心，他们压根就不认可这些职业以及做这些职业的人。

如果这个认识问题不解决，父母和孩子的成功与幸福注定是海市蜃楼，因为不是所有的人都可以成为科学家，也不是所有的人都能成为明星，社会上那么多职业，如果父母和孩子只执着于从事部分职业，他们将失去很多的幸福与成功的机会。

之所以说每个人都是完美的，因为社会需要每个人，每个人都能在社会上找到合适的位置。完美不意味着他能适合所有的位置，更不意味着他在所有的领域都能有建树。

长期以来人们对完美人生的定义是存在歧义的。要么否认完美，觉得这个世界上根本不存在完美人生。要么就认为圆满人生必须拥有巨大的财富，或者很高的社会地位，或者才华出众，如果一个人一辈子普普通通、默默无闻，人们很难把他的人生与完美联系起来。

过去我也有和很多父母一样的想法，觉得和干粗活累活的人相比，自己作为一个读书人似乎要比他们优越一些，这些想法持续了很多年，后来是我姐姐戳破了我自我感觉良好的幻觉。

我的二姐，她善良勤劳，乐观开朗，对父母又特别孝顺，所有的晚辈都尊重她。因为没有考上大学，她高中毕业后就回家务农了，为了有一个好收成，她需要战严寒斗酷暑，因为长期的劳作和日晒雨淋，她身体瘦削且皮肤粗糙。很长一段时间，我对她有些同情，认为她人生一定过得很凄苦、会感觉到很失败。

为了求证我的观点，有一次，我怯弱地问她说："姐姐，你没有考取大学，干了一辈子农活，你感觉到人生苦吗？"

出乎我的意料，姐姐笑呵呵地回答我说："我觉得自己很幸福呀，我觉得你们读书人才苦呢！"

"你为什么觉得读书人苦呢？"我纳闷地问道。

"庄稼人白天累了，晚上就休息了，你们读书人不分白天黑夜地看书，你说哪个更苦呢？"姐姐回答道。

姐姐爽朗的笑声让我真切地体会到，她就是一个幸福的人，根本不需要别人同情。作为一位普通农妇，她用勤劳养活了自己，把儿女抚养成人，在她自己的岗位上活出了精彩人生，她的人生毫无疑问是成功的。

不是鼓励所有人都去种地，只是如果你的体力好、喜欢种地，务农

也可以很成功、很幸福。同样的道理，只要你愿意，做父母曾经恐吓的挖煤工和环卫工也可以让人生很成功、很完美！

这不是大道理，这是真实的，过去我做不到，通过多年的心灵成长，现在让我做什么工作，我都不会感觉到自卑，做什么工作我都会觉得很幸福。

如果父母能接受并尊重孩子的特点，孩子能接受自己所有的属性，孩子的人生会变得快乐、进取、富有创造性，也就是说，孩子本来就是优秀的，也是完美的，如果没有这些排斥，随着他们的长大，随着知识的不断积累，随着体格的不断强壮，他们会变得更加优异。

孩子一旦失去自己，就会对属于自己的价值视而不见，就急不可耐地去外面寻找本来存在于自身的无价之宝。

就像寓言中的骑驴找驴一般。

从前有位叫王三的人，一直想做生意赚大钱。他筹集了一笔钱，高高兴兴地来到集市。

王三看着集市上兜售的小毛驴，他便心想："这些毛驴看上去不错，不如买几头回去卖。"

他走上前去问老板："我想买几头驴回家去卖，能不能赚钱？"老板爽快地回答："当然可以，如果赚不到钱，你回来找我就成。"

王三听老板这么一说，就痛快地买下了五头驴，于是王三骑上刚买的小毛驴，哼着小曲，乐滋滋地往回走。

他边走边想："回家把驴卖了，能赚很大一笔钱呢！家里人都会很佩服我。"他一边走一边寻思："这五头驴能赚大概……啊？"一、二、三、四，他惊出了一身冷汗，王三发现只剩下四头驴了，他重复数了数，还是四头！

他心急火燎地从驴背上下来，重新认真地数了一遍："一、二、三、四、五，哎？奇怪了！没有少呀！还是五头呀！"

于是他又高高兴兴地骑上驴，没走多远，他再次清点驴的数量，"一、二、三、四，怎么又少了一头？"于是他又从驴背上下来，仔细清点数目，"一、二、三、四、五，咦，又回来了！"

他发现了一个秘密，骑驴的时候就会少一头。最后，他想了想说："嘿，算了，我不骑驴了，这样就不会少了！"

这则寓言阐述出一个道理，人们的幸福和成功就像五头毛驴一样，本来他们一直伴随着自己，但人们总是习惯于向外寻找，所以就开始忽略它本身就存在于这里的事实。

幸福、成功和优异本来是孩子本身就具备的，而烦恼、颓废和失败是孩子排斥的结果。

父母和孩子总是习惯于置完好的自己而不顾，却偏执地跑去外界寻找那些所谓的高大、伟岸、优雅、温柔……因为自己不够高大，于是做出一个伟人的英姿；因为自己贫穷，所以需要掩饰窘迫；因为自己不够矜持，所以需要让自己不苟言笑。这些行为有一个共同的特点，就是需要让自己成为其他人才能获取到快乐，因为自己不是他人，于是就需要我们去装、去做作、去表演。有的人需要装出强势，有的需要装出弱势；有的需要装出笑容，有的需要装出矜持；有的需要装出凶狠，有的要装出可怜；有的要装出娇柔，有的要装出坚强……

大家都曾拍过照片，为了达到摄影中的最佳效果，照相的时候，摄影师一般会让人们摆一个姿势。在拍摄结束之后，大家通常会因为摆姿势的时间过长而长吁一口气，因为人们感觉累了。照相的时候只让大家装那么一小会儿功夫，人们就感觉到累了，可以设想一个人长期地扮演他人该有多么痛苦！

一位个体老板，因为生意做得大，逐渐认识了某个"高贵"的朋友。

没有结识这个朋友之前，他生活得很自在，喝酒、划拳、唱歌、跳舞，他样样都来，人自然也很愉快，认识这个朋友之后，他开始自我反省。

"我现在经常同领导打交道，自己应该变成一位有身份的人，语言和行为一定要注意品味。"他暗暗地告诫自己。

于是他一改往常开朗、乐观的性格，装出一副优雅、深沉、不苟言笑的样子。在他假装的日子里，他的内心其实非常渴望与大家交流，想回到曾经自己习惯的"粗俗"生活，但他害怕别人说自己不像老板，担心自己因为是一个土包子而被领导瞧不起，所以他只有继续装下去，但是没过多久，他就因为太过压抑自己而变得抑郁了。

直到有一天，老师同他说，放声歌唱、翩翩起舞是优雅，大口吃肉、大碗喝酒是豪爽、也是高雅，或者说这些状态反映的是真实的自己，这些行为反映的是生活的美好。你不需要装成别人的样子，让自己成为别人就是失去了自我。于是他又开始寻找自己拥有多年、曾经认为是"粗俗"而真实的自己。

# 净化内心所有的污秽

懂了道理还不够，真正改变自己的意识或者接受发现的潜意识还是需要练习。

下面是摘录《奇迹课程》书中的 3 个净化练习。

1. "我看到的东西并不代表什么意思。"这个练习可以每天练习 3 次，每次 2 分钟。

具体的做法是看到什么就练习什么，比如，父母或者孩子看到房间的白色被单，可以说："我看到的白色被单并不代表什么意思。"

做这样的练习有什么意义呢？

因为人们在过去的教育或者环境中内心可能留存了阴影，比如在老人去世的时候，主色调往往是白色或者黑色，这个传统在每个老人去世都会延续。据此，很多人就会认为白色或者黑色意味着死亡，是不吉利的颜色，他们就会有意或者无意排斥白色或者黑色。排斥白色或者黑色就会给人造成困扰，因为你在家里可以避开白色或者黑色，但是，很多酒店的床上用品都是清一色的白色，如果我们没有接受白色，我们出差住酒店就会感觉到很不舒服。当你练习一段时间，你就会从过去的思想中走出来，你会觉得白色或黑色只是一种颜色罢了。

同样的道理，如果你对农民有排斥，你也可以练习说："我看到的农民并不代表什么意思。"因为对农民的排斥也是过去接受不当教育的结果，比如父母对你说："你不好好学习，就只能当农民！"所以你才会对种田这个职业心存恐惧，对农民也产生了反感。通过练习，一旦接受了，你才会真正觉得职业没有高低贵贱之分。

由于人们受到家庭教育的负面影响很多，所以练习的内容也可以涵盖多方面，但是，目的只有一个，通过练习，让父母和孩子明白自己看到的外物其实不一定是我们所看到的那样，因为很多的事物是因为我们先有意识加工，内在的意识影响了我们看待事物的态度。

一年春天，我与修心的同学一起造访峨眉山。峨眉"秀甲天下"名不虚传，春天里你就可以看到一山同时出现多种季节的奇观，金顶冰雪皑皑，万年寺春意一片，报国寺则是夏日炎炎。美景远不止这些，峨眉主峰绝壁凌空高插云霄，巍然屹立；中部群山峰峦叠嶂，含烟凝翠。此外，人们还可以欣赏到飞瀑流泉、鸟语花香，感受草木茂而风光秀。

奇怪的是，美不胜收的风景，却没能减缓游客匆忙的步伐。人们大多急匆匆地从山脚爬到山顶，因为人们追求心动，证明自己来过峨眉山，或是显示自己到过金顶，而很多美不胜收的风景都被忽略了。

为什么会这样呢？因为人们过去的意识引导了对待金顶、日出的态度，从而忽视了其他的美景。

所以鉴赏美好的事物除了需要目光，更离不开心理。

接受不当教育的孩子不仅对自然美景如此，对靓妹和帅哥也会出现选择性失明。天下那么多的好男人好女人，人们可以视而不见、听而不闻，却一味追求心动女生或是心仪男生。很多人仅凭自己的心动就沾沾自喜，误以为找到了真爱，殊不知他们走进了自我设计的误区。

一位男士，他总是对穿平底鞋的女生情有独钟，他认为这样的女生具有纯洁与高贵的品质，其他女生无论多么优秀总是入不了他的法眼。是什么原因造成这种情况呢？原来在他很小的时候，他的邻居老来得女，这位"公主"的父母对她慈爱有加，这让这位邻居小男孩羡慕不已，因为这个小女孩经常穿平底鞋，所以他误认为这就是高贵的象征，从此以后他的内心就把平底鞋和高贵画上了等号。长大以后，只要是遇见穿平底鞋的姑娘就会让他心动。

2. "我已经赋予了我所看到东西的意义。"这个练习可以每天练习 3 次，每次 2 分钟。

这个练习让我们明白，我们对世界的认识是父母、老师和环境等教育的结果，如果某些教育内容不合理，我们也可以重新选择别的合理的教育理念。

比如有些同学因为自卑，偏要父母买名贵的鞋子和书包，而家里又没有这个经济能力，这个时候同学就可以对自己说："我已经赋予了我所看到名牌鞋子和书包的意义。"

做这个练习需要心里和言语保持一致，要清楚地知道你练习的内容，书包和鞋子并无高低贵贱之分，它们所谓的好坏是你接受各种教育得来的，或许是你看到电视里的宣传、或许是某个同学对你的影响，这些影响形成了自己的思想，然后是你赋予书包和鞋子的意义。进一步说，一些人拥有的可能是名牌鞋子和书包，只是说它们可能更牢靠一些，或者说，它们可能会昂贵一些，但是，并不代表着购买者身份高贵。

3. "我的思想并不代表什么意思，就如同我所看到的东西并不代表什么意思一样。"

这个练习有四个要求：重复5遍，闭上眼睛想画面，坚定地否决3遍以上，做两极练习。

重复5遍就是把"我的思想并不代表什么意思，就如同我所看到的东西并不代表什么意思一样"这句话大声读5遍。闭上眼睛想画面，就是做练习的时候闭上眼睛，把自己要净化的内容想清楚。坚定地否决3遍以上，就是把净化的内容坚定地否决3遍以上。两极是一个好的，一个坏的，"金领"和"农民"就是一对两极，"高贵"和"卑贱"也是一对两极。

现在举例来说明怎么做这个练习。闭上眼睛，然后对自己说："我的思想关于'你怎么这么笨，怎么不如他呢？'并不代表什么意思，就如同我所看到的东西并不代表什么意思一样。"

做这个练习的目的是消除内心的情绪，当自己不如别人的时候，不会感到沮丧，也不会感到自卑，逐渐放弃和别人的比较，把自己的精力放在学习和工作上。

你也可以继续对自己说："我的思想关于'如果考不好，我怎么有脸去见同学和老师呢？'并不代表什么意思，就如同我所看到的东西并不代表什么意思一样。"

做了这个练习，就不会因为一次考不好而不敢见同学和老师，这次考不好，可以总结经验，下次考好就行了。所以，即使这次考不好也可以大大方方地与老师和同学交流，向老师和其他同学请教，如果都羞于见大家，不等于把自己给封闭起来了吗！

做这些练习需要坚定，如果缺乏坚定，效果会大打折扣。

除此之外，做这个练习还需要和实际结合，明明嘴里练习了"别人超过我不代表什么意思"，但是，一旦别人超过自己的时候，就忘了练习的内容，就开始嫉妒别人，这就是没有把练习和实际生活结合起来。

有了上面的认识并坚定地练习，潜意识被意识化之后，父母和孩子已经是今非昔比，对待过去那些曾经的意识猛虎，他们也不会再害怕了，也不会对它们产生排斥了，因为它们"并不代表什么意思"，意识化的思想就再也不会重复过去的路径了。

# 用阳光照亮内心的阴影

通过宣誓的方法，我们可以发现一些潜意识，但是，这些方法还是存在明显缺陷的。

一是脱敏效果差。也就是说，即便你发现了潜意识，但是过去压制的动作还是在执行，各种焦虑、担心和恐惧难以彻底消除，练习的感觉是拖泥带水的。

二是深入潜意识的程度不够。上述的方法虽然能够发现一些潜意识，但也是发现一些与不爱自己相关的潜意识，同时深度不够。

很多不了解心理发展状态的人对弗洛伊德推崇备至，实事求是地讲，弗洛伊德在潜意识的突破远不及东方人，弗洛伊德在100多年前用的那些方法在西方社会是先进的，即使是在当时，他所用的技术和东方世界（包括在中国和印度）相比，他的方法也是远远落后的，而且这种落后不仅仅是一点点，而是数量级的差距。因为当时通信技术不发达，西方人对东方在心理成长方面的技术不了解，所以人们还以为弗洛伊德的技术是领先的。

有意思的是，随着全球化进程的推进，东西方的文化交流逐渐深入，西方人逐渐学习了东方人所用的方法，东方的心灵成长理念在西方得到传播，弗洛伊德、荣格等心理学家的方法逐渐被淘汰了。让人遗憾的是，国内的很多研究学者，特别是大学和心理研究机构的学者还在花费巨大的精力去研究弗洛伊德、荣格等100多年前心理学家的方法，这实在有点令人啼笑皆非。

不是说弗洛伊德的理论都是错的（他的理论确实有错误的地方，比如泛性论就不能成立），只是说弗洛伊德揭示潜意识的过程和方法陈旧烦琐，而且只能揭示出相对比较浅的潜意识。

那什么方法才能彻底破解潜意识呢？

在遥远的古代，东方人在探索内心的过程中发现了一个奇特的现象，当一个人内心宁静后，他便能回想起早已被遗忘的事情，一个人的内心越是宁静，他所能追索的记忆也就越久远。东方人的这个发现第一次揭示了探索潜意识的方法，只是当时还没有潜意识这个词汇。当时人们的发现如果用现代心理学来解释，那就是当一个人内心宁静下来，潜意识就忽隐忽现地显露出来，随着内心宁静程度的加深，潜意识的海平面高度会逐渐下降，潜意识会更多地显露出来。

我曾经通过让内心宁静的办法发现了那些埋藏在内心、但又已经被遗忘了三十五年的怨恨，如果没有内心的宁静，我断然不会记起发生在十二岁时的事件。有意思的是，随着自己内心宁静程度的加深，我居然还能追忆自己四岁时的记忆，我依稀能看到枣树下大哥家矮小的草屋、炊烟以及开心玩耍的我。

人的内心就如同大海。普通人看大海，他们发现大部分时候大海是平静的，只有当狂风大作而形成海浪滔天的时候，才看到大海的凶险。这其实不是大海的真相，真正的大海随时都是波涛翻滚的，几乎没有片刻的平静，而能识别大海真相的只有少数走进大海的游泳者。

同样的道理，大多数的人只有感受内心海啸般的能力，对于一般的冲突，他们无法感知。这也就是很多人不愿意改变的原因，他们视内心的冲突为理所当然，他们认为这就是人类必须承受的，"人嘛，就必须接受酸甜苦辣"，父母通常这样教育孩子。

对心灵成长的人而言宁静又是绝对的，当一个人找到了修心的方向，他便能追寻到一种永恒的宁静，这种安宁带给人们内心的祥和、幸福和甜蜜，这种感觉也只有亲历者才能真正体会到。

怎么才能让内心平静呢？

东方的智者通过艰苦的探索，他们发现守静是一个让内心宁静的有效方法，当一个人长期守静的时候，内心就会逐渐变得宁静下来。

守静的方法很多，有的让自己的意识集中于某件事物，比如有的守静方法就是让自己的意识始终集中于鼻梁，把自己的鼻子作为参照物，当自己的注意力偏离了自己的鼻子时，就知道自己溜号了，然后又把自己的注意力拉回到鼻子上来。也有的守静者是关注自己的呼吸，专注自己的吸气从鼻腔到胸腔，并关注自己的呼出，感受由胸腔到鼻腔的呼出过程，因为意识专注于自己的呼吸，一旦其他的意识出来，就能被自己所捕捉，并让自己的意识再次过渡到关注自己的呼吸上，从而让自己的内心达到宁静。

守静是重要的心理成长工具之一，全球范围内，特别在西方社会，这个方法得到了最广泛的运用。遗憾的是，在中国的心理学界这个方法还没有得到应有的重视。结果是有心理困惑的人会长期沉迷于自己的观念中，始终不能发现自己的观念，更别奢谈从观念中自由出来。可以肯定的是，只要父母和孩子不能发现自己内心的观念，他们就很难找回真实的自己。

随着人们对守静认识的深入，守静的方法又出现了一些演变。人们发现通过反复地唱念也可以达到同样的效果，因为在反复唱念的过程中，唱念的内容逐渐在内心固定下来，而与这个唱念不一致的其他杂念立刻就显示出来了，然后再让自己专注在自己唱念的内容上，这样也可以让自己的内心宁静下来。

东方人在守静的过程中不断有新的感悟，他们发现一个人反复重复某个动作或者语言，让这个重复的动作或者语言凸显出来，并使其在内心固定，从而照亮内心与这个动作或者语言不一致的心理，这种方法也可以取得内心的宁静。

守静最大的变化莫过于告别坐姿。传统的守静以坐为主，人们发现只要人把专注力集中在一处，站着也可以，甚至运动中也可以让自己宁静，于是又衍生出了动中禅、武术禅。一代太极宗师杨露禅说："练拳即修道。"这些方法的基本原理是让人们把自己的专注力集中在每一个动作上，同时注意甄别与动作无关的杂念，这样也可以让自己的内心逐渐走向宁静。

有意思的是，平常处于忙碌中的人们原以为内心很宁静，当他们开始静心的时候，才发现自己内心杂念纷飞，要让自己内心宁静下来着实不是一件容易的事，很多人刚开始守静的时候，他们往往坐不了几分钟就急不可耐地想站立起来。当父母或者孩子遇到这种情况，一定要选择坚持，坚持一段时间后，很快就会习惯了，一旦养成了坚持守静的好习惯，就像每天沐浴一样不可缺少，哪一天因为忙而没有守静，大家还会很不习惯。

# 守静练习

每个人可以根据自己的实际情况，选择一个适合自己的守静方式，如果你还没有找到合适的办法，可以按照下面的方法。

让自己平静地坐下来，全身放松。然后轻轻搓揉自己的腿部、脚部和关节，然后让自己坐在一个 10 厘米高的垫子上，左腿向后弯曲，脚后跟轻轻地靠在大腿的根部，脚掌朝上。两只手的手心朝上，右手同左手重叠，右手放在左手上，两个拇指轻轻地接触，然后让双手下垂并自然地依托在自己的大腿上，身体自然挺直。

如果你做这个姿势时间长了而感觉到腿疼，你也可以把左右脚对换，同时，左右手的上下位置也跟着互换过来。

守静的时候，父母或者孩子可以在面前放上一个静字，练习的时候，口中念着静字，脑中想着静字的字形。每天坚持早晚各半个小时。

守静会因为每个人的情况不同而感受各异，但总体上来说，守静可以分为三个阶段。

首先是盲练阶段。这是守静的开始阶段，这个阶段只需要大家观"静"字就可以。这个阶段虽不能解决深度的潜意识问题，但是，还是可以起到救急的作用。

比如当父母和孩子起争执的时候，彼此内心思绪纷杂、波浪翻滚，父母和孩子都试图让对方臣服来取得内心的宁静，这种方式用了十多年，甚至几十年，每次基本上都是不欢而散，说明过去的方法行不通。这个时候，如果父母或者孩子一方通过守静的方式，让自己先平静下来，父母和孩子的争端就可以暂时得以平息。

无论是父母或者孩子，哪一方先主动退让，说明哪一方的觉悟高，因为先退让的一方往往率先察觉到过去的方法有问题，所以才会选择退让去守静。由于过去的思维惯性，就是这样一个简单的退让也并不是一蹴而就的，它往往伴随着痛苦、徘徊、斗争并最终做出理性的选择，这个决定虽小，却是改变人生的一大步，说明在理智和冲动之间，理智开始占上风。

其次是观察前意识阶段。很多的前意识被暴露出来，大家可以在观"静"的同时，察觉自己的前意识。

这个阶段开始朝着解决问题的方向迈进。比如父母参加孩子的家长会，因为孩子成绩没有考好，父母回到家里可能把孩子臭骂一顿，孩子因为气愤和父母顶撞起来。当父母或者孩子在守静的时候，父母会发现自己生气的原因是老师当着那么多家长的面批评自己，太不给自己面子了，也就是说，父母知道自己对孩子发火的原因了。孩子在守静的时候，也会发现一些让自己生气的原因，比如"明明我进步了，他们还批评我""他们总是高高在上，一幅教师爷的样子！"通过这个练习家长和孩子内心的观察力开始提高，他们能观察到自己的前意识。

发现了自己的前意识后，可以和前面的净化练习结合起来做。家长可以这样练习说："我的思想关于'老师当着那么多的家长批评我'并不代表什么意思，就如同我所看到的东西并不代表什么意思一样。"下次，父母遇到同样的问题，就可能不会对孩子恼羞成怒。

孩子可以做练习说："我的思想关于'明明我进步了，他们还批评我'并不代表什么意思，就如同我所看到的东西并不代表什么意思一样。""我的思想关于'父母总是高高在上，一幅教师爷的样子'并不代表什么意思，就如同我所看到的东西并不代表什么意思一样。"孩子内心一旦接受了这些内容，将来对待父母的态度也就会和过去迥然不同。

这就是大家所说的"时时勤拂拭"，通过不断地拂拭，父母和孩子就可以保持内心的宁静与和谐。

最后就是观察潜意识的阶段。通过持续的守静，父母和孩子就可以逐渐察觉到自己的潜意识了。

# 守静云开见月明

过去父母和孩子之所以会让自己的问题沉入潜意识，主要原因是他们长期放纵自己的思维，主观地认为自己的思维没有问题，或者不想看到自己讨厌的思维，让自己的思维永远地离开自己的视线，让审查的功能彻底失效了。

当内心通过守静而变得持续平静的时候，因为自己的一思一念都被自己所专注的事物而一一映照出来，于是父母和孩子又找回了自己的审查功能，潜意识也就逐渐浮现在他们的意识里。

深层潜意识的意识化也是分步骤的，最先意识化的往往是单个潜意识。

某一天守静的时候，孩子可能会突然出现一个思想，"你就是一个傻子！"这个思想是突然间冒出来的。虽然这是一个单一的思想，但过去对孩子的影响却是巨大的，因为有这么一个思想，他总觉得自己不聪明，总是怀疑自己的能力，明明自己会的内容，他也会说："怎么会这么简单，是不是我搞错了。"一旦发现了这个思想，孩子会恍然大悟："我原来根本就不笨，是父母或者同学说我是傻子，才让我怀疑自己的能力的。"从此以后，孩子一下子就变得聪明起来了。

随着单个潜意识的暴露，逐渐集团潜意识也开始分化并最终被意识所捕获。潜意识里"大分子"意识化之所以难度要大一些，一是因为它的体量大，有好几个思想；同时，几个思想还是粘接在一起的，是一层一层地叠加起来的。

复合潜意识的意识化也不是自动出来的，它需要父母和孩子在守静的时候做到凝神静气、明察秋毫。有的时候，为了破解潜意识，需要父母和孩子在守静状态下反复观察。

通过一段时间的守静，某一天，孩子就能朦胧地感受到潜意识里造成自己犹豫不决的"大分子"像高速划过的流星一样从意识里一闪而过，此时，他还不知道它到底是什么，但是，它已经开始出现了，离真正彻底揭开它的真面目已经不远了。

如果孩子屏住呼吸，冷静观察，造成自己犹豫不决的"大分子"很快就会分化出几个小分子，它的意识过程和施加的过程刚好是相反的，也就是说，最先发现的心理"你有毛病呀，总是犹豫不决的！"是最后施加给孩子的，接着才出现"干什么都是急于求成，能不能沉稳点！"是中间施加的，而最先施加给孩子的心理，"你怎么这么笨，怎么不如别人！"这个是最后出现的。当三个分化出来的"小分子"一个一个地呈现在孩子的意识里，孩子也就永远地告别了犹豫不决。

无论是父母或者孩子，只要内心有冲突，都可以通过守静而获得答案。

"为什么这件事我会不舒服呢？"

"为什么他这样说我内心会焦虑呢？"

"为什么我成绩比别人差，情绪会低落呢？"

带着这些问题去守静，大家会守得云开见月明。

下面给大家讲述我如何通过守静而破解潜意识的两个例子。

过去我和爱人虽然没有发生过大吵大闹，但是，因为意见不合而发生冷战也是常事，这不仅影响自己的人生幸福，也影响家庭的和睦，对孩子的身心也造成负面影响，为此，我决定破除潜意识里的多疑敏感和狭隘，用和谐的心态对待家人。

一个春天的傍晚，天气有些暖和，我和爱人在小区里散步，看着爱人还穿着毛衣。

我随口问爱人说："红梅，你怎么还穿毛衣呀？"爱人情绪不高，顺口回答说："我身体虚呗。"

听到爱人这句话，我心里顿时感觉到不舒服。按照过去的习惯，在情绪的驱动下，我认为是妻子的言语让我的内心起了冲突，我会急切地求外而质问妻子道："你什么意思，好心当成驴肝肺！"听到我的质问，爱人自然也会不甘示弱，接下来的事情走向我想大家都很清楚。

出于一个心理工作者的习惯，我决定求内，在内心去探寻那个隐藏的潜意识，然后让它意识化。

我没有去指责妻子，而是反问自己的内心说："为什么爱人回答说'我身体虚呗'，我内心会不舒服呢？"

当时并没有立刻找到答案，接下来的几天里，我反复叩问自己的内心，并带着这个问题练习守静。通过守静，终于找到了这个答案。原来我认为爱人的语气里省略了一个潜台词，完整的话语应该是"我的身体虚呗，哪有你身体那么好！"我潜意识里认为爱人是在讽刺我，当自己觉知了这个潜意识，内在的焦虑瞬间就释放了。

如果大家处于成长的初期，你也可以这样练习说："我的思想关于她讽刺我并不代表什么意思，就如同我所看到的东西并不代表什么意思一样。"

还有一次，笔者因为疲倦随意地睡在了沙发上。爱人下班后，看见我无精打采地躺在沙发上，就对我说："你一定是工作中遇到了什么压力。"平心而论，自己工作中并没有遇到什么压力，但听到这句话后，心里却起了波澜。

我下意识开始自我安慰，"爱人是为自己好！""爱人也没有什么恶意!"这种安慰并没有起到什么实质性的作用。

现实生活中，很多父母给孩子或者自己做思想工作时总会想："别人都是好意!""他根本没有这个意思，是自己多想了。"父母总是喜欢教孩子往好的地方想，这样的出发点是好的，实事求是地讲，人们的行为动机有些的确是好的，但是，也有不好的，不能把人们的行为动机都描绘成好的，如果明明是不好的硬要说是好的，长此以往，孩子就不能明辨是非了。

还有一种情形，别人的行为动机是好的，但是父母或者孩子的潜意识里就是觉得不好，那也需要把内在的那个不好处理干净，否则就是掩盖了自己的问题，就是"金玉其外，败絮其中"了。

我再次求内询问自己："妻子说这话我为什么会不舒服呢?"

如果求外的话，就会出现这样反击的声音，"你怎么这样不理解人呢?"或者说"你怎么这么说话呢?"这样就很容易同妻子争吵起来。

当时我并没有找到原因，过了几天，在守静练习的时候，脑海里突然出现了一个声音，"你一定受到同学的欺负了。"这是小时候姐姐的话，原来小时候自己很调皮，与同学们在草地上嬉闹，衣服经常被草汁染得绿茵茵的而且非常难以清洗。姐姐承担全家人的衣物洗涤任务，每次看到这样脏的衣物，姐姐就会很闹心，于是就故意在妈妈面前栽赃陷害我，诬陷我与同学打架，每次受到姐姐的冤枉，自己都会感到很气愤。

我听到爱人的话，"你一定是工作中遇到了什么压力"，我感到委屈，因为妻子的语气同姐姐非常像，同时妻子和姐姐一样，她们都冤枉了自己，所以自己心里感到不舒服。一旦找到了隐藏的潜意识"冤枉"，对妻子的话也就立刻释怀了。

同上述的例子一样，找到原因后，大家也可以对自己说："我的思想关于别人冤枉我并不代表什么意思，就如同我所看到的东西并不代表什么意思一样。"

潜意识的意识化过程和潜意识形成过程刚好相反，父母过去先批评孩子的内容往往后出现，后批评孩子的内容往往先出现，但是，潜意识的呈现并不是和原来批评模式完全一样地呈现出来，它的呈现仍然是如同云雾一般迷蒙的，它需要父母和孩子在一系列潜意识材料中去归纳、去总结。

有一位同学，他是在读计算机博士，他守静的时候出现如下的情景。

"小时候和爸爸妈妈在一起，无论是做作业，还是绕膝承欢，或者准备去休息，当得到爸爸妈妈的首肯时，我的心里会暖洋洋的。"

"有一次，刚守静的时候，想到下午有一位计算机专家来我校讲座，我顿时感到很焦虑。突然，画面又转换到小时候父母在我旁边对我说：'你快点想清楚明天问老师的问题，错过了就没有机会了。'我分明没有什么问题需要询问老师的，但是内心还是很焦虑。"

这两幅画面都是蕴藏了潜意识的，但是，它们又没有明示出来，如果仔细分析一下，很快就能得出潜意识所传递的信息。

第一幅画面说明孩子已经失去了自己，无论孩子做什么都需要父母的同意，如果父母不同意，孩子就会感到恐惧。要消除潜意识的恐惧，孩子可以练习说："无论父母高兴或者不高兴，我都愿意选择爱我自己、满意我自己！"

第二幅画面说明孩子每次在老师讲课时他必须要提问，如果没有提出问题，他内心会忐忑不安，因为他担心自己会错过提问的机会。

有时呈现的潜意识材料，需要父母和孩子从这个事件中跳出来分析才能得出潜意识传递的信息。

有一位求助者，他参加工作后，一旦和领导发生矛盾，他不仅不主动去缓和与领导之间的矛盾，还动不动闹脾气、加剧和领导之间的矛盾。直到遇到一个脾气暴躁的领导，领导开始严厉地批评他，甚至鼓励单位同事一起冷落他，让他感到无比孤单和恐惧。

当心理咨询师让他回想小时候的经历的时候，他不以为然，觉得这件事和小时候的经历没有关系。

直到他守静了很长一段时间，他发现了下面的潜意识的信息。

"小时候和爸爸妈妈闹矛盾的时候，只要爸爸妈妈没有满足我的要求，我就会升级矛盾，甚至采取极端的手段，比如故意把鼻子弄出血、离家出走或者绝食等，一直到他们满足我的要求为止。"

"在心理咨询师的提醒下，我观察了自己这个习惯的泛化，我发现自己在与学校老师、单位领导处理关系时，也会自觉或者不自觉用这种方法，希望他们也为我做出让步。"

咨询中发现，这位求助者生活中遇到的绝大部分领导和老师会觉得这个人幼稚，他们大多会采取宽容的态度让他的要求得以满足，从而进一步验证了他扭曲心理的"合理性"，并强化了这种心理。但是，并不是每个领导都是这样，这次他碰到了一位强势的领导，不给他一点机会，让他彻底地坐上了冷板凳，长期以来的这种"合理性"突然被推翻，他的内心感到极度恐惧。

这位求助者提供的潜意识材料说明，过去为了使自己的需求得到满足，他不惜用极端的手段，通过心理泛化，他把老师和领导都当成了自

己的父母来对待，觉得他们也会屈从于自己的极端，所以他才会主动升级和领导与老师的矛盾。

一旦他选择了爱自己，同时意识到领导和老师不是自己的父母，他过去的这个扭曲的潜意识动力也就自然而然地消失了。

# 第九章

## 和孩子一起拥抱阳光

# 放下包袱轻装前行

通过不当教育，"你怎么这么笨，怎么不如他人呢?"因为恐惧，孩子要么朝着父母引导的方向走，要么朝着父母引导的反方向走，无论孩子朝哪个方向走，都不是孩子自己独立做出的决定，都受到了父母的影响，孩子就变成了父母手中的提线木偶。在这个世界上，人的内心存在不同程度的恐惧，所以人们或多或少都存在被某个人、某件事或者某个环境摆布的情况。

人的思维模式是反射的过程，只要你内心存在压抑、束缚和创伤，它就会反射到你的生命中。只要你的内心存在问题，无论你朝哪个方向前行，你都是受制于这个问题的本身。你的任何逃避或抗争只能是内心问题的延展，而不是真正的自由。真正要解决人生的各种问题，既不能顺从过去的模式，也不能选择逃避，而是要选择从过去形成的障碍中穿越，真正去拥抱它们，用爱去融化它们。一旦内心的局限被打破了，反射的内容没有了，你才获得了真正的自由，你做出的任何决定才是真正属于你的。

**心理练习：潜意识大扫除**

父母和孩子在成长过程中，受到了很多不当教育，内心有很多压抑的心理，可以通过守静的方法来做一次潜意识大扫除。

具体的做法是，守静的时候，把自己的注意力拉回到小时候的住所，童年生活的小村庄、街道，或者自己读书的学校，隔一段时间集中回想一个场景。然后一边念着"静"字，一边"看"自己小时候的环境，然后继续念，很快就会出现一些小时候被自己压制的心理或者画面，这也是潜意识的意识化。这个阶段让大家对这些压制的潜意识说："我知道……""我知道我不想……"比如当孩子观察到了"爸爸妈妈对自己说的'你怎么这么笨，怎么不如别人！'"孩子就看清楚了这个潜意识，所谓的看清楚包含两部分，一部分是"我知道因为我不如别人，所以爸爸妈妈说我笨"，另外一部分是对爸爸妈妈语言的压制心理，即"我知道我不想因为我不如别人，爸爸妈妈就说我笨"。

通过这种方法，父母和孩子会发现过去很多被压制的思想，他们会惊喜地发现自己的潜意识像泉涌一般涌出。这种方法发现的潜意识内容要比通过"自由联想"、催眠等方法发现的潜意识内容要多得多。

做这个练习有一个条件，它需要父母和孩子先做一段时间的守静，时间的长短因人而异，有的人时间短一些，有些人时间长一些，这都是正常的。之所以会有这种要求，是因为时间短了，意识思想还是妄念纷飞，潜意识都没有暴露，自然就达不到大扫除的目的。

要让心理的"镜片"投射不到内容，还需要选择原谅。无论是爸爸妈妈、同学、老师，还是你的左邻右舍，无论过去发生了什么，无论给你造成了多大的伤害，你都需要选择原谅。

一些人因为过去和邻居或者同学发生了矛盾，他们内心充满了怨恨，为了实现复仇的愿望，他们要么给别人使绊子，要么试图让自己成功再反过来讥讽或者嘲笑仇恨的对象，这些行为都是典型的投射作用的结果。一旦这种投射机制被确立，人生实际上是围绕着过去的某个人或者某件事在运转，失去自由也就是自然而然的了。

即使如你所愿，你成功了，反过来把别人羞辱了一顿，你可能出了一口恶气，但是投射机制还在。如果被你报复的人东山再起，或者其他人对你还有和过去类似的语言或者行为，你还会受到伤害，所以上述行为是在错误的道路上轮回。

人们所有的伤害，特别是内心的伤害，本质上是一种认知，认知是可以调整的。同样的语言，不同的人受到的伤害程度不同，说明不同的人对伤害的认知不一样，如果你对他人的某种语言或者行为感觉到被伤害了，说明你需要调整认知，一旦调整了认知，所有的创伤也就愈合了，同时，类似的伤害再也没有办法伤害到你。

要特别说明的是，调整认知消除内心的创伤和寻求法律援助并不矛盾，如果别人对你的伤害涉嫌违法，你也可以寻求法律的帮助，让伤害你的人受到应有的惩罚。当伤害你的人受到惩罚以后，你还是需要寻求内心的宽恕，否则别人的伤害会对你造成永远的伤痛，即使这个人已经被执行死刑了。

了解一个人的成长过程，有利于我们选择宽恕。让你怨恨的人，他小时候也是一个善良的孩子，他对任何人、任何事都不会产生反感，更不会去为难谁，只是因为接受了不当的教育，他拥有了别人不合理的观念，成了别人的提线木偶，就像你的人生不是自由的一样，他也是身不由己，只能用大脑里的固定程序来对待你，让你受到伤害，从这个角度来说，他也是无辜的。试想一个机器人，如果因为程序员设计了一款错误的程序而得罪了你，你会迁怒于机器人吗？

生活中我们有很多需要宽恕的人，其中最需要原谅的人可能就是自己的父母。我们受父母的影响太大了，也太复杂了，真可谓剪不断理还乱。如果不能彻底厘清和父母的关系，一个人很难找回真实的自我。

很多孩子因为对父母有怨恨，都不希望长大后成为父母那样的德性，为了达到这个目的，他们选择极力地排斥父母。

姑且不论父母德性的好坏，如果孩子真的不希望自己成为父母那样的人，一定要选择宽恕，否则你们长大后十有八九就会成为他们那样的人。因为你们对父母的任何排斥，就等于内心在围着父母转，内心一直被父母缠绕的人怎么可能性格不像父母呢？真正要让自己和父母的性格不一样，一定要消除怨恨，并从内心里选择和父母和解，因为穿越了父母给自己设置的障碍，你们才有可能变成除长相之外和父母完全不一样的你们。

在原谅父母的问题上，我们要看清楚这样一个事实，虽然孩子的问题大多来自父母，但是，父母也是受了他们父辈的影响，在对待孩子的方式上，他们仅仅是个传声筒，他们也是无辜的，他们是各种受影响环节中的一环。父母把我们带到此时此刻，如果我们此时选择了改变，过去所有的怨恨就会消失，如果能把爱自己的练习深入内心，真正接受了自己，我们会对现在的自己很满意，也会真诚地感恩父母把自己带到这个世界上，感觉到世界和人生是如此的美好！

原谅别人的同时，也需要原谅自己，你的大部分错误都没有主观故意，即使你有些错误存在主观故意，那也是你主宰不了自己的情绪，或者说，你对人生的认识存在局限，是这些局限让你有意为之。

无论是谁，包括你自己，无论大家做了什么，都是在心理能力范围之内做出的最大努力、做出的最佳选择，大家都尽力了，任何的强求都没有意义。

内心没有成长的人，他们很容易产生悔恨，觉得当时如果采取不一样的策略，这些错误就不会发生，但是他们很少考虑自己的心理因素。

一位同学，他不断地重复犯错，上次因为不遵守课堂纪律而被老师批评。

这是距离上次在课堂上讲话的第一周，他告诫自己，一定要遵守课堂纪律。

到了第二周，他也时常提醒自己，不要再违反课堂纪律。

到了第三周，一些同学怂恿说："你胆子不是很大吗？你敢给'班花'写情书吗？"面对同学的怂恿，他下意识想到了自己的劝诫，同时，他并不是很喜欢"班花"。但是，在诸多同学的怂恿下，他内心瞬间升起了一股力量，这股力量很快把自己的劝诫给淹没了，为了在同学面前证明自己有足够的胆量，他大胆地给"班花"写了情书，而且这封信在交给"班花"前还在班上进行了传阅，最后全班都知道了这件事，"班花"收到信后羞愧难当，直接把信交给了班主任，班主任看到信后火冒三丈，立刻电话请来了这位同学的家长。

被老师训斥的妈妈，回到家里就哭了，哀求孩子不要在学校里再惹事了。看到妈妈伤心的样子，孩子决定再也不给妈妈增添麻烦了。

接下来几周，这位同学确实也很听话，没有给父母和老师招惹麻烦。

几周后，他感觉到同学老师好像把自己给遗忘了，为了吸引老师和同学的注意，他突然在课堂上做鬼脸，在做鬼脸之前，他内心也闪过这个念头，"这样会不会不好呀？"但是内心渴求同学和老师关注的心理似乎占了上风，最终还是做了鬼脸，因为自己的搞笑行为，引发全班的哄堂大笑，这回又激怒了授课老师，班主任不得已又请来了家长。

……

如果你做一个有心人，仔细观察你的内心，你会发现在不经意间做出的错误行为，其实都是心理萌动的结果，这种错误看似偶然，实则是一种必然。

很多的时候人的行为不是他自己能主宰的，过去的心理无时无刻地在影响着他们。如果要让错误不再发生，最好的办法就是彻底改变自己的内心。

人需要学会往前看，无论你过去犯了什么错，或者犯了多大的错误，这些错误已经发生了，而且都已经过去了，关键是现在和将来不犯同样的错误，正所谓"过而能改，善莫大焉！"

基于上面的分析，真正的原谅是明白别人并没有犯什么错误，同时，也要明白自己也没有什么错，问题的症结在我们过去不能及时调整自己的预期，总是用固定的模式来面对一个变化的世界，这是大家产生怨恨的根本原因。

过去人们总是希望别人满足自己的要求，比如笑脸相迎、体贴入微等，这就如同用一个特定的脸谱来要求所有的人一样，只要有一个被衡量的人不符合自己的脸谱要求，他们就会对别人有意见，就会怨恨别人。

**心理练习：宽恕他人**

想象一个你需要原谅的人站在你的面前，然后你对他说："我现在原谅你，我愿意降低对你的期待，我不再要求你按照我的期待行事。"

然后，想象他对你说："谢谢你原谅我，我就是这样一个人，我始终按照我父母教我的方式行事，我对谁都这样，但是，你降低了对我的期待，你也就获得了真正的自由！"

原谅别人的时候，不需要现实中对别人说："我现在原谅你！"如果你这样说，那就意味着别人做错了，那就会让别人不高兴。记住，原谅别人只需要改变自己的观念。

# 拓展内心空间，拥抱幸福人生

不当的批评教育，让孩子失去了内心的空间。

"你千万别走远，否则你就会被坏人抓走。"当一个人还是孩提的时候，这是多么耳熟能详的话语，接受这样的不当教育，他就被限制在自己熟悉的环境之中。"别人瞧不起你，你还同他玩。"接受这样的信息，他的生活空间继续缩小，他只能同尊重自己的人玩。"成绩这么差，你还有脸见人。"当他接受这样的批评，如果他的成绩不好，他就只能蜷缩在家里，因为他无脸见人。

上面是显性空间的缺失，还有很多隐形空间的丧失。比如父母关系不好，孩子就会排斥父母的婚姻模式；孩子因为讨厌父母，他就不希望成为父母那样；或者小时候因为家里穷而被别人瞧不起，长大了孩子就不能有朴素的装扮，这一切都是空间的缺失。

失去的空间如果不能找回，孩子的人生就会少了自由、幸福和创造力。

如何才能找回内心失去的空间呢？

前面的潜意识大扫除和宽恕练习能找回一部分失去的空间，但是，这还远远不够，父母和孩子还需要有意识地找回失去的空间。

孩子失去内心空间是通过两极向自己压缩，找回内心的空间需要朝着两个方向突破，一个是向"低"和"丑"的方向，还有一个是向"高"和"美"的方向。

有些农村孩子考上了大学或者进城务工，因为虚荣，他们害怕别人知道自己来自农村，他们在同学或者同事面前总是遮遮掩掩。有些孩子都工作了，但是他却不敢让农村的爸爸妈妈来看他，害怕爸爸妈妈土里土气的样子给自己丢脸。这种情形就需要孩子向所谓的"低"和"丑"的方向突破。

有些女孩不穿漂亮的时装，不是她节约，也不是她不喜欢，而是因为内心恐惧，怕别人关注自己，因为平时她一直穿着平淡和朴实的衣服，她自然也就感受不到恐惧。当一件短裙或者靓丽的上衣穿在她身上时，她会感到如芒在背，内心狭小的空间就被暴露出来。做这种突破就需要接受"高"和"美"。

现实生活中有很多情形，都需要孩子和父母朝着这两个方向去拓展。

人际关系中经常会出现这种情况，别人可能向父母或者孩子借钱，但是，借了钱后很长时间都没有还。过了一段时间，这个人又开始向父母或者孩子借钱，让父母和孩子不知如何是好，拒绝别人又担心别人说自己小气，这代表着"低"和"丑"方向空间的丢失；借钱给别人虽然代表着大方，但是，又担心别人始终不还钱，这是在"高"和"美"方向空间的缺失。

面对这种情况，父母和孩子该如何打开这个压缩的空间呢？

父母和孩子可以先接受最容易的方向，选择拒绝别人，因为钱是自己的，借给别人或者不借给别人是自己的权利，父母和孩子也可以练习说："不借给别人钱，别人说我小气并不代表什么意思。"通过内心成长，父母和孩子就可以大大方方地拒绝别人，于是，一个方向上的失去的空间就找回来了。

接着也可以从另外一个方向找回更多的空间。如果自己的家庭条件允许，而对方家庭经济条件不好，这个时候也可以继续借钱给别人，接受别人一辈子不还钱给自己的结果，这也是在拓展内心的空间，让自己变得更加善良和大方。

这里要说明的是，做这种拓展一定要根据自己的经济条件量力而行，不要因为一时冲动而造成新的心理负担。

我曾经也遇到过让我犹豫不决的事情。

一天中午，一位熟人过来看我。到了中午，我对他说我请他吃饭，于是我们出去吃饭了。

第二天中午他又来了，快到吃饭的时间，我内心开始犹豫，我是请他吃饭呢，还是不请呢？请也不舒服，不请也不舒服。

可以设想，如果内心有冲突，再好的饭菜也吃不出其中的味道，因为你品尝到的都是内心的不安。

我开始思索并自言自语地说："从心理的角度，任何事情都可以平静地去处理，犹豫不决说明我的内心有问题，请和不请都可以变为宁静才对呀！"

那是什么原因让自己内心不安呢？

原来我不请的话，我担心别人说自己小气，这是内心产生冲突的原因，于是，我首先接受别人说自己小气。因为接受了，内心变平静了。我就爽快地同朋友说："我们出去吃饭吧，我们 AA 制。"顿时，心里所有的不安都消失了，因为内心真诚，与朋友一起吃得特别香。

在后来的日子里，我在想："请别人吃饭也是可以让内心宁静的，那自己为什么会有冲突呢？"原来自己害怕别人占便宜，对别人占自己的便宜产生排斥，如果能接受别人占自己的便宜，内心也就宁静了。

有了这样的思维指导自己，我就努力地去找回自己内心的空间，通过一段时间的练习，无论是请别人吃饭还是不请别人吃饭，我都能做到内心宁静了。

人们经常说，一个人是否幸福不是你拥有的多，而是你计较的少。面对金钱也是一样，如果我们很计较，人生注定不幸福，也难有作为。

现在国家全面消除了极端贫困，吃饭穿衣都没有问题，但是父母和孩子能不能幸福，与大家对待金钱的态度有很大关系，如果在金钱面前舍不得、放不下，幸福多少还是显得有些勉强。

很多企业家，都是几百万、几千万、甚至几百个亿的规模去投资，如果他们很计较，注定是不敢投资的，也就谈不上真正的事业成功。

拓展内心的空间虽然需要在两个方向上发力，但是还是有侧重点的，因为不当教育造成了大多数孩子追求所谓的"高、大、上"，而远离了所谓的"矮、挫、俗"，就是这些所谓的"下"和"俗"恰恰是父母和孩子需要重点拓展的，说得更直白点，就是需要父母和孩子在心理上要能接受吃苦、吃亏，能接受自己在默默无闻的岗位上奉献。

个人能力的提升除了学习成绩优异外，能够吃别人不能吃的苦，能够忍受别人不能忍受的气，能够承受别人不能承受的寂寞，能够接受别人不能接受的批评，能接受这些所谓的"低""下"，也是能力的一部分，这就是人们所说的逆商。

现在有些孩子也干一些脏和累的力气活，但是，他们是心不甘情不愿的，不是发自内心的真的愿意去干，带着这样的心态，其结果自然可想而知。

内心空间的拓展就是通过内心成长，让父母和孩子在过去不快乐的地方能够快乐地工作和学习，这种拓展就是成功的。

人往往是有惰性的，人一旦内心稍微宁静下来能让生活继续，他就会停歇前进的步伐，不愿做进一步成长。有意思的是，在不当教育下形成的人生模式终究不是最优化的模式，这种模式经常会让人生出现挫折，每次挫折都会给人们带来痛苦并让人们有所醒悟，但是一次痛苦又往往不能彻底清除内心的障碍，于是，人们就在痛苦的驱使下一步一步找回失去的自己。

所以复原真实的自己往往伴随着生命的阵痛，有时需要巨大的苦难才能阻止人们按照过去的习惯前行，逼迫人们向内看并帮助他们找回真实的自我。

痛苦是改变自己的良师益友，它让人们不得不拓展内心的空间，对于走上成长道路的人来说，每一次痛苦就意味着人生的又一次变革。

前面讲到的那位期待妻子去死的"恶毒"丈夫就是这样，他努力地同父亲决裂，争做一位好丈夫来弥补自己人生的"不足"，每次的迎合爱人换来妻子首肯的时候，他感觉到人生的"进步"，他据此判断，只要自己做得再细致一些，对妻子更体贴一些，妻子就不会责怪自己，自己就找回了幸福人生。

虽然他的人生充满了希望（妻子的首肯），但是他始终不幸福，因为妻子经常不高兴，他的心情也不断地随妻子起舞。除了迎合妻子，丈夫不知道用什么好的办法去消除自己内心的痛苦。

直到有一天，丈夫心理局限发展成为抑郁症，这成为他人生的一个重要转折点。因为抑郁症让他失去了取悦别人的本领，他再也没有能力去取悦别人，人生第一次让他认识到依靠过去的模式他永远不可能找回幸福，只有另辟蹊径才可能找回幸福人生。

在走投无路的情况下，他走进了心理咨询室，心理咨询师给他讲解人生的秘密，让他找到了产生心理痛苦的根源是失去自我，丈夫如梦初醒。

丈夫按照心理咨询师的要求，做了大量的心理补偿练习，通过一段时间的改变，他逐渐放弃了额外动力，逐渐以真实自我的自然动力作为人生的驱动。改变后的他由一个自卑、恋母、过分在意别人看法的人，变成了一个乐观、自信、睿智而融通的人，他的事业也一改以前的颓废而变得蒸蒸日上。

有意思的是，妻子过去也一直生活在自己设计的虚幻之中，从来没有想过改变自己，直到婚姻出现了危机，妻子才从痛苦中清醒。

随着丈夫的改变，妻子觉得自己的丈夫越来越不"听话"，而且还经常有了自己的主张，妻子感到很痛苦。最让妻子不能忍受的是，当自己不高兴的时候，丈夫竟然不来哄自己。

后来丈夫给我们的解释是，"哄她是解决不了问题的，因为她动不动就会不高兴，与其哄她一辈子，还不如'绝情'一点，促使她真正的成长起来。"

为此妻子感到非常困惑，婚姻曾一度出现了裂痕。虽然丈夫一而再再而三地向妻子保证他们将白头偕老，但似乎所有的承诺都无济于事，妻子觉得这些保证都是假的。因为她看到的是眼前活生生的丈夫已经变了，因为他已经没有像以前那样"听话"了。

当外界的痛苦足够大，完全超过了个人的承受能力，靠恐惧的动力不能推动自己前行，把自己带到一个绝望的境地，也就是说，当所有的努力仍然没有办法摆脱目前所面临的困境，人们这才放弃情绪这个额外驱动力，给消除情绪找回真实的自我带来曙光。

修心的惰性往往需要外界的"老师"来帮助克服，一旦一个人把修心变成为一种自觉行为，驱动他前行的就不是外在的痛苦，更多的是靠自己的兴趣，比如每天拿出一点时间来守静、随时随地关注内心的观念等。

在刚开始修心的时候，当恐惧袭来，父母和孩子真的希望恐惧立即离开自己；当修心到一定程度以后，有时还真的很感恩这些恐惧，因为生活中已经很难遇到这种恐惧，因为每次痛苦就预示着自己的内心障碍在那里等着自己去清除，一旦内心障碍清除了，内心的空间也就随之得到拓展。

要提醒大家注意的是，只有在内心成长的条件下，痛苦才构成"老师"，否则痛苦就只能是人生的一种障碍。

如果我们给别人造成痛苦而不能促进别人的成长，这就是制造矛盾，或者说是名副其实的伤害，这种伤害会像回旋镖一样，通过愤怒或仇恨反射到我们的生命中来。作为修心人，如果自己的忠言不能促成他人的成长，那么与其说一些"恶语"让别人怀恨在心，不如说一些漂亮的话让别人高兴，这样做一是不给别人造成内心的障碍，同时也给自己减少不必要的麻烦。

对修心的父母和孩子而言，无论外界的环境多么恶劣，我们都要好好珍惜来之不易的痛苦，把它当成人生的财富，让人生在痛苦中淬火，让生命在成长中升华。

# 做一个独立而真诚的人

在孩子接受批评教育之前，孩子的行为和动机是一致的。孩子学习就是喜欢学习，因为学习是兴趣所在；爱父母就是喜爱父母，因为父母值得孩子去孝顺；交友就是喜欢对方，因为大家的志趣相投。

孩子失去自我之后，行为和动机之间发生了错位。

学习不是真正喜欢学习，是因为怕父母批评，也可以说是想获得父母的表扬，孩子才认真去学习。

父母对孩子批评或者唠叨多，孩子对父母的态度也就发生了变化，但是，父母毕竟是养育自己的长辈，他还得对他们孝顺，于是，孝敬就多了一些敷衍，少了一些真心。

交友也有些变味了，很多孩子交友要么觉得对方有影响力，和他交往能给自己挣面子；要么觉得他经济条件好，能给自己带来好处，最后，如果没有给自己带来好处，可能还会恶语相向。

也就是说，通过不当教育，孩子变得不真诚了。

通常说一个人不真诚，指这个人说假话，或者心口不一。失去自我的孩子行为怎么体现为不真诚呢？

这还得从诚说起，那什么是诚呢？

诚是实的意思，内心与行为之间被完全压实，不含一丝杂念，这就是诚，所以诚又叫真诚，也叫诚实。

没有接受不当教育，孩子是真实的自我，就是完完全全的自我，没有一点其他的因素掺杂其中，这个时候孩子就是真诚的。

诚和虚相对，所谓的"虚"就是在一个物体中间留有空隙，物体没有被充实。

为什么说通过不当教育孩子变得不真诚了呢？

通过不当教育，孩子在学习行为上和学习动机之间多了一些恐惧，让学习的目的和行为之间没有被压实，中间存在担心，担心学习不好会让父母不高兴；对父母的孝顺行为和爱心之间没有聚焦，中间多了不耐烦，让父母感受到孩子不是真的孝顺，孝顺变成了一个应该遵循的习俗；交友行为和志趣相投之间没有做到无缝衔接，中间多了利益或者虚荣，让朋友之间少了纯洁和友谊。这些都是不真诚的表现。

现实生活中很多人之所以感受到无聊，也是因为内心不诚，一个内心完全真诚的人，他就感觉到特别富足。所以真诚的人，在心理上又被称为完全而完整的人，而内心存在间隔的人，又被称为缺失的人，这样的人，即使做了好事也像没有做一样，因为内心存在空虚。

内心空虚的人，对原本属于正能量的认识也会出现偏差。比如就"厚道"来说，厚形容宽厚，表程度；道是事物的本质，表真实。厚道是形容一个人很真诚，人生很厚重，是很高的境界。现实中有些人把厚道的状态当成了贬义，如果有人说他们厚道，他们会很不高兴，认为厚道意味着笨拙、不灵活，这显然是对厚道状态的曲解。

人们之所以会有这种曲解，是因为人们长期追求表面的荣光而疏于对真诚和厚重的品鉴。

因为父母的不当教育，一些孩子变得哗众取宠，热衷于大家的追捧，喜欢众人的掌声，有的孩子为了获得大家的关注，甚至不惜用一些雕虫小技来博取人们的眼球，他们觉得这样的人生才有意义，这样的人生才是成功的，这简直和幸福成功南辕北辙。

反观那些真诚和厚道孩子，因为说话做事谨慎，他们的言行往往会比那些言过其实的孩子要慢半拍，看上去好像这些孩子要愚笨一些，于是，很多人笑话他们，觉得他们反应慢，是愚钝的表现，殊不知，这样的孩子才有大智慧，因为他们是大智若愚。

由于修心的人少，父母和孩子很难体会到很多词语本来的意思。

关于道德一词，遵循社会规则的人无疑是道德之人。道德是社会意识形态之一，是人们共同生活及其行为的准则和规范。通过社会的或一定阶级的舆论对社会生活起约束作用。

道就好比一块百分之百的纯金一样，一块含有杂质的金矿石，因为它没有被提纯，所以它就不能被称为道，无论这块金矿石有多少种用途，无论它看上去有多么美丽，或者说，无论它怎么被修饰，所有的这些美丽表现也都不构成德，或者说这些德是虚假的德。而一块纯金，因为它始终就是处于真金的状态，它的所有外部表现，包括美丽的金光，坚硬的金体，极高的沸点，都是纯金的、实实在在的德。

像纯金一样，一个人清除内心所有的冲突而做回了真实自己的状态就是道，当他达到道的状态之后，他所有的表现就构成了德。当一个人找回真实的自己后，他会表现出善良、笃实、乐观等大家公认美好的德行，这就是为什么《大学》开宗明义说："大学之道，在明明德。"大人为学的道理，在于彰显光明的本性。

现实生活中人们都在传唱生活中的至理名言，如"人的幸福不来自物质""人的快乐与一个人的地位无关"等，对绝大多数的人来说，他们感觉到这些至理名言好，但是，不知道为什么好，因为他们没有真正从内心感受到脱离物质和地位的快乐，只有内心真诚的人，他才能体会到这种安宁与和谐。

内心不诚，做事做人就需要苦苦坚持，或者在压力面前不得不选择放弃。其实人生不是在苦苦坚持和放弃中做单选，当我们找回了内心的诚，幸福与成功就可以兼得。

那怎么才能让父母和孩子内心变得真诚呢？

让父母和孩子内心变得真诚，需要遵循先破后立的原则，这里的先破后立是指先去掉内在的虚浮，然后通过转念练习让内心建立在真诚上。

**心理训练：转念练习**

转念练习就是让自己的内心由恐惧、焦虑、后悔和嫉妒等虚浮的观念转变到真诚或者善良的一种方法，目的就是让内心变得踏实，从而提高工作效率，增加人生的幸福感。

针对自己的学习问题，先要去掉内心的恐惧，孩子可以对自己说："我现在愿意接受父母对我的任何态度，也包括批评！"这样，孩子内心的虚浮就被去掉了。

去掉了内心的虚浮以后，孩子突然感觉没有了方向，我现在学习到底是为了什么呢？然后，孩子再转念同自己说："我过去学习是为了让爸爸妈妈高兴，我现在学习就是想学习知识，提高自己的本领！"通过这么一转念，孩子内心瞬间就变得踏实了，学习的效率就会提高。

对于孩子和父母的关系问题，孩子也需要先破除内心对父母的怨恨，没有了怨恨，再去掉诸如"不孝顺父母就遭天打雷劈！"的恐惧。内心消除了冲突后，孩子突然感觉到没有方向感，他可能会自言自语地说："过去因为害怕才孝顺父母，现在没有恐惧了，那还需不需要孝顺父母呢？"紧接着让孩子转念说："过去我是因为恐惧才孝顺父母，现在我愿意真诚地敬重父母！"通过转念，孩子和父母的内心实现了无缝链接，他们变成了真正的心连心。

转念虽然有很大的作用，但是，如果内心恐惧太多了，转念还是难以实现的，只有消除大部分的恐惧和担心，转念才可能成功。

很多孩子因为学习压力大，会经常失眠，失眠过后，精神萎靡。面对这种情况，孩子也可以通过转念的方法，让自己放下对失眠的恐惧。

具体做法是先消除内心的恐惧，比如接受自己一直失眠，接受自己因为失眠而变成熊猫眼，接受自己失眠严重影响自己的学业，因为接受了这些，内心的恐惧也就被消除了。

但是，这个时候孩子往往还会排斥失眠本身。当孩子失眠的时候，他总是有意或者无意去看时间，发现自己凌晨1:00就醒了，内心不自觉地就开始烦闷，"怎么又醒了！"过了一阵子，再看时间的话，可能已经是凌晨3:00了，孩子不由得开始慌张起来，此刻，再想睡着就很困难了。

这个时候孩子就可以起床并转念同自己说："我从来没有见过这么宁静的夜晚，既然睡不着，我今天索性就不睡了，现在就起床好好感受一下万籁俱寂，并好好欣赏窗外的明月！"

很多孩子担心，几个小时不睡觉就会猝死，这显然是内心的恐惧。据说国外的实习医生要过72个小时不准睡觉的关口，只有过了这一关才可能成为合格的医生，因为有些手术需要长时间工作才能完成。

转念需要坚定，如果孩子真的这么想，内心瞬间也就宁静了，失眠也就不再困扰自己了。通过转念，孩子在庭院里踱踱步、观赏观赏月亮，很快也就疲倦了，睡着觉也就是一件很容易的事情了。

生活中很多的地方都可以用到转念。

比如孩子的性格总是拖拖拉拉，让父母难以忍受，为此，父母很想对孩子发火，如果父母再次发火，父母和孩子的关系又变僵了。这个时候，父母可能会感到很气愤，他们可能会对自己说："我们怎么这么倒霉，孩子来到这个世上难道是专门和父母作对的吗？"如果父母这么想，就会越想越气愤。

如果父母转念一想，情境就完全不一样了，坏事就变成了好事。

父母可以这样转念并同自己说："孩子就是自己最好的老师，孩子的问题从一个侧面反映了我们父母内心的局限，说明父母没有能力接受孩子。从现在开始，我们一定把孩子作为我们修行的老师，努力扩大内心的心量，学会真正的包容孩子，不达到内心的平静永远不停歇改变的步伐。"

有了这样的转念，父母内心的怒气就会立刻消除大半。怒气消除了，再和孩子好好谈心，效果就会事半功倍。

从这里可以看出转念是多么重要，所以古人讲："一起便觉，一觉便转，此是转祸为福，起死回生的关头，切莫轻易放过。"

人生不断地转念，内心也就变得越来越真诚了，人生也就会越来越快乐。正所谓"反身而诚，乐莫大焉。"

# 取天地精华为自己和家人所用

孩子如果没有接受不当教育，他做事情的目的都是善良的，作为学生就是为了掌握知识，作为农民就是为了种好粮食，作为工人就是为了出好产品，作为舞蹈演员就是为了出舞蹈精品，这就是人的初心，也是儒家所说的"人之初，性本善"。

当受到父母的不当教育，孩子生活的目的或为了做"好孩子"而平息内心的担心，或者因为想成为一个"乖孩子"而消除内心的恐惧，或是想成为一个"坏孩子"而缓解内心的焦虑，孩子做事情的动机很大程度上已经背离了初心。

无论是好孩子、乖孩子或者是坏孩子，他们都因为不当教育而遮蔽了内心的善良，个别人甚至把恶当成习以为常了，最典型的口号就是"人不为己，天诛地灭。"有些人不仅自己不行善，当别人做出一些善良的举动，他们为此会感到很奇怪，甚至会发出讥笑，觉得这些善良的人是作，是故意装高尚。

现在一些孩子不敢提"服务国家、服务社会、服务人民"的口号，害怕别人笑话自己，担心别人说自己说大话、空话，这也是孩子的心不够大，不够善良的原因。如果周恩来总理还健在的话，当一个人提出谁愿意为自己的国家贡献出自己的毕生精力时，可以想象的是，周恩来总理一定会从容地举起自己的右手，因为他就是这样想的，也会这样做，因为他从小就立志"为中华之崛起而读书"。如果你真的是这样想的，你还觉得这是大话吗？你还害怕别人笑话自己吗？

服务国家、服务社会、服务人民并不意味着我们一定要干出什么轰轰烈烈的大事，无论我们是农民、清洁工、商人、工程师，我们所做的一切都是在以不同的方式服务国家、社会和人民。做什么工作不重要，重要的是我们的内心。

所以找回真实的自己，还要复原内心的善。

有一位学生，成绩优异，对父母也特别孝顺，自己的愿望是考上清华或者北大。因为学业压力，患上了抑郁症，然后来参加心灵成长培训。

刚来的时候，心理咨询师问他为什么要考北大或者清华，是什么原因让他孝顺父母，他感到很茫然，因为自己从来也没有想过这些问题，对于他来说这是很自然的事情，似乎不是问题。通过心灵成长，他才对这些问题有了答案。

原来他之所以要考北大或者清华，其目的就是让父母喜欢自己，而不是真正地想做研究，更没有想到服务社会。而孝顺父母也不是真正的孝顺，其孝顺的目的是怎么才能让父母不责怪自己。

通过一段时间的成长，他才开始真正找到内心的善。

一次，在心灵成长培训的课堂上，他问老师："有当教育部部长的专业吗？"

老师听到这个问题感觉很好奇，这孩子为什么想当教育部部长呢？

原来，中小学"双减"政策出台前，学习充满了压力，让孩子们苦不堪言。他自己也曾经是这种比拼的牺牲品，别人六点起床，他也六点起床，别人五点起床，他也五点起床，比拼的结果让自己患上了抑郁症。

在成长的过程中，他逐渐发现了真实的自己。于是就有上面突发奇想当教育部部长的那一幕，因为他想改变中国的教育现状，去拯救那些因为应试教育而痛苦不堪的中小学生。

他能不能当上教育部部长另当别论。如果没有修心，他也可能想当教育部部长，但是过去想当教育部部长只是因为教育部部长能给自己和家族带来荣誉；修心后想当教育部部长的目的发生了变化，当教育部部长是为了拯救其他的中小学生。

一个人只有内心善良，他才会有大格局，才能成就一番大事业。

某报刊上曾有一则评论，抨击一些影视界胡乱编造、混淆视听，认为英雄可以一蹴而就，把英雄描绘成是情感冲动的产物。

评论员的观点是非常鲜明而正确的，英雄之所以是英雄，一定是他内心有一颗心系天下的善良之心。妓女和流氓是不可能转瞬之间成为英雄的，妓女和流氓之所以干着为人不齿的勾当，就是因为内心深处的恐惧或叛逆。如果说他们在抗日战争时期同日本人发生冲突，为了个人利益砍下几个日本兵的头颅是有可能的；但是如果让他们领导大家为国家民族伸张正义，这断然是他们无法做到的，如果他们能做到这些，他们就不会长期沦为妓女和流氓了。当然也不是说，妓女和流氓就永远不能成为英雄人物，如果让他们真正成为深明大义的好人，他们需要在心理上做一些真正意义上的改变，如果让他们进一步成为民族英雄，这个工程将更大。

很多人一想到善良就想到利他，善良除了利他，其实善良也利自己。

善良像和煦的阳光一样温暖身心，滋润每一个细胞，一个心地善良的人，内心始终是温暖的；恶则像严冬里凛冽的寒风，它无时不摧残人们的身心。一个长期修心的人，只要内心有一点恶，他都会感觉到不舒服，他能明显感觉到恶对生命的摧残，他会立刻用爱取代内心的恶。

善良除了能滋润身心之外，善良还能让人变得美丽与高贵。一个内心狠毒的人，当他做出某种有悖人伦和常理的行为时，他其实是在同另一个善良的自己抗争，抗争的心气也就让狠毒、狰狞与狂妄写在了脸上。现实生活中，某个女人五官长得很漂亮，性情也装得很温柔，但是写在脸上的强势是她无法掩饰的，她的强势就会让人们对她敬而远之。一个内心善良的女人，其温暖与和煦之气充盈着她每一个细胞，美丽、安详与富贵就是她的生命，这样的女人是人见人爱的。

善良对自己的事业也是大有裨益的。最简单的道理是，你对别人好，别人才会对你好。

我经常以销售为例，分析善良对个人的好处。

很多新来的顾客，因为对产品不了解，刚开始会有很多的质疑，"到底有没有用呀？""会不会骗人呀？""如果没有效果怎么办呀？"因为大家担心花钱买了产品，使用后却不能取得相应的效果，这都是正常的心理现象。

曾经有一位家长，她带着女儿去外地看病，她刚一下高铁就报警，说自己被骗了。接警后警察迅速赶到现场，只见妈妈蜷缩在那里并抽泣着，警察了解情况后发现，她们人都没有去医院，女儿还没有接受过医生的面诊，更没有收取任何的费用，是因为妈妈高度紧张产生幻觉才报的警。

面对这些正常的质疑，如果你动不动就大动肝火说："你给我走！你给我走！我不卖给你了！你是什么人呐！这么不相信人！"一些顾客就被你的怨气赶跑，你的收入自然也就降下来了。同时，你也会因为气急败坏而令身心受到伤害。再者，一些被你赶跑的顾客还会给你做负面宣传，让你损失一些原本有意向的客户，这个结论也被市场和广告学所证实，即一个非常不满意的顾客会把他的不满意告诉11个人以上。

善良一定有回报，有的时候是立刻回报。你的产品好，你尽力宣传了，有些人当时就买了，这就是顾客对你和善的回报。

有些时候，善良的回报是需要时间的。有的人可能因为经济条件，他需要回家考虑一段时间；也有的人目前根本不需要这个产品，但是过段时间，当他需要这个产品时，过去你在他心目中留下的慈眉善目或者开朗的笑容，会让他第一时间想到你。

如果有的人一辈子不需要你的产品，他不诋毁你的产品就说明你的善良起作用了。正所谓良善得天佑，所求皆如愿。

人们对善的误解由来已久，很多人害怕做好人，因为害怕应验了

"好人不长寿，祸害活千年"的魔咒，这个魔咒到底存不存在？这个魔咒的真实含义是什么？

社会上一些人非常在意别人对自己的看法，别人的一句话、一个手势或者一个眼神都让自己心神不宁，所以处处小心。同时，担心自己的形象受损，对自己一句话、一个动作常常后悔不已，寝食难安，甚至不断地向别人解释自己的行为，害怕引发误会。这就是我们看到的"好人"，这些"好人"因为内心战战兢兢而影响身心健康，进而无法长寿，这可能就是"好人不长寿，祸害活千年"的谜底。

这些"好人"看上去是好人，但是他们害怕得不到别人的尊重，担心自己受到孤立，顾虑自己的名誉，他们所有的好的行为都是想到自己，从这个意义上说，他们不是真正的好人而是多多少少有些自私的人。

真正的善良是由心底而发的，所有的善举来自真诚而不是情绪。真诚让事业、健康得到均衡发展，小人同真诚的人相比，则是小人不长寿，君子活千年。君子能够获得遗传最长的寿命，即使离开了人世，他的事业始终被继承，生命的价值不断得以延续。

成长过程中，父母和孩子一定要对自己的善行进行辨别，千万不要把恐惧当善良。

一位同学对表姐的离婚颇有微词，表姐嫁给了一位富豪公子，这位公子因酒后驾车出现严重的车祸而内脏受损，用了几百万才侥幸活了过来。表姐看到丈夫几乎成了残废，于是离开丈夫而另寻沧海。听到表姐同表姐夫离婚，这位同学愤愤不平起来。

从外表上看，同学的行为确实符合社会道德规范，很多人据此就认定他的行为是正义，是一种善举，其实他另有隐情。

当同学心灵成长到一定程度的时候，同学告诉我们说："自己内心孤独，害怕将来也被自己的妻子抛弃，所以才会对表姐的行为做出反应。"这位同学心灵成长的体会说明他正义的行为并不是内心有多么高尚，而是内心充满恐惧的结果。严格意义上说，他对表姐做出的评判恰恰说明了他内心存在某种自私。

无独有偶，有一位女士，她的好友去世了，但她得知好友的丈夫在妻子去世不到一个月就找了新的女朋友时怒不可遏，并一度上门把这位男士羞辱了一顿。很多人认为她是正义的化身，很长时间以后我们才得知了真相。

一次朋友聚会中，她给我们道出了实情："我真的难以接受当我死后，其他女人占我的房、睡我的床、抱我的男（人）、打我郎（儿）。"也就是说在她正义的背后，她内心也是充满了担心和私利的。

要复原内心的善，需要我们对善进行辨别，查看善行的背后是否隐藏与善良背道而驰的驱动力，如果存在这种驱动力，善也就不是真正的善。

一般人认为孩子在父母面前表现好，超过其他兄弟姐妹，让父母对自己好是善良，其实这也是恶。

"为人子者，若使父母见得我好些，谓诸兄弟俱不及我，这便是不孝。"这是清朝一位官吏家书的一句话，意思是说，作为子女的，如果让父母对待我好一些，让父母对待兄弟不及我，这就是不孝。

之所以说在父母面前争宠是恶，是因为自己的行为让父母处于不义之中，父母能做到公平最好，如果不能做到公平，他们对谁好是他们的选择，作为子女不要做出任何行为影响父母做出不义的选择。

要改变人生要留意每一个念头，即使是一个很小的念头，如果是恶的，就要抛弃。

同样，对于善的念头也需要觉知，即使是很小的善也需要我们去培养。

所以王阳明说："善念发而知之，而充之；恶念发而知之，而遏之。"善念一出就觉知，然后充盈内心；恶念一出也觉知，而摒弃不用。

除了辨别自己的观念，父母和孩子还可以通过转念，让自己的做事情的动机都朝着善的方向。

比如孩子前几天与同学发生了口角，今天突然在校门口遇见了，本来想打招呼，但孩子内心出现冲突，"我主动同他打招呼，别人会不会认为我懦弱、害怕他。"

孩子可以这样转念，"我主动与他打招呼，不是我怕他，因为我愿意友好对待同学。"

再比如父母让孩子做家务，孩子总觉得是父母强迫自己去干的，所以很不情愿去做家务。

这个时候，孩子可以先选择接受父母的行为，或者对自己说："父母强迫自己做家务并不代表什么意思！"

然后再转念，孩子可以同自己说："我现在愿意去做家务，我做家务不是因为被强迫，而是因为我爱爸爸妈妈，我爱这个家！"

当父母和孩子审视自己的内心，由内（本性）到外（意识）全部是善时，此时便是"内省无疚，无恶于志"，内心没有一点愧疚，心理上没有一点恶的念头，父母和孩子的心就达到了至纯。

修心追求心善，但不一定要人知。这就同种地一样，修心的人追求的就是播种，至于结什么果并不重要，或者说，因为自己播种的是好的，所以结果自然也就是好的，因为种瓜得瓜，种豆得豆。修心人经常说一句话："心为善，福虽未至，祸已远离；心为恶，祸虽未至，福已远离。"有的时候积善好像不能立即看到效果，"为善不见其益，如草里冬瓜，自应增长"，虽然表面上看不到，其实功效像草丛中的冬瓜一样暗暗地在长大。

# 内外兼修，仁者无敌

从改变的进程来看，刚开始关注内心多一些，因为只有内部被清理干净了，外部才能发生真正的改变。

随着改变的继续，成长就沿两个方向上展开，一个方向是继续向内，另外一个方向是开始向外。

继续向内不是简单、机械地重复，而是赋予新的内容。刚开始改变的时候，向内解决的是内心汹涌澎湃的大冲突；当这些汹涌澎湃的波涛消失后，开始关注内心的小波涛；接着是平息内心的小涟漪；当小涟漪解决后，还会发现有更隐秘、更深奥的问题，"川学海而至海，故谋道者不可有止心。"河流学习大海的兼容并蓄最后才能汇入大海，追求学问和真理的人可不能止步不前。

很多家长和同学可能会问：观察那么细致有什么具体意义吗？我只

要能够幸福地生活，能够赚钱养家就可以了，何必要做到那么细致呢？

在成长过程中的确有一部分家长或者同学，一旦达到了自己的目的，他们也就没有继续成长下去，这还是很可惜的。

心理这个东西虽然是意识，但是，其内容是客观存在的，如果你压制了，或者说它是消极的，你不去祛除它，它始终在那里，一有机会它就会出来干扰你，它的存在就会影响你的幸福和成功。虽然到了成长后期，剩下的可能是更细微的心理，但其作用却并不会因为它的细微而减弱，这些幽微的存在甚至作用更大、影响更深远。

一个人多去掉一分压制的心理，他的人生就会多一分幸福和成功，这种耕耘的回报可谓立竿见影。再者，父母和孩子成长到一个更高的阶段，并不需要他们拿出很多的时间专门去练习，只需要大家做一个有心人，时刻留意自己的内心就可以了。

面对更隐蔽、更细微的心理，我们需要更加细心地去体会。无论它多么细微，它总会通过内心表现出来，也就是说，我们内心总会有感受。

有一次，我给孩子打电话说："童童，你在哪里？你现在干什么呢？"

一般人可能觉得这些话没有什么不妥，毕竟内心是平静的，而且说话的语气也是平和的。如果我不是长期地成长，我也断然察觉不出有什么问题。

那天打电话的时候，我突然发现自己说话的气场不对劲，或者说自己说出的话是在一种特殊的"势"下说出来的，虽然没有什么大问题，但是说话的语气分明有些居高临下，是不信任孩子，甚至有些怀疑孩子的，是在搞有错推定。

挂了电话我如梦初醒，并幡然悔悟地同自己说："哎，这么多年，作为父亲就一直用这种语气和孩子说话，怪不得孩子过去不愿意对自己吐露真言！"因为观察到了这个"势"，这个"势"也就破了，从此以后，和孩子说话的方式也就变了。

有一位同学，他告诉大家自己成长的体会。

"过去我不想看书可能就真的不去看书了"，他对大家说。

"有一次，我刚一拿起书本，又本能地想放下课本去玩会儿手机"，他继续说。

"这次，我就特别留意一下自己的心理，我开始询问自己的内心说：'怎么刚看书就想玩手机呢?'"他接着说。

"如果没有留意，自己也就顺着习惯走下去了，毕竟内心没有什么大冲突。"他庆幸地说。

"当我仔细留意，我发现内心有微弱的声音，'不能成绩太好，不然妈妈总拿我的成绩在别人面前炫耀。'这个声音把我吓了一跳，我居然内心有这种想法！"同学长舒了一口气说。

"自从我知道了这个心理后，我也就破除了学习的障碍，从此以后，我的学习成绩有了一个较大的提升，并且成绩一直很稳定。"同学最后说。

人生的变化都是在内心悄悄完成的，在这个幽暗之中的变化，外界是难以发现的，正所谓"语小，天下莫能破焉。"从小处说，因为它发生在内心的细微之处，在你周围的人又怎么会知道其中的变化呢！

解决任何问题一定要找到问题的关键，如果父母和孩子不从这些隐秘的驱动力着手，而是一味地埋怨对方说："你能不能不要那么虚伪！""你懂事点好不！""你学习认真点行不！"这些重弹的老调即使让对方耳朵听起茧了，它也未必会发挥作用。

过去古人知晓内心隐微心理的重要性，所以对修心推崇备至。

"君子之所以不可及者，其唯人之所不见乎！"君子之所以很难企及，因为人们很难发现其用功之处。"君子之道费而隐。"君子之道的功效广大而着力点却在隐微之处。"青天白日的气节，自暗屋陋室中培来。"一个人高贵的气节，不是一个人显摆出来的，而是君子在内心深处那些不为人知的幽暗之处用功而得来的。

这也就是为什么我们前面讲一个英雄人物不是随随便便产生的，他是心理的必然。大多数的英雄人物一定是从小接受过父母和学校良好的教育，懂得尊敬师长，孝顺父母，有一颗胸怀祖国、放眼世界的心。一个满嘴脏话、油头滑脑的人，你还能奢望他承担国家和民族的重任？你还能期待他为世界的和平能有所作为？

在改变内在的同时也需要改变外在，这就是内外兼修。

外修是内修的继续，也是内心改变的外化，是把自己内心改变的成果转化为外在的行为，是对自己内修的一种检验和升华。

要外修，必须从口开始，口是心灵的窗户，是内和外的结合部，内心修好了，内心的状态就传递到口，再经由口传输到外界，爱的语言传播链就得以重新建立了。

在这个阶段，说话就不能像以前一样信口开河，有时候是开玩笑的话，但是，如果不是真诚和爱的语言就不要说出来，因为说多了，它又会反过来污染我们的内心，也就是说要做到"言顾心"，说出来的语言一定要和内心一致，都是真诚而善良的。

为了在同学面前表现出谦虚，个别孩子又习惯性地对同学说："我不行，我就是一打酱油的。"改变后这种话是不能说的，谦虚是好的品行，但是，说这种话不是在谦虚，这是在自我贬低。

语言真诚，任何话都要能见得了阳光。很多的时候，父母和孩子之间的对话都只能在家里说，比如"这个邻居好古怪呀！""这个老师好偏心！""这个亲戚好财迷！"这些话的内容都不能公开，这也是不真诚的表现。除了极个别的语言，如商业秘密或者善意的谎言，家庭成员间的任何语言要内外一致，如果你觉得自己的这个话不能在外面说，建议你在家中也别说出来，因为这种语言十有八九是不真诚的。

所以，父母和孩子要做到"慎独"，什么是"慎独"呢？

"慎独"有两个意思，一是指在内心深处，只有自己才知道的隐秘之处，自己的思想是善是恶，一定要看清楚，然后要扬善而去恶。还有一层意思是，在个人独处或者在家庭这样的小团体中，个人的语言和行为也一定要真诚和善良。

"言顾心"之后，紧接着就是要做到"行顾言"了。改变后的自己，内心真诚了，语言善良了，行为也需要带着满满的爱，正所谓"存好心、说好话、做好事"。

具体来说，以后做任何事情的目的就是服务大众，而不是首先为了赚钱或者荣誉。

比如开一个早餐店，首先要问自己说："我开这个早餐店，我怎么才能服务好大家，或者说，我服务大家的特色在哪里？"

如果你回答说："这个街道附近没有早餐店，我开这个店就是方便居民，让大家少走路。"这里的服务是有内容的，这个店有成功的基础。

如果你回答说："附近虽然有早餐店，但是，它们大多卫生条件不好，我开的店要搞得干干净净的，让前来消费的每个顾客都能感觉到干净温馨。"这个想法是真诚的，显然也是有卖点的。

如果你回答说："我服务大家和别人不一样，他们的食品太过单一，我提供的食物让大家有多种选择。"这个想法也是善良的，也具备了成功的"基因"。

如果你回答说："虽然附近有很多早餐店，但是，我做出的早餐味道是最可口的，我要用最独特的味道来服务大家。"你的这个点子是成立的，因为它的立足点也是助人。

也就是说，成功的途径可能多种多样，但是成功的核心只有一个，那就是真诚地服务大家。

"行顾言"或者"行顾心"的一个重要方面就是要把真诚的内心落实在行动上，具体来说，就是要踏踏实实地做人、扎扎实实地做事，你看准的事业，不能朝令夕改，无论遇到多大阻力，都需要矢志不渝地坚持下去。

我 2005 年回国的时候，创立了一家心理咨询中心。当时几乎所有亲朋好友都反对我这样做，妻子反对的原因很简单，因为我刚创业的第一年，每个月只能上交家里 1000 元，这个收入是没法养家的，在出国留学之前，我在国内的收入已经是每个月 3000 元，去海外留学回来收入不升反降，妻子怎么也想不通。哥哥姐姐也提出了反对意见，他们觉得我当时都 40 多岁了，还这样折腾，万一失败了怎么办，不如重新回到政府部门去工作，这样做会保险得多，毕竟原来单位的领导还欢迎我回去。就连过去的好友也给我提出忠告说："心理咨询，一天到晚和有心理毛病的人打交道，这个行业不好。"

如果我没有做回自我，如果我没有把真诚的内心落实在行动上，很快我就会放弃。

因为做回了自我，求助者的需求我能看得清清楚楚，同时，我清楚地知道这个工作不是靠死记硬背就可以胜任的，那些靠资本运作的人更是相去甚远，只要我选择坚持不动摇，就一定能把这件事做好。

现在很多人一说创业就是扩大规模，有些行业是可以扩大规模，有些行业就需要保持小作坊，一味地贪大就会失去原有特色，最终就会葬送你的事业。心理咨询也是一样，它的效果来源于心理咨询师用内心的光明照亮别人的阴影，如果一堆内心没有成长的心理咨询师在一起，规模是扩大了，但是，用什么去照亮别人呢？

所以，在刚开始的日子里，我在中心里所做的一件重要的事情就是守静和守正，始终守护一颗宁静的内心，正是这种守护，让自己坚持下来了，到2022年，这一坚持就超过了17年。

我的经历说明一个道理，没有改变之前，因为内心有太多的恐惧，自己断然不可能有这样的坚持。当自己改变之后，内心真诚多了，做事情也就多了一份坚守。同样的道理，父母和孩子选择改变，不断地积累内心的诚和善良，他们的人生一定能大有作为。

第十章

## 告别叛逆，孩子大有作为

# 爱代替了叛逆，孩子潜力无限

当父母改变之后，如果孩子还未成年，父母一定能教育出最好的孩子。

这里要特别说明的是，这里的好孩子的概念有别于一般父母所认为的那样。

一般的父母总是喜欢拿自己孩子和别人家的孩子对比，他们认为只有孩子超过所有的同学，或者孩子得到老师和领导的认可，才是好孩子。

施一公教授曾经给大家讲述了一个故事。

他同以色列大使交流两国教育经验时，以色列大使强调在他的国度，教育更加注重孩子的创造性。

为了更好地说明问题，大使特地用他们的前总理西蒙·佩雷斯作为例子。

西蒙·佩雷斯在读小学的时候，每天放学，母亲总是问西蒙两个问题："今天你在学校有没有问出一个老师回答不上来的问题？""你今天有没有做一件让老师和同学们觉得印象深刻的事情？"

从心理的角度，这个教育也是有缺陷的，特别是第二个问题，就含有让孩子失去自我的成分。当然，很多家长出现的问题更多。

对照以色列的教育，施教授感觉到有些吃惊，因为面对他自己的两个孩子，每次放学，他的第一句话居然是"孩子们，今天你们有没有听老师的话？"

这句话不仅他一个人这样讲，他发现不少家长也都是这样要求孩子的。

事后施教授向大家呼吁："我们这样的教育是培养不出来创新人才的！我们过多关注了孩子的顺从和尊重权威，却忽视了独立思考和探索发现问题的意识，一味顺从、听话的孩子从来都不能产生创新！"

当父母改变之后，他们会发现孩子本身就是成功和优秀的，教育孩子的目标就是让他们成为真实的自己。正如心理学家卡伦·霍尼所说："你无须，实际上也无法教会一粒橡树果如何长成一棵橡树，但只要给橡树果以机会，它内在的潜能就会发展。"

孩子本身是成功和优秀的，并不意味着他们从此开始躺着睡大觉，说他们是成功和优秀的，是因为他们有一颗自然的内心，他们始终拥有百折不挠、只争朝夕的生活态度，始终保有对人类、对自然界的热爱，始终保持着对自然与科学的浓厚兴趣……就像橡树果成为橡树一样，接下来，孩子还需要快乐地学习和深入地探索。

之所以说父母改变之后，他们能教育好孩子，是因为父母的内心充满稳稳当当的幸福和安宁，他们的言行举止都带着满满的正能量，他们是真正的学为人师、行为世范，他们的存在就是最好的教育。

下面是发生在我家里的一则小事，它从一个侧面说明存在就是一种教育。

我在家里排行最小，父母生我时已是高龄，因父母年事已高而逐渐丧失劳动能力，我上学的经济来源主要靠哥哥姐姐，所以对他们抱有感恩之心。我孩子也知道我们兄弟姐妹之间手足情深。

姐姐因长期在领导岗位上，她控制欲比较强，也有一点爱唠叨。

有一次姐姐从老家来我家小住，来之后一会儿批评我爱人这个没有做好，一会儿指责我爱人那个没有做好，我爱人心里难免有些情绪，但碍于姐姐远道而来，她将内心的气忍下了而没有爆发出来。

一天，姐姐生病了，不想吃米饭，因为是在弟弟家，也就没有什么顾忌，姐姐有气无力地说："我要吃馒头。"

妻子因为对姐姐唠叨有成见，故意从中作梗说："这么多米饭，吃什么馒头。"

当时，孩子正在桌子上吃饭。他知道爸爸深爱着妈妈，也知道爸爸和姑姑之间手足情深。只见孩子抬头看了看他爸爸，然后，他一边嚼着饭菜一边扫视着妈妈和姑姑。

作为孩子的父亲，如果我没有改变，接下来的事情走向就会超出自己的掌控。

我可能会生气地说："你什么意思，姐姐要一个馒头你都不给，你怎么这么狠心，姐姐还病着呢！"

孩子的妈妈听到这话，心里也会很生气，她想："你不向着我也罢，却向着你姐姐！"于是，她可能会愤怒地回击说："你是想同我过一辈子，还是想同你姐姐过一辈子？"

姐姐听到这句话，心里想都是自己惹的祸，于是拎着行李悲伤地离开了弟弟的家，登上了返程的列车。

如果看到对自己恩重如山的姐姐伤心地走了，我可能会怒不可遏，我可能会对妻子咆哮，甚至会摔盘子、摔碗。

看到这种情形，妻子也很委屈，她会想："与他同枕共眠多年，在丈夫的心中，我的分量居然如此轻微。"在恸哭之后，妻子突然狂笑道："海誓山盟都是假的，海枯石烂都是骗人的！"

可以设想，在一旁的孩子，看到这个场景，无论如何也不会感受到家庭的幸福和人间的美好。

因为我多年坚持修心，断然不会让事情如上所述一样发展。

听到妻子的话，我心里出现了两种声音。一种是姐姐从千里之外来看自己，一个馒头都不能满足，这未免太失礼了。我当时想，作为弟弟，我一定要设法满足姐姐的要求。另外一个声音也随之出现，妻子虽然有些过分，但是，事出有因，训斥妻子会让妻子在姐姐面前颜面扫地，只能加剧家庭的矛盾，作为丈夫，我需要保护妻子的自尊心，不让妻子在姐姐面前丢脸。

接下来，我好像什么也没有听见似的，悄悄来到厨房，过了几分钟，从厨房里把刚蒸好的热气腾腾的馒头放在桌上，并对姐姐说："馒头好了！"

姐姐吃上热气腾腾的馒头，心里挺高兴，自然就不再埋怨了；妻子碍于丈夫的情面，也没有说什么，姐姐和妻子之间虽然内心都有一点不悦，但矛盾不至于扩大，总体上也就相安无事。

只见在一旁的孩子看到矛盾解决了，又开始大口地吃起饭来。

虽然这是一件平常的小事，作为爸爸什么也没有说，但是行动却胜过千言万语，这种存在就是一种最好的教育，也可以说是不教而教。

存在即是教育，前提一定是父母消除了内心的各种冲突，从而使自己具有无限的包容力。

当父母正开着车，因为童言无忌，孩子突然说："千万要小心，不要开到山崖下面去了！"

没有成长的父母，因为害怕，他可能会对孩子臭骂说："闭上你的乌鸦嘴！"

成长后的父母则是平静地回答说："相信爸爸的技术，我会保证全家的安全。"

说这句话的时候，爸爸妈妈心里的潜台词是"因为我们内心没有恐惧，即便你说了不吉利的话，爸爸妈妈也不会严厉地训斥你。"

同时，父母可以平静地和孩子说："宝宝，下次，如果你坐同学父母的车，就不要这样说话了，因为很多父母害怕被你的话不幸言中。"

这样的教育，孩子就会懂规矩，同时，内心并不会产生阴影，不会担心说错话而不敢说话了，因为父母是以平和的语气来教孩子怎么做的。

无论是父母还是孩子，即便内心自由了，还是需要遵循社会规则。规则体现在多方面。

首先要成为正能量的引领者。作为改变后的父母或孩子，无论自己多么优秀，还是需要带头遵纪守法，尊老爱幼；虽然自己较容易取得成功，还是需要保持谦虚谨慎、戒骄戒躁的作风；虽然自己的经济能够自由，还是需要厉行节约。

其次，遵循规则还体现在尊重世俗上。有些话虽然在理，别人对自己说可能无妨，但是，自己对别人说就需要考虑别人的感受。比如按照哲学家的观念，人一出生就奔向死亡，这句话没有毛病，但是，这句话仅仅在哲学小圈子说说可以，绝对不可以对着一个新生儿的父母说："出生就意味着奔向死亡呀！"如果这么说话，说明我们语言表达缺乏了灵活和变通。即使我们改变了，面对新生儿的父母时，我们还是需要遵循世俗，热情地和父母说："孩子是父母的希望，衷心祝愿孩子健康成长！"

最后，改变后的父母需要好好地陪伴孩子。虽然孩子有潜力，但是孩子的潜力一定不能被压制，或者说，卡伦·霍尼提出的橡树果长成橡树是有条件的，如果橡树果被污染了，它也就变异了，长大以后就不是真正的橡树了。

所以，父母陪伴好孩子，就需要及时地清理孩子周围的环境，始终保证孩子在健康的环境中成长。

当孩子在学校问了一个被老师认为是"愚蠢"的问题而受到同学嘲笑时，这个时候需要父母帮子女站台。

父母可以平静地和孩子说："世界上没有愚蠢的问题，只有愚蠢的回答。"

父母还需要给孩子传递这样的信息，虽然大家嘲笑了你，但是，你还需要尊重老师和同学，尊重他们意味着尊重万物，你需要有一颗敬畏之心。但是，你并不一定需要得到老师和同学的认可，老师和同学不都是对的，青出于蓝而胜于蓝，你终究是可以超越老师的。

孩子接受了这样的教育，孩子就不会受挫，既不会怨恨同学，也不会因为同学嘲笑了自己而不敢提出所谓愚蠢的问题。前面我们讲过，很多所谓愚蠢的问题恰恰蕴含着科学和真理。

接受这种教育的孩子，一切都会用科学和真相来说话，他不会迷信所谓的大师。这样的孩子就是阳光的，积极的，也是科学的，同时又是有怀疑精神的。

中国工程院院士、云计算技术专家王坚接受媒体采访时说，大学里可以有老师，但是，最好不要有所谓的大师。"弟子不必不如师，师不必贤于弟子"，老师是可以被超越的。大师的感觉是神圣的、不可超越的，这会固化研究和创新的氛围。

对中国家庭教育的分析，无论是施一公教授还是王坚院士，都切中了要害。但是，我们要提醒家长，孩子的教育从来不是语言艺术，影响孩子的是父母心理的积淀，是父母的行动和态度，如果没有内心的成长，仅仅依靠空洞的语言，那么，教育好孩子只能是镜中花、水中月，最终所有的努力只能是一场空。

陪伴孩子最重要的是父母要有一颗大心脏，因为需要驾驭孩子的"调皮"和"异想天开"。

有的孩子闹着要学滑板，有的孩子哭着要学滑冰，有的孩子要学习山地自行车越障……初学的时候，孩子可能把衣服摔破了，有时候甚至摔得鼻青脸肿。改变后的父母因为有一颗大心脏，也就成就了孩子的体育梦想。

孩子可能看见水井里或者稻田里有月亮的影子，因为孩子不懂反射光的原理，他可能想用家里的笤箕或者漏勺去捞月亮。改变后的父母，如果自己懂这个原理，可以向孩子解释影子形成的光学原理。父母也可以这样做，无论懂或者不懂，父母也可以陪伴孩子一起去捞月亮，因为实践出真知，孩子捞不到月亮后，他就会反思，反思就是学习的过程。同时，孩子也需要父母在一旁保护他的安全。

无论在家里还是在学校里，很多家长或者学生认为学习就是熟记知识点，知识重要吗？知识当然重要，但是，知识是死的东西，比如尼罗河的长度、世界最高峰的高度、打破某项吉尼斯世界纪录人的姓名，这些资料是可以被查阅到的。学习最重要的方法是求真，是培养孩子发现和解决问题的能力，比如为什么自己在滑板上会摔倒？明明看见水井里有月亮，但是水抽干了却找不到，探究这些背后的原因是最好的学习，是真正的科学探索。

对一般父母而言，孩子的淘气让他们感到恼怒，觉得孩子怎么这么爱折腾，他们会对孩子加以训斥和管束，结果孩子变乖了，天性却没了。对改变后的父母而言，他们会觉得这一切都是正常的，他们会让孩子豪放地去奔跑、无拘地去探索、自由地去思考……

这种因为父母成长的好而让孩子天性得以保存，就是儒家所说的"自诚明，谓之性"。意思是说，孩子自出生开始就始终保持着内心的真诚，他们只要顺从自己的内心，就知道人生的方向该怎么走。

从这里我们可以发现，"自诚明"的孩子就是从出生开始，始终保持天性的孩子。表面上看他好像是天生的，真实的情况是，他们从出生那一刻开始，就有父母的正确陪伴，才造就了孩子的内心强大。

接受了这种教育的孩子，他们将来就更容易成为科学家、艺术家、体育明星、企业家……等待他们人生的就是成功与幸福。

# 幸福成功舍我其谁

大多数的父母可能没有那么好的运气，他们在教育子女的过程中走了一些弯路，导致孩子人生积累了不少问题，为此，很多父母感到很后悔。其实，这没有什么好后悔的，按照孔子的说法，"朝闻道，夕死可矣。"能找回自己是莫大的幸运，死都值得，早一点或者晚一点又有什么关系呢！

接下来，父母和孩子该怎么办呢？

如果你的孩子还没有成年，父母就需要早点成长起来，你成长得越好，对孩子的不利影响就会越小。对于父母已经影响到孩子的部分，就需要等待时机成熟的时候，让孩子自己去处理，或者父母成长后慢慢引导孩子去消化过去的存量。

如果孩子已经是成人了，父母和孩子就可以选择同步成长。即使同时选择成长的父母和孩子，他们也不是齐步走，他们的成长也会有快有慢，所以，父母和孩子需要彼此包容，否则不同的成长速度也会形成新的矛盾，因为成长快的往往会嫌弃成长慢的。

和"自诚明"不同的是，因为人生已经受到父母的影响，通过成长才找回真实的自己，这就是儒家所说的"自明诚"，先明白道理，然后成长做真诚的自我，这就是教育的力量，所以有"自明诚，谓之教"之说，世界上绝大部分人都是通过这种方式找回真实自己的。

无论是"自诚明"还是"自明诚"，孩子一旦做回了自己，无论外部的环境多么复杂，他的人生都可以成功和幸福。

如果孩子准备创业，孩子可以像某个企业家所说的那样，先设立一个小目标，赚一个亿。

没有改变的人觉得不可思议，觉得这是好高骛远，其实不是。

没有改变之前，很多人一想到要投资创业挣很多钱，刚开始就会很激动，兴奋之余一想到万一亏了，家人会指责自己，同学或者邻居也可能会笑话自己，他们又害怕了，然后，就再也不敢往下想了。

改变后，所有的恐惧被消除了，他首先变得敢想了。

敢想体现在两个方面，一个是敢于提出奇思妙想。无论是上九天揽月还是下五洋捉鳖，只要是服务大家，只要是自己的创业有利于大众，别人的看法就显得无足轻重。二是敢于设定宏伟的目标。他想到挣了一个亿，他不会感到兴奋，因为这是服务大家的结果，他想到更多的是一份沉甸甸的责任。他也会考虑到亏本的问题，因为内心消除了恐惧，面对亏本，他不会惊恐，虽然也有亏本的可能，但是他会从成本、定价和市场多方面来评估，一旦觉得可行，他就会去实施，"看准了的，就大胆地试，大胆地闯"。

最难的就是实施过程，这个过程会遇到各种各样的问题和矛盾，投入的资金快用完了，收入还没有影；因为不满意待遇，员工走马灯似的轮换；股东之间的不同意见，自己正确的主张得不到认同；假公济私、偷窃、劳动事故、员工纠纷……如果没有修心，他看到创业这么劳心费力，也就只能作罢了。

很多人以为改变以后，人生从此就是坦途，事业将会一帆风顺，这是错误的。做回自己之后，人生还会遇到各种各样的变数，因为内心能做到处变不惊，面对事业上的各种挫折，他就能沉着应对，化各种凶险为平安，化各种坎坷为坦途。

所以老板或者企业家不是所有人都能胜任的，只有少部分内心强大的人才可以胜任，孩子做回了真实的自我，他就一定能胜任这样的工作，而且他一定比大多数的老板做得更好，因为孩子坚如磐石的内心会给自己的创业做好锚定。

一个彻底做回自己的人，他一定会对自己的事业"如切如磋，如琢如磨"，在服务大众的同时，他的财富一定与日俱增，他就是当之无愧的富翁，因为大德者"必得其禄"。

孩子成长后，他是不是就一定变成了中国的首富呢？实事求是地讲，他具备这个能力，其他的就看机会了。但是，可以确定的是，孩子一定可以获得经济上的完全自由，与过去相比，孩子的收入会成几倍、十几倍，甚至几十倍的增加。

虽然"自诚明"和"自明诚"的孩子都可以获得成功，但是，两者还是存在一些细微的区别。"自诚明"的孩子因为从小就做回了自己，他们很早就开始了深入的学习和探索，所以他们更容易成为科学家、艺术家、医学家和企业家等各类专才。"自明诚"的孩子在经历挫折、遭受苦难、浪费时间之后，通过成长，他们对社会和人生的认识更深刻了，他们更懂人间的疾苦，更知晓人们的内心冲突，更适合做管理工作，更适合做修心的导师。

很多人没有做管理工作之前，觉得管理工作很简单，一旦他们走上领导岗位，他们才会发现原来管理工作是一项很困难的工作。

有一位从事会计工作的妈妈，她认为会计很烦琐，决定放弃原来的工作，转行做管理。

她的第一份管理工作是物业管理，这个工作看上去很简单，主要职责是负责督促和检查居民小区的卫生。

她原本想这个工作只要自己动动嘴就可以了，当她高高兴兴来到这个工作岗位的时候，她发现管理工作的难度完全超乎想象。也可能是交流的缺陷，也可能是管理方法有问题，她发现员工根本不听她的话，这让她颜面扫地。面对员工不服从管理，她本想大声训斥员工，但是，又担心员工和自己吵起来，一想到在公众场合和员工大吵大闹，她觉得自己太没有修养了，她也就不敢训斥员工了。除了员工不服从管理，另外一个让她心烦的是大家干活的时候磨磨蹭蹭，她是个急性子，看到这种情形，有几次都想亲自去干，但是，一想到这么大片的区域，靠自己一个人也没有办法完成！于是，她只好作罢。再说，她也放不下面子，她在想："哪有管理人员自己去搞卫生的呢，这不分明让人笑话自己没有管理能力吗！"由于内心冲突太多，没有干到一个月，就不得不收拾行李又干回老本行了。

社会上缺科技人才不假，但是，最缺乏的还是高级管理人才。

做回自己的人，特别是"自明诚"的人，他们的管理能力可以达到炉火纯青、登峰造极的地步，他们之所以能在管理上做到出神入化，最主要的原因就是他们做到了知己。

一般人认为的知己仅仅限于知道自己有一个坏脾气，或者知道自己好大喜功，这不是真正的知己。

什么是真正的知己呢？

过去不合理的教育让人们内心有很多的局限，通过成长，他们消除了所有的局限，在消除局限的同时，他们也知晓了自己的每一个局限心理所对应的不合理行为，这就是人们所说的见微知著。识别了由微到著的联系后，再反方向推演，他们也就能知晓著到微的路径，这种能力就是知风之自。从微小心理到显著的行为，再从明显的行为到微小的心理，他们都了如指掌，这才叫真正的知己。

当他们做到完全的知己后，接下来就是知人了。所谓的知人就是

"推己及人"，运用自己掌握的心理和行为之间的联系，通过别人的外部表现就能判断其内心细微的想法，这就是知人。

因为知人了，自然也就能用人了，这也就是知人善任。所谓的知人善任，除了考虑被管理者的能力之外，一个重要方面就是要避开他内在的阴影，发挥其阳光的一面，让他始终积极、乐观地投入到工作中去。

社会上的管理，大致可以分为五个层次。

一是末位淘汰。不管被管理人的心理，也不管被管理人的潜力，只要他是末位就让他淘汰，这是最残酷、也是最低级的管理方式，这种方法基本上谈不上什么管理。

二是惩罚警示。这种管理方法是利用员工的恐惧心理，让员工不敢越雷池半步。大家看到的一些公司墙壁上书写的"今天不努力工作，明天就努力找工作"一类的标语就属于这样一类。这种方法在短时间内效率可能提高了，但是，它是以牺牲员工的心理健康作为代价的，时间长了，员工因为承受不了压力会纷纷离职，或者在压力下身体变成了亚健康状态，所以，综合来看，这种管理的效率是低下的。

三是鞭策激励。无论被管理的对象是谁，都运用激励的方式。一些公司让员工大声说："我能行，我能成功！""我是世界上最棒的！"这些方法就属于鞭策激励方法，俗称"打鸡血"。这种方法具有正面和积极的意义，但是，这种方法属于大水漫灌，缺乏个性化，没有因材适用。

四是知人善任。管理者有效地避开了被管理者的心理局限，最大程度地调动了被管理者工作的积极性和主动性，做到人尽其才。比如让喜欢表现自己的人去做宣讲和交际工作；给想用成功来实现人生价值的人多加一些担子，让他们多承担一些责任；减少多疑敏感的人同人打交道的机会，尽量让他去做物品管理工作。除了合理的工作分配，在心理上也实行有针对性的抚慰，对自卑的人，多表扬、多鼓励；对脾气暴躁的人，尽量避开他的暴躁心理；对敏感的人，多做说服和解释工作等。这才是真正意义上的管理。

五是培养提高。最好的管理方法就是在知人善任的基础上，帮助员工逐渐拆除内心的藩篱，让他们内心的局限越来越少，员工的局限越来越少，心情就会越来越好，创造力就会越来越强，单位的效益就会越来越好。这种方法是管理的最高境界。

现实中能够做到管理第四层级的人可谓凤毛麟角，而能做到第五层级的人就只有彻底做回自己的人。

孩子一旦做了真实的自己，人生可不是人们所说的象牙塔里的小幸运，他能够经历各种大风大浪，他一定是大有可为的。

有一次，孔子和弟子们说："你们平日说'别人不了解我！'假如有人了解你们，你们打算怎么做呢？"

孔子的弟子们争先恐后地向老师表明了自己的抱负。

轮到公西华的时候，他说："不敢说我能胜任，但我愿意在这方面学习。宗庙祭祀的工作，或者是诸侯会盟及朝见天子的时候，我愿意穿着礼服，戴着礼帽，做一个小相。"

听到公西华的发言，孔子总结说："公西华如果都说只能做小相，那谁又能做大相呢！"言下之意是，你公西华改变得那么好，你都不能胜任大相，那谁又能胜任这个职务呢！

同样的道理，当一个人彻底改变后，他做回了真实的自我，他内心善良、真诚，行为踏实、笃定，他不作为，舍他其谁呢？

# 做好自己，不争而争

父母和孩子过去种种问题的形成与社会上的各种竞争有很大关系，父母和孩子成长后该如何面对现实生活中的竞争呢？这是成长后不得不面对的问题。

"人人皆有争心"，因为"不争则亡"，仿佛 2500 年前的大争之世再次呈现，社会迎来了大变革。

父母都希望自己的孩子在竞争中处于有利的地位，希望他能做适者生存的强者，而不因自己的劣势被淘汰，于是奋斗、拼搏、成功就成了人们的座右铭。

商场如战场般激烈，为了占据商业的制高点，人们不断地缩短产品更新换代的周期以确保自己竞争的优势地位，于是，竞争的节奏不断加快；或者人们不断地扩大商业规模以便淘汰更多的竞争对手，于是，收购潮、重组潮和倒闭潮接踵而至。

即便应该遵照循循善诱的教育，人们也可以听到冲锋的号角，教育工作者大声呼吁："千万不要让孩子输在起跑线上！"舞蹈班，书法班，钢琴班，奥数班……这些辅导班如同雨后春笋般出现，孩子不去学习就可能落后于他人。

面对激烈的竞争，孩子和父母内心都承受了不小的压力，压力会造成父母和孩子不同程度的烦躁，有的孩子因为压力性格变得扭曲，有的孩子因为压力大而辍学，还有的孩子因为压力大而离家出走……

"我再也不想过这样的日子！"父母和孩子都说过这样带着消极情绪的话。有些父母甚至说："我不需要孩子成功，我只需要他快乐！"显然，这也是父母内心焦虑的投射。

在竞争正在变得日益激烈的时代，难道让孩子放弃成功？放弃成功难道人生就必然快乐吗？会不会因为再次的错误选择不仅没有给父母和孩子带来快乐，反而给人生，甚至下一代带来又一个梦魇？

回答这些问题之前，让我们再一次走进大自然，看看自然界是如何竞争的。

先来察看高大植物。高大植物适应环境的秘诀就是尽可能生长，让自己的躯干变得高大粗壮，让自己从各种植物中尽快脱颖而出，这样就可以吸收更多的阳光和雨露，同时，强壮而结实的躯干可以有效地抵御各种极端天气。

再来观察矮小植物。矮小植物在成长过程中，它没有和高大植物一样去拼身高，而是尽量紧贴地面生长，同时，尽可能让自己的躯干变得柔和，让自己的根系变得发达。因为个头小，它需要的阳光和水分也就相对较少，再者，因为个头矮，它也能有效地规避狂风的摧残和阳光的暴晒。

最后来察看水。哪里有低洼的地方，水就会流向哪里，自然而柔和地拥抱所处的环境，水从来不会排斥所处的环境，更不会选择性的滋养动物或者植物，水让自己蕴藏于万物之中，既可以滋养万物又可以避免自己的流失。

对自然界的观察，我们得出如下结论。

落后物种逐渐被淘汰，说明自然界确实存在竞争，"物竞天择，适者生存"是自然法则。

各种物种虽然有高矮轻重之分，但是上天是公平的，没有一味地垂青于高大或珍贵物种。

要在竞争中处于有利地位，最为重要的是做好自己。各种植物要让自己变得强大，需要它们勤勉地从土壤中吸收水分和无机盐，并及时地输送到植物的干、茎和叶等部位，还需要它们摄取被人们称为废气的二氧化碳并利用阳光进行光合作用，同时，合成淀粉和释放出氧气，正所谓天道酬勤，只有这样才可能让自己变得枝繁叶茂、体格强壮或者柔软坚韧。

无论哪种植物，如果不是做好自己，而是一味地踮起树根对其他树种说"我一定要和你竞争，我一定要超过你，要享受比你更多的阳光和雨露"，其结果是，这个植物不仅没有得到更多的阳光和雨露，相反，因为拔苗助长，反而加速了自己的灭亡。

竞争是良性竞争。物种的竞争是在相互协作中实现的，淘汰是自然的，而不是相互戕害的结果。矮小植物离不开大树的护佑，大树在各种自然灾害面前，它为小树遮风避雨；参天大树也离不开矮小植物，高大植物虽然体型高大，独木不成林，大树的底部恰恰是它防御的薄弱处，而成片的灌木丛恰恰为大树的底部构筑起了铜墙铁壁。水就是因为把自己根植于万事万物之中，成就了万事万物也保全了自己，为自己赢得了"上善若水"的美名。正因为万事万物的相互配合，才有大自然的错落有致、相映成趣、"万类霜天竞自由"。

地位和责任是相一致的。一个物种因为它高大，会让它获得更多的自然资源。比如一棵参天大树因为高大和根系发达，所以它会得到更多的阳光、雨露等。如果小树想要得到大树同样的待遇，可能就会引起消化不良，剧烈的阳光很快让它变得枯萎发黄，磅礴的雨水会迅速把它连根拔起。一个物种获得的资源越多，它所承担的自然责任也越大。高大植物因为体型大，所以它会为自然界其他物种遮风挡雨、固土固沙，并为人类提供有价值的木材。

"故栽者培之，倾者覆之。"也就是说，如果植物做好了自己，上天就会眷顾它；如果它不能做好自己，时不时就拔苗助长，上天自然就会颠覆你，这种颠覆其实是植物自己毁灭了自己。

人类是自然界的一部分，人的竞争也需要遵循自然规律。

遵循自然规律，人的竞争就是要做好自己的事情。自然界的植物不停地工作才让自己在竞争中处于有利地位，人要适应这个社会就需要埋头苦干、发奋图强，不能选择躺平。从心理的角度，孩子干什么事情都能开心地去做，没有厌烦，没有抵触，才能成就大业。

遵循自然规律，最好的竞争就是保持内心自然。自然界的竞争都是良性竞争，人也是一样，孩子可以和别人一比高下，但是，决一胜负的时候不能把内心搞乱了，如果和别人竞争的时候，看见别人成绩超过自己就眼红，看到别人能力超过自己就嫉妒，发现自己不如别人就垂头丧气，这无异于自乱阵脚、自废武功、出师未捷身先死。

遵循自然规律，竞争需要有服务意识。各种植物都在以不同的方式服务自然界，植物对自然界的贡献越大，它越容易接受天择。同样的道理，人在社会上能不能脱颖而出就看他能在多大程度上服务这个社会，服务这个社会越多，他对这个社会的贡献越大，他的事业就会越成功。具体来说，一个人种植的农产品给人们带来越多的享受，开发的产品给人们带来越多的方便，提供的知识给人们越多的正能量……他拥有的财富就会越多。

遵循自然规律，竞争需要量力而行。各种植物都是安于当下而默默无闻地工作，人也是一样，有多大的能力办多大的事情，人需要根据自己的能力特别是要根据自己的心理能力来决定自己的追求。

孔子说："知及之，仁不能守之；虽得之，必失之。"意思是说通过计谋得来的东西，如果仁德不厚，虽然暂时得到了，也一定会失去。

在一个班集体里，谁适合做班长，谁适合做学习委员，谁适合做文艺委员，老师和同学一看就知道。通过不正当竞争孩子可能得到自己想要的位置，比如和老师同学拉关系让自己得到了这个位置，但如果孩子没有承载这个位置的心理，失去这个位置只是时间问题而已。

怎样才能证明孩子或者父母适合某个领导岗位呢？

当一个人在领导位置，他能够很有责任心，真正的喜爱自己的工作，能够严以律己，宽以待人；对工作中出现的各种矛盾，他有办法、有能力快速地去解决；对工作中的失误，他能主动承担责任；还有一点很重要，对自己负责的工作，他能举重若轻，说明这个人能胜任这个工作。

一个人如果没有宽广的胸怀，没有包容不同意见的能力，当别人不服从自己时，就会采取种种报复手段，结果便很容易遭到他人的报复；通过不正当方式获得了自己所希望的财富，但是如果没有承载这个财富的能力，要么显示自己的财富，要么挥霍无度，炫耀财富最容易招来劫财杀身之祸，糜烂的生活也会让自己身心俱损而过早告别人世。"愚而好自用，贱而好自专……如此者，灾及其身者也。"因为德不配位，这种独断专行的人，灾害很快就会降临到他的身上。

个别同学参加中考或者高考前焦虑不安，你想考上自己理想的学校，心情可以理解，但是这样焦虑有必要吗？虽然这些焦虑很大程度来自下意识，但是认识也存在很大问题。试想，如果你成绩在班级是优秀的，考试的时候，即使你发挥失常，比平时成绩少一些分数，它又会差到哪里去呢？如果你此时在班级里成绩平平，即使超水平发挥实现了自己的愿望，到了更高水准的学校，面对更高水平的同学，你觉得还有能力保得住这个位置吗？如果你平时不用功成绩很差，你的焦虑就更显得多余了，因为你考得再好，又能好到哪里去呢？

# 告别了纠缠，换来人间大爱

在成长过程中，还有一个不可回避的问题就是如何建立新型的父母和子女的关系。

在一般的家庭里，都流行这样一种模式，孩子有情绪了，父母来安抚；父母有情绪了，孩子来安慰。这种模式的实质是，我不爱我自己，我需要他来爱我；他不爱他自己，需要我来爱他。

不可否认的是，这是一种消除情绪的方式，大部分的家庭一直沿用这种方式。

但是，这种模式存在问题，同自己解决自己的情绪相比，这种模式效率低得多。

之所以效率低，是因为解决问题的路径变长了，路径是反映效率的重要指标。中学学习几何学时会学到这样一个定律，即三角形的两边之和大于第三边。为了增强同学的记忆，老师和同学们开玩笑说："把一个包子扔出去，狗都知道循直线而不是走折线去追这个包子，因为直线最近，用时最短，效率最高。"当一个人发现内心有冲突，他向外发出求助信号，然后等待对方做出判断和反应，再实施安慰，一来一回花费的时间比寻求自己用时多得多。

同时，解决问题的准确度也降低了，即使外面的人真的愿意帮他，但别人未必能找到解决问题的钥匙，换言之，自己的需求自己最清楚。

化解自己情绪最高效的方式还是自己的情绪自己去面对和解决，一是用时短，同时自己对自己的问题最清楚，解决起来也会得心应手。

不是说父母和孩子之间从此变得冷漠无情，父母还是需要承担父母的责任，孩子还是需要尽可能孝顺父母，无论谁遇到了困难都需要彼此关照。虽然自己的情绪需要自己去解决，但是父母和孩子也可以在一起讨论情绪形成的原因，交流心灵成长的体会，无论是父母或者孩子，当一方还没有走上心灵成长的道路，或者对方成长还不够快，走得快的一方可以帮助落后的一方。只是从现在开始，父母和孩子不再相互依赖，形成彼此独立的人格。

父母和孩子的新型关系注定彼此的人生将是不同的轨迹。他们的人生可以有交叉，但平行是主调，交叉只是伴奏曲。

父母出现情绪了，自己主动去成长，而不是怨天尤人，甚至要孩子来安慰自己；同样的道理，当孩子有情绪了，父母也不急于去抚慰孩子，给孩子以足够的时间和空间，让他自己去消化。

彼此为各自的情绪负责，不是说让自己死撑到底，更不是坐以待毙，而是要按照科学的方法去成长，通过内心成长，父母和孩子就能改变自己的心理模式，逐渐消除内心的情绪，也包括消除内心对他人的依赖。这种改变是一种彻底的重塑，是人生完美的蜕变。

很多的时候父母或者孩子之所以着急改变对方，是因为自己没有能力接受对方此时此刻的样子。

对待家庭成员出现了内心不愉快的体验，父母和孩子正确的做法是，询问对方说："你怎么了，想和我说说吗？""是不是遇到什么不愉快的事情了，需要我的帮助吗？"

如果对方说"没有什么"，或者说"暂时不需要"，你就没有必要再去打扰他了。

很多父母或者孩子，看到对方不高兴，因为缺乏接受对方不高兴的能力，于是，明明对方已经说了不需要帮助，但是，他总是心不甘，总想去探个究竟、弄个明白，结果反倒因为问东问西，让对方更加不高兴了。

家庭中还有一个问题，就是一方总是强迫另一方做出改变。父母和孩子经常会指责出现情绪的家庭成员说："你怎么动不动就不高兴了！""又不高兴了，好像谁欠你似的！""你能不能有个笑脸！"这些都属于企图强迫对方改变的行为。

之所以不能强迫家庭成员去改变，是因为强迫会造成新的心理负担，强迫的结果是旧伤未愈新伤又起。

一旦自己所有的情绪能够自我消解，家庭成员就建立了一种爱的新模式，即我爱我自己，同时，我爱我的家人。看似只是爱的方向发生了变化，但它让爱的表达变得更加高效。

父母和孩子要各自规划好自己的前进方向。父母要学会放手，让孩子自己去经历。

父母总是害怕孩子走弯路，担心孩子犯错误，这种心情可以理解，如果孩子该经历的没有去经历，这对孩子的人生来说就是一种缺憾。

有一个 16 岁的"小皇帝"，因为父母的娇惯，自己很少做事情。当别人问他，怎么才能当老板？孩子想了想，最后给家人模仿当老板的样子，只见他嘴里叼着一支香烟，并不时地抖动着自己二郎腿。亲戚朋友看到孩子这个样子都笑翻了天，爷爷奶奶看到孩子这么大还这么幼稚，在旁边一个劲地摇头，因为爷爷奶奶深知任何有成就的老板都是历经艰辛才取得成功的，孩子因为缺乏历练才做出这样可笑的事。

经历是一种财富，孩子经历了，他才知道这件事情的真相，他才知道自己真正需要什么，自己适合做什么。

现在很多人崇尚农耕生活，如果你的经济自由了，去农村劳动只是为了体验一下乡村生活，这当然是一件很惬意的事情。如果你没有一个好体力，你却偏要坚持以农耕为生，人生可能就要吃苦头。

我小时候每年暑假都要和父母一起割稻子，在超过 40℃ 的高温稻田里，头上有太阳炙烤，脚下有水蒸气蒸煮，全身大汗淋漓，口舌生烟，体格偏弱的人往往就会因高温中暑晕倒，在农村的时候我曾多次目睹过村民因为抢收抢种而晕倒。农耕生活给了我一些人生体会，自己的体力真的不能胜任这样的劳作，然后，自己就会想其他的生存之道，转而就会认真学习，因为读书没有那么耗费体力，于是，做一个文化人就成了自己日后谋生的一个方向。

无独有偶，一位江西高安的高中生也是这样，他原来不想好好读书，为此父母经常念叨他，他一气之下便离开家去了深圳打工。因为他文化水平低不好找工作，他就去码头扛麻袋，最后因为体力不支而被迫再次回到学校，回到学校后，他对学习的态度迥然不同，最后因为刻苦学习而考上了自己心中理想的大学。

要让孩子行稳致远，首先需要父母把自己的人生轨迹走稳走实，不受孩子的牵绊。具体来说，父母和孩子不能有内心的纠葛和缠绕。如果你们拒绝孩子，就需要平静而坚定地拒绝，不给孩子发出犹豫的信号。

有些父母刚刚拒绝了孩子，而当孩子哭泣时，又急不可耐地去安慰孩子。这个互动给孩子传递了这样的信息，一方面，父母对孩子行为不满意；另一方面，当孩子出现哭泣和沮丧时，父母又会表现为心痛。

孩子从这个事件中认识了父母，了解到父母的致命"弱点"。当自己承受某种压力时，他可能不是积极地面对和解决问题，而是采取"假摔"。足球场上假摔赢得的最大红利是点球，而现实生活中的"假摔"则能给自己减压，因为父母的行为告诉孩子，只要自己的人生出现失败、失意和悲惨，就能够得到父母的呵护，所以孩子只要遇到一些困难就会故意唉声叹气、怨声载道，时间一长，孩子就失去了承担各种责任的意志和勇气。

孩子和父母是两条不同的人生轨迹，父母不需要孩子成为自己。

很多父母总是希望孩子按照自己的愿望行事，父母之所以有这样的要求，都是内心投射的结果。如果父母在事业上收获了成功，父母往往希望自己的骨肉能和自己一样，继续享有事业成功的荣光，这是成功骄傲的投射；如果父母内心有遗憾，那么他们希望去弥补人生的遗憾，孩子就成为父母弥补遗憾的一部分，这是父母遗憾的投射。如果父母内心有怨恨，父母通常也希望孩子站在"正义"的一边，同仇敌忾，一同对付自己怨恨的人，这是仇恨的投射；如果父母内心有恐惧，通常他们不敢越雷池一步，对于自己深爱的孩子，他们当然也希望他不去触碰父母恐惧的事情，这是恐惧的投射。

也就是说，父母总是想让孩子成为自己，无论是继承事业、弥补遗憾，还是同仇敌忾、裹足不前，父母要么是希望孩子作为自己的延伸，要么是希望孩子成为自己的一部分。

孩子不是父母的代替品，每个孩子来到这个世界都有他的目的，他可能是用科技服务大众的，可能是用音乐愉悦大家的，可能是种好粮食帮助大家解决吃饭问题的，可能是来传授知识的，还可能是来帮助大家找回自己的……无论他们做什么，他们都是以不同的方式服务大家，他们的职业都是高尚的。如果孩子的志向和父母一致只是巧合，孩子的志向与父母不一致，那才是正常的，是大概率事件。

父母和孩子是两条不同的人生轨迹，父母和孩子的幸福不建立在对方的身上。

从今以后，父母和孩子都可以放弃和别人比较。无论父母做什么工作、收入高低，孩子不会因为父母而觉得丢人，如果你觉得丢人，你要改变自己的想法。如果父母拥有较高的收入和社会地位，那也没有什么可以自豪的，一则父母的收入和地位是他们能力的体现，只能代表他们。二则所有的工作都是平等的，都是为人民服务。孩子不仅要有这样的认识，而且要让内心成长到没有一丝一毫的骄傲。无论父母成功或者失败，作为孩子都需要从零开始，只有自己人生的成功才是属于自己的。同样的原理，无论自己的孩子和别人的孩子相差多少，父母没有一点自卑感，如果父母感觉到自卑的话，也需要坚定地改变自己的思想。父母可以做好一辈子付出的准备，因为有这样的心理，父母就不会有怨言，孩子没有成功，父母持续关心和关照孩子，需要注意的是，此时父母关心孩子但内心并没有觉得被拖累。父母不会因为孩子的成功而感到高贵，母凭子贵的观念该放弃了，因为人格都是平等的，没有高低贵贱之说。

当孩子独立了或者成功了，父母就可以功成身退了，父母没有必要记挂着孩子的回报，父母越是有这样大爱的情怀，孩子就越会前来孝顺自己。

虽然父母不求孩子的回报，当然也可以接受孩子的关心，这两者是不矛盾的。索爱和接受爱是两种不同的境界，索爱就是父母总想着孩子回报自己，没有得到回报，父母就不开心，就埋怨孩子不孝顺。

接受爱是指父母不索求孩子关爱的前提下，父母可以欣然接受孩子对自己的关心和照顾。如果父母具有这样的高尚情怀，父母就是"与天地合其德"，父母也会长命百岁。"天地之所以能长且久者，以其不自生，故能长生。"天地之所以能长久存在，是因为天地不考虑自己，所以能够长生。

# 第十一章

## 我们都变了，下一个改变的就是你

在前行的道路上你并不孤独，有成千上万的家长和同学始终和你在一起。过去，他们也曾经同你一样在痛苦中挣扎，今天他们终于摆脱了桎梏，我们有理由相信下一个让阳光照进内心的就是你。

下面是部分学生和父母的来信，经他们本人同意公开后，附在书籍的最后，意在鼓励仍在艰难前行中的父母和孩子。

# 心无藩篱好读书

亲爱的冯老师：

您好！

此时，时间的指针已经到了深夜 11 点 30 分，我刚完成了今天的考研复习内容。

猛然间想起从初三的中考，再到高三的高考，现在来到了大四的考研，这一路走来，我切实感受到在这一过程中我心态上的改变，感慨良久，我决定给您写一封信。

7 年前在我上初中的时候，我就是那个让其他家长羡慕的"别人家的孩子"，那时的我成绩很好，人际关系不错，性格也很阳光。在其他人眼里，仿佛我天生就是这样优秀懂事，人们有理由相信我的人生会一直这样顺利下去，美好的未来将在前方等着我。

每个人的内心痛苦只有自己才知道，那时候的我，表面上是优秀阳光的，但是，在内心深处却翻滚着惊涛骇浪。

由于自己很在意别人的看法，内心常常有着一种被压迫的感觉。同时，因为自己会心生嫉妒，内心会生出一种拉扯的感受。嫉妒过后，因为道德的束缚，内心又会受到自责的重击。由于自己在意时间的流逝，内心常常会伴有一种时不我待的焦虑。此外，我还会因为粗心大意做错题而产生一种无助感。最难受的还是我和父母之间，虽然我们近在咫尺，但彼此的内心却有着远隔重洋的疏离感……

当时我是在努力地负重前行，这样的日子我知道支撑不了多久，压死骆驼最后一根稻草的到来只是时间的早晚而已。

来到高中，我再也不是那个"天之骄子"了，因为排名有些下滑，我心里顿时慌了，瞬间，我被彻底击垮了，最终，我患上了重度抑郁。

在那些艰难的日子里，我时刻都在焦虑地问自己："我什么时候才能把成绩变好？""什么时候大家才能真正地喜欢我？""我会不会变成一个大家遗弃的人？"在我看来，只要这些问题解决了，我的问题也就解决了。

因为我不甘心就这样沉沦下去，所以我在不断地寻找解决问题的方法。

正所谓自助者天助之，有一天，我突然看到了一篇关于冯老师您的报道，报道中介绍在您的帮助下，有一个和我一样心理问题的同学居然神奇般地好了起来，那一刻，我兴奋不已，下定决心要改变自己，哪怕用休学作为代价也在所不惜。

然而，改变之路并不是一帆风顺的，虽然一开始我很有干劲，由于那个时候我错误理解了改变，我以为只要自己懂了道理，我就可以克服内心的情绪，导致我实际化解情绪的能力并没有得到实质性的提高。

离开重庆的时候，我尚有些沮丧，您对我鼓励说："星宇，回去一定要坚持练习，相信自己一定可以彻底找回真我！"

回去之后，我确实按照您的要求在做，在这7年里从未中断过练习，每当我在学业和生活中遇到困难的时候，我都会用这些方法来化解这些难题，这也为我后来"开悟"奠定了基础。

随着练习的继续，我对修心有了越来越多的体会。

刚开始仅仅在意识上懂了，这属于"纸上谈兵"阶段。

逐渐，我对内心平静的原则有了更深的认识，我发现只有内心平静了才说明前行的方向是对的。从那以后，我始终坚持这个原则不动摇，每当我练习的时候我都会仔细观察我内心的感受，如果练习越做越痛苦，就说明我做错了，我就会及时调整练习的方法。

后来，自己的进步逐渐由宏观过渡到微观，我能清晰地感受到内心力量的压制，发现所有的情绪都是内心排斥和催促的结果。

原来我比较内向，在我守静的时候，我发现我之所以不愿意说话，是因为有很多次我刚一开口讲话的时候，也可能是碰巧，也可能是我确实讲得不好，大家对我的讲话没有回应，我内心就有一股力量在排斥，这是人生第一次"看到"一股强大的力量在压制自己讲话，我认为大家不喜欢我，最后，我就不愿意和大家交流了，于是，我就变得内向。现在我才知道原来我并不是天生就是性格内向，而是内心的恐惧让自己不善言谈。

从宏观过渡到微观，是我人生改变的重大突破口，从此，我的改变之路也开始变得顺畅起来。

发现了内心涌动的力量后，我开始顺从这些力量，不再抵制它们，让它们在心里和身体内自由地流动。

当我因为他人的看法而变得自卑，想要去改变别人对我的看法时，我开始通过接受内在力量的方式，放弃抵抗，顺应内心的力量，而不是在行为上弥补，慢慢地我就不在意别人对我的看法了，我在人际交往中也变得愉快起来。

成长的过程，也是人生蜕变的过程，在不知不觉中我发现我的人格开始变得高尚起来。

过去，由于爸爸总是指责我不爱讲话，并且对外向的弟弟表现出特别喜欢，所以我心里很排斥。长大以后，我对那些善于交流、热情洋溢的人很反感，觉得他们是爱出风头。当内心释放了压制后，我能从内心真诚地欣赏那些性格豪爽、热情奔放的人。

过去，我的嫉妒心很强，每当看到别人超过我的时候，我内心充满了羡慕嫉妒恨。在成长过程中，我发现嫉妒是两股力量作用的结果，一股力量在催促自己变得像他们一样优秀，还有一股力量是排斥别人的优异，排斥的外部表现就是去诋毁优秀的人，诋毁的目的就是抬高自己，目的是想缩小和别人的差距，让自己内心变得好受一些。

"看到"这些力量后，依照修心的方法去处理这些力量，当两股力量消失的时候，别人的优秀带给我的不再是伤害，我的内心变得越来越开阔，当我感觉到别人的优秀和自己的优秀一样开心的时候，我的内心能够做到真诚地祝福别人。

我人生最大的变化是我原谅了我的妈妈，也彻底解放了自己。

过去，我对妈妈可以用"恨之入骨"来形容。我过去以为不原谅父

母，我的人生也可以获得幸福，这是不现实的。

通过一段时间的成长，虽然我内心有了很大的变化，但我始终感受到心底还有隐约的不安，这种不安让我感到十分迷茫，不知道是哪里出了差错。

有一次，我在做练习的时候，内心那种隐约的不安又开始出现，它要开始显露它的真容了，我屏住呼吸、全神贯注，终于发现了导致我不安的原因，这种不安感与我和父母相处的时候那种隔阂感特别相似，原来我是在排斥我妈妈的样子，而当我化解掉这个局限的时候，我的内心彻底变得宁静了。

慢慢地我发现自己和父母相处的那种隔阂开始消失，我面对父母时开始变得轻松起来，对于以前那个"十恶不赦"的妈妈，我也可以做到真诚交流和关心了，我感觉到我的人生真的变了，我感觉到我的内心可以慢慢地"止于至善"了。

改变后的自己，还有一个体会就是，我现在可以心无旁骛地读书了。

原来在恐惧动力的推动下，总想着要不断地超过别人，让学习失去了原本的乐趣。现在我可以每天开开心心地学习，学习变成了一件很快乐的事情。

过去我特别容易睡懒觉，内心有一个声音，"都过了 10 点，你还不起床！"因为我对内心这个声音是抵触的，所以过去出现这个声音的时候，我内心很焦虑，因为内心有情绪，所以看书也就没有效率，于是，我干脆就躺在床上懒洋洋地玩手机。找到了这个声音后，我每天都是 6 点准时起床，每天都是精力充沛的，感觉到浑身有使不完的劲。

过去我也特别害怕考试出错，因为童年的时候，母亲在检查我作业的时候，一旦我出错，她就要狠狠地批评我。我长大之后就变得特别害怕出错，每当看到自己出错的时候，我的内心都特别失落。因为消除了潜意识障碍，我现在无论是做作业还是考试都不再害怕出错，反而不容易出错了。

现在的我正在备战考研，但我真切地感受到我与之前的备战有了完全不一样的感受，原来考试前我焦虑万分，为了"赢下"高考而不敢让自己放松一刻。现在的我内心平静祥和，该学习的时候学习，该休息的时候休息，只要我尽力了，我可以坦然地接受一切结果，正所谓尽人事听天命。

亲爱的冯老师，我在这里真心地感谢您带我走上了修心之路，我感觉到我的命运也因为心态上的转变而彻底改变！

祝福您身体健康！

星　宇

2022 年 8 月 6 日

# 天将降大任于父母

亲爱的冯老师：

您好！

时间飞逝，从 2014 年至今已走过 8 年光阴，这 8 年里，我很好地完成了人生角色的改变，我由一个脆弱的妻子成长为一个合格的母亲。

2014年4月，我因种种原因引产了怀孕6个月大的孩子，此后焦虑、抑郁彻底爆发，连续几天一分钟都无法入睡，我当时害怕死亡，惧怕变成疯子，担心别人瞧不起我，恐惧没有未来，害怕自己优秀的形象被颠覆，忌悼没有生育能力被老公抛弃……

随后各种念头在大脑中疯狂盘旋，身体开始沦陷，无法胜任任何工作，连吃饭、上厕所等基本活动都难以为继，痛苦得只想让公路上过往的车辆早点把自己撞死，免得自己遭受这样的折磨。

其实在此之前很多年，我已经失眠抑郁，时常感觉到内心有两个我，一个是在别人面前优秀能干的我，另外一个则是内心极度脆弱的我。按照世俗的观点，我过去的确有优秀的一面，因为在长辈面前我一直表现得听话懂事，上学的时候成绩一直比较优异，并顺利地考取了一所双一流大学。但是，这些优异表现并不能化解内心的自卑，长期以来，我总是怀疑自己到底能不能行，别人会不会是真的喜欢自己。

内心成长以后我才知道原来这些问题都来源于我的原生家庭，我有一个性格超级暴躁的父亲和一个性格软弱的母亲，父亲从小对我要求极其严厉，我必须要做到成绩优异，必须要对他绝对服从，他稍有不顺心就会拿我来做出气筒。母亲也没有能力保护我，她只能对父亲言听计从，不然也会挨骂甚至挨打。此外，我的七大姑八大姨也对我给予了过高的期盼，让我感到高处不胜寒。这一切就决定了我从小就没有自我，一切都是活在别人的要求中。

感谢上苍在我最无助的时候给我打开了一扇窗，奇缘巧合引领我找到了冯老师您，跨进了"重塑人生"的大门。

　　第一次来到咨询中心，您听完我绝望的哭诉后平静地对我说："林艳，你活的不是你自己的人生，是你父母和亲戚要求的人生！""你从来没有好好地做回自己""这些痛苦是你人生改变的好机会，只要你愿意改变，你就可以和过去的人生做彻底的诀别！"

　　坦率地讲，刚开始我对您的话是将信将疑的，所以我会不停地问你说："老师，我到底能不能好起来？"好在中心有很多和我一样的同学一起在练习成长，逐渐，我开始感受到人格重塑所带来的效果。

　　变化在悄然发生，我开始越来越爱自己了，尤其是当内心开始责备自己的时候，那个"爱我自己，满意我自己"的声音就悄悄跑了出来，我开始变得不急不躁，因为我渐渐相信我的未来会照顾好我自己，我的担忧变少了。

　　随着练习"我现在豁出去了，失眠就让它失眠！"不断地深入，因为放下了对睡眠的恐惧，我逐渐也就能安然入睡了。

　　那个时候，我经常做"戏院练习"，很快我就从心底宽恕了父亲，理解了他也是不合理教育的一环，他也有他的难处。

　　当时最大的变化，就是从心里放下了被引产的孩子。在孩子6个月大小的时候，每次我接受产检，都能从B超画面里朦胧地看到孩子的模样，当我做完引产后，我总觉得对不住孩子，总感觉到孩子在用一双绝望的眼睛看着他的妈妈。

　　4个月的修心之路，可以说很短很短，短得在我人生中只是一瞥，也可以说很长很长，我无数次认真与内心对话，不断地和观念妥协，不停地观照内心的想法，一次次与痛苦正面交锋，接受它，再目送它离开、消失，直到内心冲突间隔时间越来越长，痛苦的程度变得越来越低。

爱就如同阳光，它能照亮真实的自我，让她发芽、生长，变得茁壮起来，最后能更好地面对人生的风风雨雨，而冯老师您就是那个传播爱的人，因为您的爱，我的心理开始变得强大起来。

之后，我离开冯老师您，回到了工作岗位，开启了真正属于自己的人生。我信心满满，因为我已经带着您的嘱托、力量和爱，学会了重塑人生的方法，并在之后的生活中不断继续成长。

也许是上天在检验我是否真的爱自己，也许是上苍在考验我到底有没有从老师您那里取到"真经"。

2015 年，我的第二个孩子出生了，可是，老天跟我开了一个很大的玩笑，孩子两岁都不会说话，被医院诊断为自闭症。

刚刚得知这个消息我也是晴天霹雳，无法接受，看着别人的孩子蹦蹦跳跳、能说会道，自己可爱的宝贝却始终默不作声，我忍不住哭了。

伤心归伤心，伤心过后我知道我不能自乱阵脚，我急需调整好自己的心态，我知道如果我内心乱了，我们家就会因此而沉沦下去；同时，我知道孩子前行的道路还有很多的困难，他需要一位阳光的妈妈陪伴他一同去克服。

我很快想到了您曾经教我的一系列方法，宣誓、净化、静心、观心、转念，我的内心很快平静了下来。

当内心平静之后，我变得理智了，也变得更加坚强起来。我暗暗跟自己下决心说："即使我的宝贝一辈子不会说话，我也要好好地爱他，好好地照顾他！""面对将来同龄孩子的嘲笑和讽刺，我要好好地去呵护孩子，同时用宽广的内心教育孩子去宽恕和包容别人。"此外，我还坚信，我的宝贝一定可以改变，一定会越来越好。

从那以后，我带着孩子去坐火车四处旅游、增长见识，带着他一点点做家务，带着他锻炼身体，把教普通孩子的节奏放慢再放慢，耐心细致，带着他一点点理解成长，允许他的慢，允许别人的嘲笑，允许他不如别人，也允许家人的焦虑担心。

奇迹终于出现了，他从不会跳、不会抬手，从出门只穿同一双鞋、走同一条路，从不理会人、不与人交流，到五岁时终于会喊爸爸妈妈了。孩子现在已经七岁了，他会说很多话，认识很多字，身体也很健壮，明年即将上一年级了。虽然与其他小孩差距还很大，但是无论怎样，我接受最坏的结果，同时，带着平和与爱的心态做最大的努力。

古人说："故天将降大任于是人也，必先苦其心志，劳其筋骨，饿其体肤，空乏其身……"也许上苍将要降下重任在我这个母亲身上。

我刚过了上个关口，紧接着又来到了一个新的关口。

2017 年，我的第三个孩子出生了。因为那几年我在云南边境工作，医疗条件不好，怀孕期间由于孩子的病情没有被及时检查出来，孩子一出生就有心脏病，乃至于在他一岁两个月就被迫做手术，幼小的生命不得不接受心脏停搏、开胸、入住重症监护治疗病房等巨大考验。

在此期间，我是家里最坚强的一位，我在默默地接受上天的考验，最终都顺利挺过来了。

面对这种事情，换作以前的自己，一定是各种担忧，各种无助，甚至是彻底崩溃。面对这样的困难，我的内心就像平静的湖面偶尔泛起一丝丝涟漪，有所波动但都是最美丽的风景！

这些年陪伴孩子成长过程中，我不断修心进步，对孩子不苛刻要求，陪伴他们、爱他们，给予我能给予且他们需要的帮助，放松心情，也宽容自己，我相信每个孩子都是一个优异的个体，自带特点，并且与我们有千丝万缕的缘分，他们不是我们的附属，也不应寄托我们自己未完成的梦想，他们自有命运、自会成长，在我和他们这美好的缘分里，我需要做的就是成长好自己，给予父母该给予的爱，不追求结果。

回望这8年，感恩无限！8年间，每次遇到重大的困难，我都用冯老师您教我的方法，自我练习，不断成长，很快我就能转念，接纳拥抱所有的痛苦，并将之转化成前行的力量。感激恩师冯老师，也感激命运照顾，感慨人生可以改变自我，更感慨改变自我后的海阔天空，感恩父母生养也感恩过往的痛苦与坎坷！现在我是母亲，是女儿，是妻子，是领导，是下属，但首先是自己！我在每个角色中游刃有余，一切都很自然，一切关系都很顺畅，大家与我都是良性互动，虽然未来充满了未知和挑战，但我清醒明白，自己已经重塑人生，已经彻底改变，过去痛苦、悔恨、自责、害怕的人生底色已经蜕变为平静、幸福、美好、宽容。我已经掌握了人生幸福的"钥匙"，万法归宗，本性自现，生命显得更加奇妙，更令我期待！

祝您身体健康！

林 艳

2022年7月6日

# 多年以后我也就成了您

冯老师：

　　您好！

　　我是来自新疆的晓琳，庆幸在那段艰难时间里遇到了您，是您的智慧点亮了我的人生，从那以后，我的生命和家庭都悄然发生了看得见的变化。

　　回想过去的那段岁月，真的有些不堪回首。

　　事情的起因是孩子的学习问题，我的女儿她不仅人长得乖巧，成绩也很优异，在初中和高中阶段，她成绩名列前茅，我一直为她感到骄傲。谁知在距离高考还有半年的时间里，孩子突然哭诉着说不去上学了！这对我来说简直是晴天霹雳。

　　当时，我和丈夫想了很多办法，我们先是放下了手头的工作，带女儿出去旅游。回来以后，虽然孩子回到了学校，但是我们是忐忑不安的。期间给孩子找了我们当地的心理咨询师做心理咨询，结果不理想。就暂时抱着孩子先去上课走一步看一步的心理，其实只是无奈之举。

　　俗话说，福无双至，祸不单行。也可能是心理的忐忑不安和无奈导致的心理焦虑以至过于担心孩子，不久，肿瘤悄悄地找上了我。在医生的要求下，我连续接受了两次手术，身体上承受了巨大痛苦，心理上也因此背负了巨大的包袱。

屋漏偏逢连夜雨，船迟又遇打头风。自己的肿瘤还没有好利索的情况下，谁知老公所承包的土地又亏损了近一百万，当时，我都要崩溃了，身体和心理承受的压力都达到了临界点。

当时还有一个让我和丈夫犯难的事情，就是家里的欠债情况既不能让女儿知道太早，同时，又必须要在合适的时间如实地告诉女儿。因为当时孩子的情况很不稳定，高考前本就一波三折，当时是考取了本省的重点大学，但距女儿自己原有的水平差距很远，这所大学她依然不想去，更加不喜欢所录取的专业。当时因为我们答应她大学毕业可以出国读研究生女儿才勉强去大学报到。这样的状态下我们是生怕孩子知道了家里欠债的情况会再一次影响孩子顺利毕业以及毕业后出国读研的事情。那段时间我就像做贼一样，一边要走东家串西家筹措资金偿还即将到期的银行贷款，一边还要瞒着孩子家里亏损的事情。但是，迫在眉睫的事情是，孩子期末考试后假期就要参加托福学习考试为出国做准备，那时就必须把家里的实际经济状况告诉孩子，因为孩子在等着父母拿钱送她去国外留学读研，这既是孩子的愿望，也是我们多年前对孩子做出的承诺。

当我们把真实的情况告诉孩子的那一刻，看到了孩子的沮丧和失望，我心痛不已，感到无比的内疚，觉得我们自食其言，对不起自己的孩子，觉得自己不是一位好妈妈。

人心里不顺，好像诸事都不顺。那段时间，我经常责怪老公，一会儿责怪他不会照顾人，我病这么重，他都不会关心我；一会儿又责怪他不会教育孩子，导致孩子现在困难重重；还会责怪他笨，别人种地都盈利，他种地居然亏损百万。因为对丈夫缺乏耐心，再加之丈夫心理压力也大，我们夫妻俩时常吵架怨怼。

那段时间，我感觉到人生从未有过的无助和挫败，手术后的恢复期显得愈加的漫长，身体不时在隐隐作痛，我开始出现长时间的失眠，原本零星的白发很快就挂满了头顶和鬓角。要强的我时常偷偷地哭泣，并祈求老天爷的保佑说："老天爷，你快帮帮我吧，来拯救拯救我们这个摇摇欲坠的家吧！"

人们常说，至暗时刻必有光。我认为冯老师您就是我生命至暗时刻的那束光！

一天，我在阅读杂志时看到了一篇关于您的报道，大概是一位父亲陪孩子去您那里修心的经历，那一刻我确信冯老师您就是我要找的那位老师，并通过视频的方式见到了您。

您还记得吧，我是通过远程视频接受您的咨询的。在您的指引下，我开始真正认识了自己，也开始懂得了刻在骨髓里的家族基因。

我的父母都是兵团职工，父亲是一名支边的复员军人、党员，平日里严肃认真，有极强的集体主义观念，对于维护公家财物一丝不苟，因为父亲非常害怕子女为他脸上抹黑，担心我们将来游手好闲，他也受制于那个年代的教育方法，他更相信"黄荆棍下出好人"，以致我们小时候骑了单位配的自行车或者我们拿了公家菜园里的菜，都会受到父亲的棍棒伺候，因为早上没按时起床而被父亲手中的竹片"叫"醒更是家常便饭。

那个年代，长辈多少有些重男轻女，兄弟经常因为顽劣被父亲暴打，那时父亲需要平衡奶奶心疼孙儿的心理，我也会无故受到牵连并接受陪罚的待遇。

摄于父亲的威严，我从小就很懂事，随着年龄的增长也变得很勤劳，心里想只要在家里多做家务、以勤快示人就会少挨打。

过去以为等到自己成家了，就能另起炉灶，可以幸福地生活，也可以培养出优秀的孩子。

然而情况根本不是这样，带着这样的基因记忆，我清楚地"看到"父母的不当教育通过我也投射到我女儿身上。这主要表现在两方面，一方面是单刀直入的方式，因为父母希望我能出人头地、为他们争光，在这点上，我继承了我父母的衣钵，也希望我的孩子能鹤立鸡群，成为自己的骄傲，这无形中给孩子增加了压力。另外一个方面是移花接木的方式，因为受到父母棍棒教育的影响，当我有了自己的女儿时，我走到父母棍棒教育的对立面，因为我曾发誓一定不能让我的孩子受我小时候受过的苦，剥极则复，物极必反，我对孩子是百般的呵护，甚至有些溺爱，这客观上降低了孩子抗击风雨的能力。

当自己意识到人生的问题之后，我决定在老师您的指导下彻底改变自己，这是我人生第一次开始接受爱的训练。

"无论我现在想什么、说什么、做什么、处于什么状态，教育女儿是否失败、是否个性强，我现在愿意学习爱我自己、满意我自己就是我现在的样子！"

"我不需要向别人证明我是一个好儿媳、好妈妈、好妻子，我不需要向别人证明我很能干、有出息、能超过别人！因为我只要爱我自己、满意我自己，这就足够了！"

……

那一句句、一段段爱心的誓词带给我从未有过的能量，逐渐带我走出了那段晦暗和沮丧的时光。现在明白了我所经历的那个时代和懵懂，伤害的烙印只是自己的思想所致。

当自己的内心逐渐被爱填充时，我的生命也悄然发生了改变。

我宽恕了我的父母，我感恩父母把我带到这个世界上，他们倾其所有把我养大成人，送我读书，陪我长大，让我拥有一个稳定的工作岗位，我现在能真切地感受到父亲棍棒之下都是对女儿满满的爱。

我开始学会了对孩子放手，让她自己去经历风雨，孩子大学原本学的是新能源专业，大学毕业后她放弃了原来所学的专业，通过自己的努力，自学了自己喜爱的法律专业，并顺利通过了司法考试，通过自己投简历和面试，最后应聘到一家律师事务所上班。

我也学会了尊重我的另外一半，我现在能真切地感受到老公在努力改变经营状况和心态，种植技术越来越成熟和稳定，家庭的负债也变得越来越少了。

我对过去的认识也不一样了，我现在知晓过去的那段痛苦经历是我成长的机缘，而那些痛苦和躯体病痛均源自长久的迷失和不懂得如何爱自己。

自那以后的几年里，我一边上班一边学习，相继报考了心理咨询师、中级管理会计师及今年报考的中级会计师资格考试，除了中级会计师资格考试因延期未考，其他两项均先后拿到证书。也的确验证了老师所说："修心之后可以做很多之前做不了的事情，也可以有能力主导自己的幸福人生。"

现在我要告诉老师您的是，我也想像您那样，做一名优秀的心理咨询师，帮助更多的人找回真实的自我。

回过头看过往已觉云淡风清，我发现我人生的一切都是那样的美好！感谢孩子让我"看见"自己！感恩所有的遇见！再次感恩冯老师给予的大爱！

祝一切都好！

晓　琳

2022 年 5 月 4 日

# 参考文献

［1］陈生玺. 张居正讲评《孟子》全集［M］. 上海：上海辞书出版社，2007：392，448.

［2］陈龙骧，李敏弟，陈骊珠. 李雅轩［M］. 台北：金大鼎文化出版有限公司，2014：27.

［3］陈生玺. 张居正讲评《大学·中庸》［M］. 上海：上海辞书出版社，2007：18，23，28，70，83，103.

［4］陈生玺. 张居正讲评《论语》［M］. 上海：上海辞书出版社，2007：244，255.

［5］洪应明. 菜根谭［M］. 长沙：岳麓书社，2011：3，19，34，35，39，41，58，75，73，84.

［6］荒原. 你们的教育方式跟我们不一样［EB/OL］.（2021 - 2 - 24）. https：//www. xiaohongshu. com/discovery/item/6035a08f000000002103fc5b.

［7］娟娟观点. 哈佛大学心理学家："表扬孩子"与"鼓励孩子"差别巨大［EB/OL］.（2020 - 7 - 12）. https：//www. sohu. com/a/407178009_120750762.

［8］SCHUCMAN H. A course in miracles：text，workbook for students，manual for teachers［M］. 2nd Edition. Mill Valley：Foundation for Inner Peace，1992：3，4，16.

［9］刘向. 邹忌讽齐王纳谏［M/OL］. http：//www. yuwen360. com/shici/lianghan/624. html.

［10］澎湃政务. 范仲淹：一生先忧后乐 千载廉俭家风［EB/OL］.（2021 - 3 - 25）. https：//m. thepaper. cn/baijiahao_11894142.

［11］360kuai. 西汉开国功臣陈平的后代为什么不得善终？其实陈平早就预料到了［EB/OL］.（2022 - 8 - 19）. https：//kan. china. com/article/1141701_2. html.

［12］任法融.《道德经》释义［M］. 北京：东方出版社，2009：229.

［13］佚名. 修心与修口随笔［EB/OL］.（2021 - 2 - 15）. https：//www. ruiwen. com/meiwensuibi/2348107. html.

［14］宋紫竹. 爱因斯坦总结的成功公式及我个人的体悟［EB/OL］.（2021 - 8 - 8）. https：//view. inews. qq. com/k/20210808A01Q0zoo？ web_channel = wap&open App = false&f = newdc.

［15］内森的日常. 还要不要拯救地球？［EB/OL］.（2021 - 5 - 22）. https：//new. qq. com/rain/a/20210522A02H2J00.

［16］王永彬. 围炉夜话［M］. 北京：中华书局，2008：88.

［17］小故事大道理. 成语故事：骑驴找驴［EB/OL］.（2019 - 7 - 13）. https：//www. sohu. com/a/326670057_100198834.

［18］小驴哥哥说. 有关"发明大王"爱迪生的3个谎言，其中2个还登上了课本［EB/OL］.（2021 - 11 - 19）. https：//mr. mbd. baidu. com/r/RLsVXvybw8？f = cp&u =075df81b83561d11.

［19］徐克容. 综合英语（一）下册［M］. 北京：外语教学与研究出版社，2000：28 - 31，403 - 406，429 - 432.

［20］徐克容. 综合英语（二）上册［M］. 北京：外语教学与研究出版社，2000：352 - 356，462 - 465.